Segredos de Administração do Tempo para a Mulher que Trabalha

Segredos de Administração do Tempo para a Mulher que Trabalha

Como se organizar para tirar o máximo proveito de cada dia

Ruth Klein

Tradução:
Cecília Bonamine

editora HARBRA

Direção Geral:	Julio E. Emöd
Supervisão Editorial:	Maria Pia Castiglia
Revisão de Texto:	Maria Lúcia G. Leite Rosa
Revisão de Provas:	Patricia Aguiar Gazza
Editoração Eletrônica:	Carla Castiglia Gonzaga
Capa:	Grasiele L. Favatto Cortez
Fotografia da Capa:	Photos.com
Impressão e Acabamento:	RR Donnelley

Dados Internacionais de Catalogação na Publicação (CIP)
(Câmara Brasileira do Livro, SP, Brasil)

Klein, Ruth
Segredos de administração do tempo para a mulher que trabalha : como se organizar para tirar o máximo proveito de cada dia / Ruth Kelin ; tradução Cecília Bonamine. -- São Paulo : HARBRA, 2008.

Título original : Time management secrets for working women.
ISBN 978-85-294-0346-0

1. Mulher - Administração do tempo 2. Mulheres trabalhadoras - Administração do tempo I. Título.

08-04345 CDD-650.11082

Índices para catálogo sistemático:
1. Mulheres trabalhadoras : Administração do tempo 650.11082

SEGREDOS DE ADMINISTRAÇÃO DO TEMPO PARA
A MULHER QUE TRABALHA

Rua Joaquim Távora, 779 – Vila Mariana – 04015-001 – São Paulo – SP
Promoção: (0.xx.11) 5084-2482 e 5571-1122. Fax: (0.xx.11) 5575-6876
Vendas: (0.xx.11) 5549-2244, 5084-2403 e 5571-0276. Fax: (0.xx.11) 5571-9777

ISBN 978-85-294-0346-0

Impresso no Brasil *Printed in Brazil*

Dedico este livro à memória abençoada de minha mãe, Genia Gross, pelo amor eterno, forte ética profissional, amor pela família e a fé inabalável em Deus – mesmo depois das atrocidades sofridas na Alemanha nazista, pois por pouco conseguiu sobreviver a Auschwitz.

SUMÁRIO

Agradecimentos

Este livro é fruto do esforço de muitos meses, e gostaria de agradecer a algumas pessoas especiais que me ajudaram a torná-lo realidade. Sou profundamente grata a meus pais por me ensinarem a ser responsável desde pequena. Essa independência precoce deu-me liberdade para crescer, adquirir conhecimento e intuição. Agradeço ao editor da Sourcebooks, Peter Lynch, que acreditou em mim e nesse projeto, encorajando-me a torná-lo realidade e cuja resposta imediata às minhas dúvidas sempre me surpreendeu. Agradeço a Michelle Schoob por me ajudar a tornar o texto claro. A Duane Newcomb, sempre disposto a conversar comigo sobre meu progresso e que me fez sentir como se eu soubesse o que estava fazendo. Também gostaria de agradecer à minha assistente administrativa e braço-direito, Melodee Hunt, por seu profissionalismo, apoio, organização e amor; a Lee Ann Martin, Cheryl Lopez, Miranda Collard, David Hille e Ben Mahil do Salão de Chá Country Rose pelos cafés e pelo entusiasmo; à querida amiga Carolyn Temple pelas opiniões intuitivas; a Dan McNeill, cujo apoio, pontualidade e conhecimento extraordinário fizeram minhas palavras adquirir vida; a Teresa Jelletich, minha *personal trainer*, sempre presente, oferecendo grandes idéias e permitindo que novas idéias surgissem durante os exercícios; a Teresa Mawson e Jill Thayer, duas queridas amigas cujo apoio e amor sempre se fizeram presentes; a Yossie Ziff, que sempre me apoiou e torceu por mim; a Bob e Elaine Steinberg por alimentarem a mim e a meu "bebê" com seu amor incondicional, palavras de encorajamento e amizade; à bela Judy Fairchild, que regularmente conversava comigo para ver se eu estava bem e para que eu liberasse minhas emoções de modo a dar o melhor de mim e viver uma vida plena durante todo esse processo; a Alan Klein pelo apoio permanente e amor verdadeiro; às minhas lindas sobrinhas, Shelly e Sarah Gross, cujo interesse genuíno pelo trabalho da "tia" sempre me trazia satisfação; e um agradecimento muito especial a meus três filhos maravilhosos, alimentos de minha alma e fonte de inspiração que reforçam minha paciência: minha filha Naomi, cujo amor e confiança me animaram e cuja coragem sempre me manteve positiva; a David, cuja sede de conhecimento e experiência sempre me lembravam de que cada novo dia deve ser vivido do jeito que é; e a meu filho caçula, Daniel, que é um lembrete diário de bom senso e sensibilidade e cuja ética profissional é uma inspiração.

E, finalmente, agradeço a todas as mulheres, heroínas diárias a quem admiro e que partilharam comigo um pouco de sua vida através de entrevistas, seminários, consultas, treinamento e amizade.

Devo muito a todos vocês.

Introdução

Meus pais trabalhavam em tempo integral; por isso, aprendi a ser auto-suficiente e independente. Eles chegaram aos EUA após a II Guerra Mundial. Não conheciam a cultura, valores, pressões de tempo e, o mais importante à época, jogos e brinquedos. Se meu irmão e eu quiséssemos brinquedos, tínhamos que confeccioná-los. Por saber desenhar, meu irmão era responsável pela criação de jogos de tabuleiro. Eu me incumbia dos jogos criativos.

Cresci, terminei os estudos, casei e vi-me, como a maioria das mulheres, cuidando da casa, fazendo as compras de supermercado, cozinhando, criando uma família e trabalhando. Tornei-me o que a revista *Redbook* chama de malabarista. Tentava equilibrar trabalho, filhos, marido e tudo o mais em um espaço limitado de tempo.

Tornei-me ansiosa e extremamente estressada. Se continuasse nesse ritmo, provavelmente teria um esgotamento nervoso. Daí, me dei conta de que a maior parte dos meus problemas devia-se à minha incapacidade de organizar adequadamente meu tempo. Porém, quando comecei a procurar ajuda, percebi que, embora houvesse muito material escrito sobre administração de tempo, praticamente não havia nenhum profissional respeitável que tratasse dos problemas específicos enfrentados pela mulher que trabalha fora.

Por exemplo, raramente passa pela cabeça dos homens como arranjar tempo para lavar a louça, manter a casa limpa e ainda ficar até mais tarde no escritório. O livro *The Second Shift*[1] afirma que, nos últimos anos, as transformações sofridas pelas mulheres e a ausência de mudança dos homens cria uma situação onde estes simplesmente não estão realmente ajudando. Os problemas de como administrar o tempo são uma realidade hoje, tanto quanto à época de publicação do livro, e precisam ser seriamente abordados. Essas questões não só afetam as 24 horas do nosso dia, mas também a qualidade de nosso trabalho, a vida familiar e a saúde geral. Isso me levou a procurar descobrir como usar meu tempo com mais eficiência, diminuir o estresse e a culpa decorrentes de ter de negligenciar algo ou alguém e, ainda, cumprir com minhas obrigações: todos os dias, semanas e anos.

Li tudo o que achei a respeito do tema, analisei minha vida e entrevistei várias pessoas. Descobri que a questão do tempo tende a ser um denominador comum na vida das mulheres que trabalham. E também o único obstáculo que impede a maioria de levar uma vida livre da tensão e da culpa.

Compreendi que as mulheres vêem o tempo de maneira diferente dos homens: o tempo é um inimigo que as impede de fazer tudo o que precisam. Por alguma razão, a sociedade decidiu que, mesmo trabalhando fora, a mulher ainda é responsável pela organização do lar, e ela nunca tem tempo suficiente para cumprir essa meta. É verdade que os homens também querem fazer mais em menos tempo, mas essas atividades estão quase sempre relacionadas ao trabalho, passatempos ou interesses fora do lar. As preocupações masculinas raramente incluem os afazeres diários que envolvem o lar e a família. Descobri que o senso de responsabilidade da mulher pelas tarefas domésticas, a família e o trabalho é, em grande parte, o que a leva a preocupar-se com o tempo.

As pressões de tempo fazem com que as mulheres sintam-se sobrecarregadas, culpadas e tensas. Por falta de tempo para fazer tudo, passam a adiar as coisas que lhes são realmente importantes. Procuram se "conformar" em vez de "atacar" o desafio do tempo. Em geral, para a mulher que trabalha fora, a prioridade ou é a família ou os outros.

Descobri que a paixão recôndita que me levou a escrever esse livro é mostrar como cada uma de nós faz a diferença. Entretanto, o desafio é fazer uma diferença positiva em nossa vida, em nossos filhos, entes queridos, colegas, amigos e na comunidade em geral. Este livro propõe ajudá-la a estabelecer

---

[1] HOCHSCHILD, Arlie; MACHUNG, Anne. *The Second Shift: Inside the Two-Job Marriage*. New York: Viking, 1989.

prioridades e a viver com entusiasmo, alegria e qualidade. Nele, peço que você decida o que quer realizar na vida. A partir daí, proponho uma série de sugestões para que consiga administrar seu tempo como profissional (dentro e fora do lar) e viver as 24 horas do dia de maneira produtiva e alegre.

Enquanto fazia pesquisa para o livro, descobri que nem todas as mulheres que trabalham têm os mesmos objetivos. Algumas queriam dedicar todo seu tempo para cuidar da casa e dos filhos e ainda arranjar tempo para o resto. Outras não tinham muita certeza do que queriam, e outras, ainda, queriam dedicar todo o seu tempo à profissão.

O estudo "The New Diversity: A *Self* Magazine Report on American Women" foi-me extremamente útil enquanto lidava com a questão dos objetivos divergentes das mulheres.[2] O estudo definiu diversos tipos de mulheres que partilhavam as mesmas prioridades com relação ao uso do tempo no trabalho, no lar e em atividades pessoais. Esse estudo corroborou meu próprio ponto de vista, ou seja, de que a administração de tempo deve ser motivada por valores pessoais: não existe um sistema único para todas as mulheres. Em meu trabalho, simplifiquei a tipologia apresentada pelo estudo da revista *Self*. Apresento três categorias – a Dona de Casa Tradicional, a Mulher em Transição e a Conquistadora – para a discussão de comportamentos e caminhos distintos para a felicidade. Também acrescentei gerações diferentes de mulheres: as da Terceira Idade, aquelas na crise dos vinte e poucos anos, além das mulheres nascidas depois da II Guerra Mundial, as da chamada geração do *baby boom*[3] .

À medida que for lendo *Os Segredos de Administração do Tempo para a Mulher que Trabalha*, você será capaz de descobrir em qual categoria se encaixa e determinar se está usando o tempo de forma condizente com seus valores e que a faça feliz. Você pode se surpreender com as descobertas. Por exemplo, a Dona de Casa Tradicional sente-se mais feliz quando passa 20% do tempo em tarefas profissionais, 50% em tarefas domésticas e 30% em atividades pessoais. Se você for uma Dona de Casa Tradicional e gastar 50% do seu tempo em atividades profissionais, 20% em atividades domésticas e 30% em pessoais, é possível que esteja sentindo infelicidade e frustração crônicas. Do mesmo modo, uma Conquistadora ficará frustradíssima se passar 50% do

---

[2] Estudo analisado em "Transition," *Marketing Insights Magazine*, outono 1989, p. 27.
[3] Geração de crianças nascidas após a II Guerra Mundial.

tempo em afazeres domésticos. Você também perceberá que há um padrão diferente para cada geração.

O primeiro passo para administrar seu tempo com eficiência é descobrir em que categoria você se encaixa e quais são seus objetivos. Isto significa estabelecer metas, pois estas são a base para a mudança.

Ao ler este livro, quero que você veja a mudança com uma atitude positiva. O que parece impossível de mudar, em um primeiro momento, pode ser exatamente o que você precisa para mudar. Por exemplo, lembro-me de uma conversa com uma mãe que trabalhava fora e que tinha ido buscar a filha em uma festa de aniversário. Mencionou o quanto estava cansada e que mal tinha forças para voltar para casa e fazer a limpeza, mas "isso tinha que ser feito".

Ao ser questionada diretamente, contou-me que o marido não a ajudava em nada, já que a obrigação dele era manter os dois carros limpos. Mencionei que lavar o carro é tarefa semanal, mas limpar a casa é coisa para todos os dias. Mas ela também sabia que o marido não ajudaria em nada mesmo e que teria de enfrentar o problema sozinha.

Sugeri que pensasse em contratar um serviço de limpeza uma vez por semana, mas ela protestou: não podiam arcar com as despesas e o marido seria contra. Em casos assim, acho importante manter uma atitude positiva em relação à mudança. Percebi que muitas mulheres não pensariam em um serviço de limpeza, mas que tal arranjar alguém para ajudar? Talvez fosse possível contar com a ajuda de uma vizinha ou amiga, ou contratar uma adolescente algumas horas por semana. Qualquer uma das alternativas resolveria um montão de problemas.

Durante a leitura deste livro, procure se manter flexível e aberta a novas idéias. Flexibilidade significa sentir lá dentro que tudo vai dar certo, e fazer o que for necessário para chegar lá. Talvez você pense não ser possível mudar algo tão básico quanto o tempo que passa cuidando dos filhos ou da casa. Mas pense no que você e suas amigas já fizeram. Lembre-se de alguns anos atrás, quando nem se pensava no que era "comida saudável". Muitas mulheres têm feito algumas mudanças básicas e hoje comem mais frutas e verduras, servem refeições equilibradas ou adotaram uma dieta de baixo colesterol. Se você conseguiu isso, também será capaz de mudar para livrar-se da ansiedade e da culpa, tendo uma oportunidade de usar seu tempo em atividades mais significativas.

Também quero que tenha em mente a idéia de Integrar ou Sufocar. Esqueça a multiplicidade de tarefas porque isso só a deixará sem energia, desatenta ao que está fazendo e desorganizada com o que vier a seguir. Em vez disso, concentre-se em combinar seus valores, paixões e entes queridos com maneiras novas de responder à pergunta: "Como fazer isso funcionar"?

A última seção mostra um Programa de Vida Equilibrado e Alegre com duração de 6 semanas, com conhecimentos práticos que fundam o alicerce para uma vida mais equilibrada, calma, alegre e produtiva. Uso esse programa com as clientes que me consultam sobre equilíbrio de vida, treinamento executivo ou implementação de estratégias de marketing. O programa identifica valores, padrões emocionais, habilidades para administrar o tempo, autoconsciência e saúde física, mental e financeira.

Uma equação matemática pode ser igual a oito. Mas existem várias maneiras de se chegar a esse número: quatro mais quatro, cinco mais três, dois mais seis, oito menos zero, sete mais um. Todas estão corretas; o que muda é nossa escolha. Por todo o livro, você vai encontrar uma série de alternativas para resolver problemas individuais de tempo. Para tirar melhor proveito dele, você deve se manter flexível. Não rejeite uma solução de imediato: considere todas e escolha aquelas que você achar que podem funcionar.

Um último conselho: não adianta ler este livro e colocá-lo na estante. Este é um livro de *ação,* cujo objetivo é mudar sua vida. Porém, nada vai acontecer se você não agir. É como um compositor com uma melodia na cabeça: ao colocá-la no papel, uma idéia inspira a outra e a sinfonia toma forma. Durante a leitura, marque algumas das sugestões que deseja experimentar. Ao terminar, reveja-as e tente colocá-las em prática. Procure fazer deste um livro de referência que possa consultar quando quiser.

A leitura a estimulará a abrir a mente a novas idéias e táticas. Pense nelas e as modifique. Mas o que quer que faça, identifique a que grupo de mulheres pertence, decida quais mudanças pretende fazer e aja! Lembre-se, sem ação nada acontece.

Poucas mulheres admitiriam ter conseguido equilibrar seu tempo entre o trabalho, a casa ou as atividades pessoais. *Segredos de Administração do Tempo para a Mulher que Trabalha* dá exemplos de como conseguir isso. Acredito que sua leitura vai ajudá-la a criar um futuro pleno de novas percepções temporais, uma atitude positiva para definir suas prioridades e viver seus valores e uma agenda mais flexível, cheia de novas possibilidades. Procure manter-se aberta a algumas dessas idéias – e proponha-se sinceramente a fazer algo de bom, adotando um novo modo de pensar que possibilite a integração, motivada por uma energia positiva e boas escolhas. Divirta-se!

1

Como Arranjar Tempo para os Prazeres da Vida

A Mulher Maravilha: você já deve tê-la visto nas revistas. Roupas lindas e caras e nem um fiozinho de cabelo fora do lugar. Sorriso estampado no rosto, em uma das mãos segura uma maleta e, na outra, a filhinha de três anos. Com certeza, já deve tê-la visto na televisão e podia jurar que suas roupas chegaram direto do tintureiro depois de terem sido usadas por uma modelo de formas perfeitas. Ela desfila por sua casa limpa e organizada, onde os filhos ficam felizes ao ver a mamãe e o jantar será preparado em minutos.

Uma cena mais realista: o rosto de Diane Keaton cobre a tela e vemos a angústia de uma mulher. Sua feição delicada contrai-se de aflição, deixando a platéia enternecida. O que enfrenta essa mulher: ruína política ou morte iminente? Pouco provável. Na cena comovente de *Presente de Grego*[4] , Keaton deve escolher entre encontrar-se com seu melhor cliente ou cuidar de um recém-nascido. Como executiva experiente e mãe de primeira viagem, seu dilema é insuportável.

Para a maioria das mães que trabalham, a situação da personagem faz parte do dia-a-dia. Como ela, travam uma batalha perdida para dar

---

[4] **N. da T.:** Titulo em português do filme americano *Baby Boom*, de 1987, dirigido por Charles Shyer.

conta das mil e uma atividades exigidas pelo emprego, casa, filhos, marido, amigos e família.

Uma leitora de pseudônimo "Texana Cansada" resumiu o problema em uma carta a Ann Landers[5]:

> Cumpro quarenta horas semanais no trabalho e quase o mesmo tanto em casa... Meu emprego de supervisora é estressante. As exigências são assustadoras. Todos querem algo. Quando volto para casa, tenho de fazer o jantar, limpar a casa, lavar roupa, buscar as crianças, ajudá-las com o dever de casa, ver se estão de banho tomado e colocá-las na cama. Daí, já estou morta de cansaço. Cada dia que passa tenho mais coisas a fazer. Sinto-me exausta, como se estivesse me afundando em areia movediça. Meu corpo pede *descanso*, mas minha cabeça diz *prepare-se para amanhã*. E o verdadeiro problema é que não há tempo suficiente para eu fazer tudo isso.

Essa história exemplifica bem o cotidiano de mulheres no mundo inteiro. A maioria trabalha por necessidade. Algumas para que a família possa desfrutar pequenos prazeres como uma casa maior ou uma viagem melhor de férias. O problema para a maioria, entretanto, é que a pressão de tempo as está matando física e emocionalmente.

O que essas mulheres mais desejam é tempo para cumprir todas as tarefas que julgam necessárias, sem estar sempre na correria. A necessidade de administrar o tempo não chega a ser surpresa para as mulheres que, tradicionalmente, sempre tiveram de adaptar seus horários para acomodar atividades diárias e incumbências, além de projetos especiais. Os homens, tradicionalmente, nunca tiveram essa responsabilidade. Como afirmou a famosa feminista americana Gloria Steinem em uma entrevista, muitos anos atrás: "E ainda tenho de ouvir um homem pedir conselhos sobre como conciliar tempo entre a carreira e o casamento". Além disso, os profissionais que ensinam administração de tempo esperam que as mulheres empreguem

---

[5] **N. da T.: Ann Landers**, pseudônimo de *Esther Pauline Friedman Lederer* (4/7/1918-22/7/2002), escritora e jornalista americana que, durante 45 anos, escreveu uma coluna em diversos jornais dos EUA em que respondia a cartas de leitores que pediam conselhos.

seu tempo exatamente como faria um homem. Em poucas palavras, não funciona assim.

Mulheres de todas as idades entram ou saem do mercado de trabalho; mudam carreiras; têm filhos; casam, descasam ou casam de novo; começam, terminam ou ampliam os estudos; administram suas próprias empresas e muito mais. A maioria desses diferentes papéis ocorre simultaneamente e o resultado é uma *séria falta de tempo*.

Crie seu Próprio Estilo de Vida

No trabalho, você certamente já sentiu essa crise: o cumprimento das exigências profissionais e familiares ameaça tomar todo o seu tempo; sem tempo, você sente que vai sumir da face da terra. Como resolver essas exigências conflitantes e manter um pouco de paz pessoal? O primeiro passo é definir como quer alocar sua energia. Deixe que seus próprios valores determinem como equilibrar trabalho, família e tempo pessoal e, depois, crie um estilo de vida que reflita essas prioridades. Somente ao incorporar seus próprios valores é possível manter um estilo de vida que lhe seja pleno e que a motive a crescer como indivíduo.

Um estudo publicado pela revista americana *Self* definiu sete estilos de vida, que chamou de Estilos de Vida Pessoais. Cada um deles reflete os valores de um certo tipo de mulher. Minha própria experiência no trabalho com as questões de administração de tempo para as mulheres levou-me a simplificar o modelo da revista, distinguindo três categorias. Ao escolher a categoria que melhor reflete seus valores e remanejar seus horários de acordo com as porcentagens de tempo que cada uma delas exige, tenho certeza de que é possível melhorar a qualidade de vida.

Essas três categorias de mulheres são: a Dona de Casa Tradicional, a Mulher em Transição e a Conquistadora. Veja qual delas melhor reflete seus pontos de vista e valores. Além disso, cada uma das gerações dá sua contribuição ao estilo de vida geral.

A Dona de Casa Tradicional: "Eu tenho uma carreira, sim!"

As Donas de Casa Tradicionais, em sua grande maioria, planejam a vida em torno do casamento e da família, e sempre quiseram ser mães. Para elas, cuidar do lar e da família é prioridade absoluta. Hoje em dia, quando a maioria das famílias precisa de dois contracheques para sobreviver, 65% das Donas de Casa Tradicionais têm um emprego, e 35% delas em tempo integral. Dois terços das mulheres que trabalham em tempo integral prefeririam ficar em casa. Contudo, a maioria não se vê como dona de casa em tempo integral por toda a vida. Três quintos das Donas de Casa Tradicionais que não estão trabalhando planejam voltar ao trabalho assim que os filhos entrarem na escola.

Para esse tipo de mulher, trabalhar fora significa ter uma ocupação, e não seguir uma carreira. Para muitas delas, o desejo de ter tudo é ilusório. Acreditam que não dá para ser boa mãe e também boa profissional. Sentem-se realizadas cuidando dos afazeres domésticos e da família. Seus valores e atitudes tradicionais levam-nas a acreditar que o trabalho do homem é mais importante do que o da mulher. Em razão da coerência entre suas atitudes e seu estilo de vida, essas mulheres parecem ser felizes. Esse bem-estar decorre de saber que nem sempre ficarão em casa. Muitas acham que vão começar vida nova na maturidade. Sentem-se no controle de suas vidas, de sua saúde e bem-estar. Todas, entretanto, acreditam precisar de mais tempo para fazer tudo o que querem, tanto dentro quanto fora de casa.

Muitas das mulheres que ficam em casa ou trabalham meio período acham que a sociedade como um todo não as leva a sério nem as vêm como profissionais competentes. Isso é particularmente verdadeiro no caso das mulheres tradicionais que trabalhavam – que, de fato, seguiram uma carreira – mas optaram por ficar em casa para cuidar da família. Não querem ser menosprezadas por serem "apenas donas de casa". As Donas de Casa Tradicionais, na opinião delas, fazem um trabalho gratificante cuidando do lar e da família. Consideram as transições da força de trabalho para o lar e novamente para a força de trabalho como mudanças de carreira.

A Mulher em Transição: "Sinto-me em uma armadilha"

Essas mulheres não se sentem bem nem no trabalho nem no lar. A maioria é casada e muitas trabalham fora. Somente 28% ficam em casa o tempo todo. Grande porcentagem é forçada a trabalhar por motivos econômicos. Trabalham em algo que não gostam, o que por si só cria uma tensão que é exacerbada pela pressão de ter de cuidar da casa e trabalhar fora, além da culpa de negligenciar a família.

As mulheres desse grupo não se sentem no controle. Têm valores e atitudes tradicionais, mas se vêem obrigadas a trabalhar. Como escapes temporários, costumam ser consumidoras compulsivas, vêem muita televisão, lêem revistas femininas e mudam o cabelo e a maquiagem regularmente. Esses redutores de estresse, quando usados em excesso, apenas causam mais tensão. Mais de 50% das Mulheres em Transição vivem de contracheque em contracheque.

Por perceberem que lhes falta controle, elas costumam confiar pouco em sua própria capacidade de encontrar soluções para seus conflitos. Precisam de doses constantes de apoio e de informação para fazer suas escolhas. Sentem-se demasiadamente ambivalentes, sem saber se concentram sua atenção no lar ou na carreira.

A Conquistadora: "Claro que posso"

O foco dessas mulheres é a carreira. Seu coração e sua alma estão no trabalho. Se convidadas a presidir um evento, um comitê ou aceitar uma nova posição ou cliente, sua resposta é "Claro que posso". Em conseqüência, sentem-se sobrecarregadas de compromissos e de trabalho. Seu maior medo é a falta de controle: profissional, pessoal e familiar. Temem que, se perderem o passo, seu mundo vai desmoronar.

No entanto, 85% delas consideram que a vida vai bem. Tanto a Conquistadora quanto a Dona de Casa Tradicional acham que há coerência entre seus valores, comportamentos e modo de vida. De todos os grupos, a Conquistadora é a que tem mais autoconfiança. Entretanto, as sérias pressões de tempo que enfrenta provocam frustração, ansiedade e conflito.

Ao contrário da Dona de Casa Tradicional, a Conquistadora não acredita ser o lar o centro da vida. Pelo contrário, vê o lar como expressão de si mesma e como refúgio para a agenda apertada.

Mais de 64% das Conquistadoras acham que podem viver confortavelmente só com seu salário. Costumam ser extremamente autoconfiantes e independentes nos relacionamentos. Por serem bastante independentes e financeiramente seguras, costumam desfazer casamentos antes das mulheres dos outros grupos. Apesar da alta porcentagem de casamentos fracassados entre elas, consideram a família importante. Todavia, seu forte senso de competência e realização vem da profissão.

Mais do que qualquer outro grupo, as Conquistadoras teriam seu próprio negócio, caso tivessem dinheiro.

Examine as Gerações: Das Mulheres de Terceira Idade às da Casa dos Vinte

Além de semelhanças, cada geração de tradicionalistas tem sua própria interpretação.

Terceira idade (1922-1943)

Essas mulheres mais maduras (62 a 83 anos) têm respeito pela autoridade, já trabalharam bastante, são dedicadas e têm uma visão tradicionalista. Nos EUA, estima-se que essa população passe de 19 milhões em 2000 para 37 milhões em 2030.

Com renda para gastar, costumam investir em reformas na casa ou na compra de aparelhos domésticos e eletrônicos.

Ken Dyshtwald, presidente da *Age Wave*, consultoria de marketing americana, chama esse grupo de consumidoras de 19 trilhões de dólares, pois representa 70% da renda líquida dos lares americanos. As mulheres da terceira idade mantêm-se informadas pelos jornais, TV e rádio, sendo essas as fontes às quais respondem. As mulheres acima de 65 anos, contudo, querem tecnologia simples, embora muitas já dominem a Internet, o que as faz poupar tempo.

"Muitas delas já são avós, e esse papel está mudando", diz Rebeca Chekmuras, vice-presidente de pesquisa da *Age Wave*. "As avós em geral estão se tornando mantenedoras secundárias. Muitas tomam conta dos netos enquanto a mãe vai trabalhar, podendo ser o esteio financeiro da família."

A maioria das mulheres da terceira idade são Tradicionais. Segundo uma estatística de 1993, 2,3 milhões de crianças americanas abaixo dos 15 anos estavam sob os cuidados de avós tradicionais. Hoje, as avós tendem a se envolver mais na vida dos netos. De acordo com uma pesquisa recente da AARP[6], de 823 avós acima de 60 anos, 78% viram os netos ultimamente ou falaram com eles ao telefone – e 65% dizem que conversam com eles pelo menos uma vez por semana.

Minha pesquisa e estudos de caso mostraram que a maior parte das mulheres da terceira idade nos EUA são Donas de Casa Tradicionais ou

---

[6] AARP: sigla de *American Association of Retired Persons* (Associação Americana de Aposentados), organização sem fins lucrativos para pessoas acima de 50 anos.

Conquistadoras. As últimas ainda trabalham e divertem-se no trabalho. Muitas têm sua própria empresa ou transformaram *hobbies* como pintura ou tricô em um negócio, mesmo mantendo o *status* de Dona de Casa Tradicional.

As mulheres nascidas no pós-Guerra (1945-1958)

Essas mulheres prezam a saúde, a juventude, a gratificação pessoal e a riqueza material. De acordo com a consultoria americana SRI, "as mulheres da chamada geração do *baby boom* são geralmente cautelosas, moralistas e patrióticas. Esse grupo foi uma força poderosa durante boa parte dos anos 70, 80 e 90. Nos EUA, o número de mulheres entre 55 e 64 anos chegará a 38 milhões na próxima década. As mais velhas trabalharão mais: algumas além da idade de aposentadoria. Muitas estão se tornando avós, mas uma geração moderna de avós: vibrantes e animadas, praticam ioga e não medem esforços para participar da vida dos netos".

Há três grupos de *baby boomers*: as do "Ninho Vazio", as do "Meus Filhos ainda Moram em Casa" e as "Mulheres na Crise da Meia-Idade".

As primeiras têm tempo e liberdade financeira pela primeira vez em muitos anos. Passar de mãe ativa para ficar com o ninho vazio, quando os filhos deixam o lar paterno, é doloroso para as Donas de Casa Tradicionais e para as Mulheres em Transição. As Conquistadoras sentem falta dos filhos e de não tê-los em casa, mas desfrutam de certa liberdade para perseguir uma carreira ou um *hobby*. Todos os três grupos de mulheres sentem-se mais livres para ter *hobbies* e atividades que "adiaram até os filhos saírem de casa".

O segundo grupo dessa geração de mulheres, as do "Meus Filhos Ainda Moram em Casa", esperam que estes mudem para, enfim, desfrutar do tempo e da liberdade financeira. As Donas de Casa Tradicionais, as Mulheres em Transição e as Conquistadoras dessa geração ainda precisam colocar as necessidades dos filhos antes das suas.

O terceiro grupo é o das "Mulheres na Crise da Meia-Idade". Nas décadas passadas, as mulheres temiam chegar aos 40, 50 anos. Hoje, porém, estão transformando essa época da vida em uma oportunidade de ouro. De acordo com uma reportagem de capa da revista americana *Time*, existem nos EUA cerca de 43 milhões de mulheres entre 40 e 60 anos. Em vez de estagnarem quando enfrentam as dificuldades da meia-idade — divórcio, doença, o ninho vazio ou a perda dos pais —, muitas, hoje, têm necessidade de ajudar os outros e, surpreendentemente, a si mesmas. Segundo a *Time*, uma enfermeira de um lar de idosos montou uma consultoria para ajudar filhas a cuidarem dos pais; uma médica começou uma nova profissão, vendendo roupas de tamanho grande para mulheres obesas como ela; e uma representante da indústria farmacêutica transformou uma antiga idéia na Abby's Idea Factory ("Fábrica de Idéias da Abby"), que ajuda inventores a transformar suas idéias em produtos. De acordo com a *Time*, mulheres de todos os cantos e todo o tipo de formação estão abrindo caminho para o Negócio Próprio na Meia-Idade e isso se aplica a todos os três grupos: as Donas de Casa Tradicionais, as Mulheres em Transição e as Conquistadoras.

Geração X (a Geração Pragmática, 1960-1977)

Essa geração acredita na diversidade, é motivada pelo dinheiro, autoconfiante e valoriza o tempo livre. Acredita, contudo, que tem direito a um trabalho que seja prazeroso.

Boa parte é casada e vive com os maridos; 55% tem pelo menos um filho. A experiência adquirida por serem filhas de pais nascidos após a guerra – divórcio, babá e filhos sozinhos em casa – tornou-as mais independentes e autoconfiantes.

Geração Y (também chamada de Geração do Milênio, Próxima Geração, 1977-1994)

Essa geração foi pega na entrada das empresas "ponto com". Esse grupo é autoconfiante, preza a família, dá importância para marcas e grifes, é consumista, tem mobilidade e é bem ligado às pessoas.

Elas querem manter uma visão infantil do mundo e têm liberdade para ir atrás dos sonhos. O informal é "*in*". Boa parte prefere um *look* informal, descontraído. Provavelmente, tanto homens quanto mulheres usam *piercings*: não só brincos nas orelhas, mas em outras partes do corpo.

A crise na casa dos 20

As mulheres desse grupo passam pela crise dos 25, à qual se referiram as autoras Abby Wilner e Alexandra Robbins[7]. Os jovens que passam por essa crise levam mais tempo para amadurecer e tornarem-se independentes, enquanto na minha geração (a das crianças do pós-guerra), os jovens na casa

[7] Escritores americanos, autores da obra *Quarterlife Crisis (Crise dos 25).*

dos vinte anos tinham mais clareza quanto a seus objetivos. Nessa idade, a maioria de nós sabia o que queria: ser mãe, ter uma profissão e um emprego. Era um pouco mais fácil porque a sociedade esperava isso de nós.

Contudo, as mulheres na "Casa dos 20" estão levando mais tempo para descobrir o que querem. Essa defasagem entre a adolescência e a vida adulta é um fenômeno universal.

Frank Furstenberg Jr., sociólogo da Universidade de Pensilvânia (EUA), que liderou um grupo de pesquisa, afirma: "Não é apenas uma aberração, mas está se tornando um comportamento normal". Esse grupo às vezes é chamado de "geração bumerangue" por voltar para a casa dos pais depois de terminar a faculdade. De acordo com a *Twentysomething Inc.*, empresa de pesquisa de mercado que detecta tendências para jovens, 65% dos universitários formados em 2005 desejavam morar com os pais depois de formados.

Parece que minha geração tinha consciência de que precisava começar de baixo e construir. Trabalhei com vários membros dessa geração que têm uma idéia de merecimento e expectativa quando iniciam a vida profissional: comprar logo de cara uma casa bacana, gastar com supérfluos e começar a vida profissional ou a carreira de qualquer ponto, menos do zero.

A década do retorno

Além dos valores de cada geração e das percepções de cada um dos quatro grupos demográficos, surge outra mudança cultural que transcende todas essas gerações. Refiro-me a ela como a "década do retorno". Ou seja, há uma diferença no modo de agir, se comportar e pensar que faz com que as gerações pareçam 10 anos mais novas. Quem está na casa dos 20 age, comporta-se, pensa e parece adolescente; a geração da casa dos 30 parece como a dos 20; as de 40 como as de 30 e assim por diante.

Por que essas tendências agora?

Muitas são as razões para o surgimento dessas novas tendências e cultura entre as mulheres. A principal é o rápido desenvolvimento da tecnologia, que permite às mulheres terem mais informação a partir de uma fonte mais abrangente que nunca. Há também um aumento de modos de vida saudáveis e de descobertas médicas; há um entendimento maior do viver; valoriza-se uma vida com propósitos definidos e a consciência de que a jornada na Terra é mais curta do que pensávamos e que ninguém tem garantia de tempo "extra".

Permita-se Viver a Vida que Deseja

Quando os filhos são pequenos, nós os ensinamos a pedir permissão para fazerem qualquer coisa e para saírem. Muitas mulheres internalizaram essa exigência infantil. Na cabeça delas, precisam pedir permissão para arrumarem um emprego, mudarem de carreira, fazerem uma viagem de negócios, saírem de férias com o namorado, marido ou companheiro, reservarem tempo para si mesmas.

Para mudar seu modo de vida, essas mulheres devem aprender a se dar essa chance e passar a agir, sem se questionarem se podem ou não fazer isso. Estabelecer metas é uma das melhores maneiras de se dar esse direito, lançar as bases para as idéias e transformar um desejo de mudança em ação.

Estabeleça metas

Conquistar os objetivos requer reflexão e esforço. Segundo os dicionários, uma meta é (1) resultado ou propósito desejado, objetivo; (2) a linha de chegada de uma competição; (3) em alguns esportes, baliza, barreira, marco, limite.

Alguns dicionários oferecem outros sinônimos: objeto, intenção, objetivo. As metas são uma forma de concretizar nossos desejos e nos autorizar a fazer o que é preciso para realizá-los. É o que se chama de *intenção.*

A intenção ou intento vai além de nosso conceito de meta. Nosso subconsciente acredita no que pensamos ser verdade. Portanto, se você acreditar que não consegue fazer alguma coisa ou, talvez, tenha-se imposto limites sobre suas capacidades, o subconsciente acredita nisso. Veja Emília, uma Conquistadora de 50 e poucos anos, que tem um pequeno negócio. Ela diz: "Não consigo acreditar como eram limitadoras as minhas idéias e visão sobre o negócio – logo pensava 'não consigo fazer isso' e não havia chance de ir além". Ela própria impunha obstáculos para atingir seus objetivos. Portanto, é importante pensarmos em nossos objetivos e no que queremos conquistar de maneira positiva e não limitante. Imagine que já conseguiu.

A intenção também pode ser considerada energia. A física quântica mostrou-nos que tudo é energia. Por exemplo, se estivéssemos em um grande auditório e tivéssemos cada uma de nós dois diapasões afinados para Dó sustenido. Se eu vibrasse o meu diapasão contra uma mesa, o seu, caso afinado na mesma notação, também vibraria. Entretanto, isso não aconteceria se o seu diapasão estivesse afinado para Ré sustenido. Essa é a razão pela qual energia positiva atrai energia positiva e energia negativa atrai energia negativa. Já parou para pensar por que quando acontece algo que você considera negativo, em geral há uma ou duas coisas negativas acontecendo ao mesmo tempo?

Como interromper essa energia negativa, que atrai gente, atividades e sentimentos negativos e alterá-la de forma a atrair energia positiva?

Primeiramente, entre em contato com seu eu interior. Rotulamos comportamentos, pensamentos e sentimentos nossos e alheios como "maus", "horríveis" e "ridículos". Em vez disso, diga a si mesma: "As coisas são como são". Essa afirmação simples faz uma enorme diferença na maneira como você vê e sente as coisas. Ela neutraliza um ponto de vista potencialmente prejudicial.

Quando crianças, podemos analisar o mundo para descobrir como devemos nos sentir com a maneira como os outros agem ou reagem. David, meu filho mais velho, tinha 1 ano e 8 meses e caiu acidentalmente na piscina quando estava com o pai. Enquanto o pai o puxava, ele parecia meio assustado, sem entender o que tinha acontecido. Estávamos sorrindo, embora eu tivesse ficado apavorada. Não demorou para que David começasse a sorrir e se sentisse à vontade no seu mundinho.

Por mais de 15 anos, meu sonho era morar em outra cidade, a duas horas de distância, em uma casa de frente para o mar, com custos de manutenção muito mais altos. Eu sempre soube disso. Eu moraria lá um dia, mas, francamente, não sabia como isso iria acontecer. Contudo, conhecia o poder e a força da intenção e também que os detalhes seriam resolvidos contanto que meus propósitos fossem firmes. Por isso, é importante estabelecer metas e colocá-las no papel. Estou aqui sentada, escrevendo essas palavras enquanto olho para o mar, morando na cidade que sonhei.

Escreva seus objetivos gerais e também as razões para eles. Mencione especificamente como irá alcançá-los e escreva sua declaração de intenção, como se seus desejos já tivessem se tornado realidade. Lembre-se de que o subconsciente não discerne o "real" do "irreal" e age como se os pensamentos e afirmações fossem verdadeiros, materializando seus anseios, desejos e metas.

Veja, na página seguinte, como a farmacêutica Sônia estabeleceu suas metas e declarações de intenção. Metas são uma maneira de transformar seus desejos e intenção em resultados significativos e de definir seu propósito. Para estabelecer uma meta, é preciso determinar o que se quer das 24 horas do dia: para você e sua família, no trabalho e nos relacionamentos amorosos. A maioria das mulheres passa mais tempo pensando na lista de supermercado do que nas coisas verdadeiramente importantes na vida.

Tabela de Metas

Metas	***Declarações de intenção***
Ganhar mais dinheiro	"Tenho um fluxo de dinheiro abundante."
Tirar férias	"Tiro três férias por ano."
Perder peso	"Adoro meu corpo esguio e lindo."
Manter a saúde	"Tenho saúde física, mental e espiritual."
Encontrar minha alma gêmea	"Tenho um relacionamento amoroso e apaixonado."

Para estabelecer suas metas, siga os seguintes passos:

1. faça uma tabela com quatro cabeçalhos: "Objetivos Gerais (Permissão para...), "Intenção", "Motivação" e "Objetivos Específicos"
2. liste os cinco objetivos gerais – cinco coisas que você quer da vida
3. na coluna Intenção, escreva suas metas como se já tivessem acontecido
4. escreva suas motivações; pergunte-se *por que* quer atingir cada objetivo. Uma boa forma de fazer isso é fazer uma gravação sobre seus objetivos e por que acha que quer atingi-los. Quando ouvir a fita, vai se dar conta das motivações por trás de suas escolhas
5. no cabeçalho "Objetivos Específicos", liste *como* vai alcançá-los. Seja criativa. Use a imaginação
6. comece imediatamente!

A maioria das mulheres não tem dificuldade em estabelecer objetivos gerais, como economizar dinheiro, manter a casa mais bonita e mais limpa, tirar mais férias ou conseguir um bom emprego. Colocar esses objetivos gerais no papel é o primeiro passo na direção certa, o que aumenta as chances de conseguir realizá-los. Ler os objetivos em voz alta ajuda a organizar suas prioridades e reforça seu compromisso. Além disso, ativa o subconsciente para que encontre maneiras de atingi-los.

Uma vez descritos os objetivos gerais (que também servem de permissão para fazer o que deseja), passe às motivações, e depois anote especificamente como irá alcançá-los. Sônia listou seus principais objetivos: ganhar mais dinheiro, tirar férias, perder peso, manter a saúde e arrumar um namorado. Após ponderar sobre eles, descobriu que queria e precisava se dar permissão para ganhar mais dinheiro para poder contratar uma empregada e comprar mais roupas. Que precisava se permitir sair de férias para aliviar o estresse no trabalho, perder peso para sentir-se melhor em relação ao corpo e sexualmente confortável com os homens, manter a saúde para cumprir com a agenda apertada e para achar alguém com quem partilhar e discutir seus pensamentos e medos.

Sônia agora tinha objetivos gerais ("declarações acerca da permissão para ...") e suas motivações ocultas. Nessa altura, precisava escrever como atingiria esses objetivos. Sua tabela ficou assim:

TABELA DE METAS

Objetivos Gerais (Permissão para...)	*Motivações*	*Objetivos Específicos*
Ganhar mais dinheiro	Casa mais limpa	Economizar uma quantia por mês.
	Roupas mais caras	Contratar uma empregada.
		Comprar roupas em boas lojas.
Tirar férias	Alívio do estresse no trabalho	Ir para a cama cedo às sextas-feiras; aos sábados, curtir o café da manhã sozinha.
Perder peso	Estar bem com meu corpo	Começar um regime; perder 5 kg.
		Caminhar 3 vezes por semana (25 min antes de sair para o trabalho).
Manter a saúde	Capacidade para cumprir com todos os compromissos da agenda	Caminhar na hora do almoço.
		Levar comida de casa.
Encontrar minha alma gêmea	Um homem para fazer parte da minha vida	Sentir-me bem com minha sexualidade; comprar roupas íntimas sensuais; entrar para um clube de solteiros.

Você pode gravar seus objetivos como projetos conquistados. Já que o subconsciente não diferencia o real do imaginário, esse é um instrumento bastante eficaz para alcançar seus objetivos. Uma executiva, por exemplo, talvez queira se ver como benquista, ser considerada líder no seu ramo, dar-se bem com o marido e os filhos, franquear seu negócio e se tornar uma palestrante famosa. Sim, ela pode pôr isso no papel, mas é muito mais eficaz gravar esses objetivos e depois ouvir a fita no caminho de volta para casa ou durante a caminhada. Depois de certo tempo, as palavras gravadas incorporam-se à mente.

Separe uma Horinha para Você

Assim como o exercício físico é importante para nos manter saudáveis, o exercício mental também nos mantém com saúde. Todos sabemos que o dia tem 24 horas, mas a maneira como *usamos* e *percebemos* esse tempo pode nos estressar ou nos rejuvenescer.

Você já deve ter ouvido o ditado "Uma maçã por dia faz a vida sadia". A versão para a mulher que trabalha fora é "Uma hora pra mim faz a falta de tempo sumir". Passamos acordadas aproximadamente 6.000 horas por ano. Cerca de 2.000 são usadas nas 8 horas de trabalho diário. O que nos deixa com 4.000 horas à nossa disposição (inclusive as que passamos dormindo).

Com certeza, é possível destinar 7 h por semana para sentar calmamente e pensar. Reserve uma hora por dia – no mesmo horário todos os dias, para que se torne um hábito – para *pensar*, só isso. Pense em dez maneiras de melhorar uma atividade, um relacionamento, um sistema de crenças ou qualquer outra preocupação que tenha. Escreva suas idéias em um bloco de notas. Não é preciso tentar resolver o problema naquele momento. Apenas reflita e organize os pensamentos. Uma boa idéia é caminhar ou fazer exercícios enquanto pensa.

Você irá descobrir que uma idéia gera outra. Isso acontece quando nos sentimos confortáveis e sem pressa: a mente vagueia. Vai se perceber pensando criativamente. A maioria das mulheres não perde tempo pensando criativamente em uma situação ou atividade; são levadas, por outros ou por si mesmas, a tomar decisões ou resolver um problema de imediato.

Tudo o que é necessário para se tomar uma decisão, mudar um sistema de crenças ou melhorar um relacionamento está ao seu alcance com o pensamento construtivo. Uma coisa que você pode fazer enquanto pensa é visualizar o resultado desejado e a consecução de seus objetivos. Nossa amiga Sônia, por exemplo, visualizaria dessa forma:

Visualize-se com mais dinheiro: Ela se "veria" recebendo mais cheques, indo ao banco para depositar grandes somas de dinheiro, "veria" um talão de cheques preenchido com grandes somas de dinheiro e se "veria" pagando a empregada sem preocupações financeiras.

Visualize-se tirando férias: Sônia se imaginaria na praia relaxando, o sol esquentando e bronzeando seu corpo.

Visualize-se perdendo peso: Ela se veria usando saias e tops justinhos, indo à academia com roupas de ginástica justas, saindo com um vestido sexy e se sentindo o máximo com esse corpinho.

Visualize-se com saúde: Ela se imaginaria alimentando-se saudavelmente e cheia da energia decorrente da boa saúde.

Visualize-se encontrando a cara-metade: Ela se veria interagindo com a pessoa amada, mesmo sem saber como ele é fisicamente – sente o calor e o amor entre eles; imagina que estão se divertindo juntos e outras coisas relativas a um relacionamento amoroso.

Pense, não se Preocupe

A maioria das mulheres costuma se preocupar com as situações em vez de ponderar sobre elas. Boa parte dessa preocupação advém do fato de acharem que é preciso fazer a escolha "certa" ou "perfeita". Lembre-se, entretanto, de que a perfeição não existe. Se tentar encontrá-la, vai paralisar seu processo criativo. Não tente ser perfeita; apenas pense com clareza. Se pensar caoticamente, o caos se instala. Se pensar em se manter calma, são boas as chances de que consiga tomar uma decisão correta. *Você é o que pensa!*

Os pensamentos são muito poderosos. De fato, o que pensamos afeta o corpo, o espírito e o mundo ao nosso redor. Alguém já disse que passamos 50% do tempo nos preocupando com coisas que nunca acontecerão, 30% com coisas que já aconteceram, 12% com questões de saúde e só 8% com problemas reais. Destes, metade podemos resolver e outra metade não. O que significa que passamos 96% do tempo nos preocupando desnecessariamente.

A personagem de quadrinhos *Cathy*[8] falou bem:

---

[8] História em quadrinhos americana de meados da década de 1970. Cathy, uma jovem executiva solteira, completamente louca, carente, independente e bem-humorada, idealizada por Cathy Guisewite, aborda questões como hábitos sexuais, namoro, relações entre pais e filhos e aparência pessoal.

— Puxa, Irving... Desculpe! Estava preocupada comigo e te ignorei!

— Puxa, Charlene... Desculpe! Estava preocupado com o Irving e te ignorei!

— Puxa, Electra... Desculpe! Estava preocupado com a Charlene e te ignorei!

— Puxa, mãe... Desculpe! Estava preocupada com a Electra e te ignorei!

— Puxa, pai... Desculpe! Estava preocupada com a mãe e te ignorei!

(PA, PA, PA ...)

— Puxa, "Euzinha"... Desculpe! Estava preocupada com todo o mundo e te ignorei!

Duas Grandes Frases para Manter a Perspectiva

Meus pais são sobreviventes do Holocausto e testemunharam muita dor, sofrimento e atrocidades. Quando criança, sempre ouvia meus pais usarem uma expressão iídiche quando as coisas não saíam como planejadas ou quando havia um pequeno acidente (esse pequeno acidente já incluiu a perda total de um carro, mas minha irmã nada sofreu). A expressão, traduzida grosseiramente, significa "Melhor isso que outra coisa". Em outras palavras, se tiver de acontecer algo, antes isso que algo pior.

Outra expressão iídiche que ouvi há alguns anos, que sempre recordo e me ajuda a manter a perspectiva e acalmar meus pensamentos quando enfrento um problema ou um pequeno acidente (como um problema sério no tornozelo no ano passado), é "Gam zu la tov", que pode ser traduzido como "Há males que vêm para o bem". Por alguma razão, essas duas frases me ajudam a colocar os problemas em perspectiva. Descubra uma ou duas expressões que significam algo para você e use-as quando se sentir tensa e precisar se acalmar. Há uma razão para que essas expressões nos digam algo, deixando-nos tranqüilas e fazendo com que pensemos com mais clareza. Na minha opinião, elas talvez toquem uma verdade profunda. É por isso que sentimos "calafrios" quando alguém diz algo – é um sinal de que é uma verdade para nós.

Exercícios de Visualização

Para mim, a mente é o melhor computador que existe até agora. Como este, a mente não julga, o que é uma dádiva maravilhosa. Com nossos pensamentos e emoções, julgamos uma ação, comentário ou pensamento. Se nada julgarmos, a mente capta o que estamos realmente pensando. Preste atenção aos pensamentos e não os rotule como "horríveis", "ansiosos", "maus", "feios" etc. Ao contrário, transforme-os em pensamentos de amor, gentileza, compaixão, tranqüilidade e harmonia.

A mente interpreta os pensamentos e o espírito realiza as intenções. O subconsciente interpreta literalmente as coisas que dizemos para nós e para os outros, como uma criança. Lembro-me de quando minha irmã tinha 3 anos e derrubou suco de uva no chão. Eu disse, brava: "Olha o que você fez" e ela baixou a cabeça para ver a sujeira. Ela tomou minhas palavras literalmente. Algumas mulheres acreditam que os homens tomam seus comentários literalmente, o que causa todos os tipos de problemas, porque sabemos que o que dizemos às vezes vem da pura emoção e não pensamos no que estamos dizendo realmente ou como estamos dizendo – só estamos externalizando a emoção. Isso acontece principalmente quando estamos pressionadas pelo tempo e cheias de coisas para fazer.

Meditação

A hora perfeita para meditar é depois de ler a tabela de objetivos. Meditar pode ser a leitura de passagens inspiradoras de livros que elevem seu espírito e atitude. Também pode incluir uma frase ou mantra repetido diariamente no começo ou ao final do dia para aquietar a mente ou diminuir a ansiedade. O mantra que repito quase todas as manhãs é "Tenho tempo suficiente para fazer tudo o que preciso". Essa frase me acalma e faz com que me concentre no meu dia. Ajuda-me a pensar em mim e no tempo disponível. Sei, por experiência, que vou conseguir fazer o que preciso: nem tudo o que quero mas, com certeza, o que preciso fazer naquele dia. Portanto, a pressão de tempo que sentimos é exacerbada pelo fato de pensarmos que temos muito a fazer em pouco tempo.

De fato, nossa conversa interior só nos deixa ansiosas. Esse diálogo interno pressiona mais nosso dia e desempenho. Outro mantra que repito quando estou sobrecarregada de trabalho é "Posso, se pensar que sim". Adoro o livro do Dr. Norman Vincent Peale, *Você Pode se Acha que Pode*. As palavras de sabedoria são tão verdadeiras hoje quanto à época que foram escritas, nos anos 50.

Pontos Importantes a Lembrar

É importante estabelecer seu Estilo de Vida Pessoal, ou seja: a Dona de Casa Tradicional, centrada na família; a Mulher em Transição, insatisfeita no emprego e culpada por não ter tempo para se dedicar à família; e a Conquistadora, que só pensa na profissão.

Para saber o que deseja da vida, é preciso ter metas. Além disso, é importante dar-se permissão para atingi-las. Seja bastante específica: quanto mais específica, mais fácil será concretizar seus desejos.

2

Onde Concentrar o Tempo

A mulher que trabalha divide o tempo em profissional, pessoal e familiar. Entretanto, a *maneira como* o faz deveria depender, principalmente, de suas motivações. Assim que identificar seu Estilo de Vida Pessoal, ela precisa examinar quanto tempo reserva a cada uma dessas áreas e comparar sua lista com o que dita seu estilo de vida. Ou seja, se uma Conquistadora colocar mais ênfase no lar quando seu interesse e motivação verdadeiros estão no trabalho, o resultado será estresse e infelicidade.

Identificando Tempo Profissional, Familiar e Pessoal

Essa seção trata dos estilos de vida descritos no Capítulo 1 para ilustrar as distribuições de tempo que cada tipo de mulher tende a considerar satisfatórias.

A Dona de Casa Tradicional concentra seu tempo no lar. Considera-se administradora do lar e quer ser valorizada por isso. Sua autoconfiança deriva desse seu papel , mas depende da aprovação da família e dos amigos. Acha que ter tempo para si mesma é egoísmo e que precisa estar ocupada com a limpeza ou com os filhos para que tudo seja feito em tempo.

O comentário de Nancy, dona de casa e professora substituta, ilustra a mentalidade desse tipo de mulher: "Fico mais feliz quando estou em casa brincando com meus filhos. Gosto de ser professora substituta porque me dá tempo de curtir meus filhos. Odeio ter de deixá-los todos os dias – eles precisam de mim em casa".

De acordo com pesquisas informais conduzidas pela empresa americana *Marketing Time Source*, de Santa Mônica, a maioria das Donas de Casa Tradicionais passa 50% do tempo no lar, cuidando da casa ou dos filhos; 30% em atividades pessoais, como compras, *hobbies* ou almoço com as amigas; e 20% em atividades profissionais, em um emprego de meio período para complementar a renda familiar.

Uma forte indústria caseira está surgindo entre o grupo de Donas de Casa Tradicionais. O negócio dessas empresas gira em torno da família e do lar, coisas como confeccionar camisetas para torcidas, bijuterias, fazer tricô, decoração de interiores e comércio via Internet.

A Internet abriu grandes oportunidades para quem prefere ficar em casa com os filhos e partilhar os talentos "domésticos" com outros, ganhando um dinheiro extra.

O tempo das Mulheres em Transição reparte-se em profissional e familiar. Ela está dividida: seu sistema de valores prega que as mulheres primeiro devem cuidar do lar e depois trabalhar, caso necessário. Sua incapacidade de preencher o papel feminino faz sua satisfação e felicidade dependerem da satisfação e da felicidade dos outros. Além disso, comparada com a Dona de Casa Tradicional e a Conquistadora, geralmente está menos satisfeita com seus relacionamentos. É necessário que tome consciência de que as mudanças positivas são possíveis e que ela merece viver as coisas boas da vida. Precisa se dar conta de que tem opções.

Elaine, secretária executiva e Mulher em Transição, está sempre com pressa. "Gosto de meus colegas de trabalho, de comprar roupas e ter meu próprio salário... mas algumas vezes odeio ter de deixar meu bebê e a casa desarrumada."

A Internet e o trabalho em casa, contudo, podem ser uma válvula de escape tanto para a Mulher em Transição quanto para a Dona de Casa Tradicional. Judite, por exemplo, trabalha em casa, transcrevendo históricos médicos de pacientes para hospitais, médicos, dentistas, quiropráticos e veterinários. Antes de entrar para o negócio, teve aulas de terminologia médica em uma faculdade local.

A maioria das Mulheres em Transição gosta de passar 35% do tempo em casa, 35% trabalhando e 30% em atividades pessoais.

O tempo da Conquistadora é todo para a atividade profissional. Sua autoconfiança e senso de controle advêm da profissão. Sem esta, a maioria dessas mulheres (de todas as gerações) sente-se sem objetivo, embora possa ter uma família. Suas necessidades mais fortes são de ser bem-sucedida e ter independência. Está sempre em ação, tentando dar sua contribuição em situações ou tornar os eventos maiores. Quer saber como e onde ir para fazer algo.

A contadora Janete adora sua profissão: "Não vejo a hora de ir trabalhar. Na verdade, às vezes me sinto culpada por gostar tanto do meu trabalho. De vez em quando, aos sábados, prefiro ir trabalhar a ficar em casa".

A advogada Tereza, que está na casa dos 30, achou que trabalhar fora de casa o dia inteiro era demais para ela, os três filhos e o marido. O casal decidiu que ela trabalharia meio período em casa. Sendo uma Conquistadora, Tereza percebeu que o tempo gasto trabalhando meio período em casa era quase tão produtivo quanto o tempo integral no escritório e que o computador lhe dava acesso aos mesmos recursos de lá. Daí, começou a passar apenas algumas horas no escritório para se atualizar e o resto do tempo trabalhava no escritório de casa, que foi totalmente reformado para atender às suas necessidades. Muitos arquitetos, hoje em dia, estão se especializando nos chamados "home offices" e projetam instalações elétricas especiais para computadores. Isso se aplica principalmente aos membros da Geração X e aos nascidos no pós-guerra.

Uma Conquistadora típica destina 50% do tempo para atividade profissional. Gostaria de passar 25% do tempo em atividades pessoais e 25% ou menos em casa. Tenta reduzir os afazeres domésticos, delegando tarefas a outros membros da família, dependendo de lojas de conveniência ou de alimentos preparados ou, ainda, contratando diaristas. É fonte de inspiração para os fabricantes de eletrodomésticos na criação de produtos inteligentes, como refrigeradores e fogões que possam ser por ela programados do escritório pela Internet, para que seu jantar esteja pronto quando ela chegar em casa.

Determinando como Dividir o Tempo

Nessa seção, você identificará tudo o que faz por um período de 2 semanas e, com os resultados na mão, determinará a ênfase que dá ao tempo atualmente, fazendo uma lista de todas as atividades que totalizam o tempo gasto por categoria e anotando esses totais na tabela da página 23.

Escreva todas as suas atividades diárias em intervalos de 30 minutos, do horário que acorda até a hora de dormir. Essa será sua Tabela Diária, que ficará assim:

5:00 – acordei
5:30 – tomei banho e escutei o noticiário do dia
6:00 – comi uma maçã no café da manhã e saí para trabalhar
6:30 – deixei as crianças na escola e peguei a condução
7:00 – ainda na condução
7:30 – cheguei ao trabalho

Continue anotando em intervalos de meia hora até a hora de dormir.

Assim que terminar de preencher a tabela para 2 semanas, inclusive fins de semana, transfira o total de horas para a Tabela de Atividades Diárias. Sei que é um pouco chato, mas as informações que você descobre ao fazer isso valem o tempo e o esforço.

Tabela de atividades diárias

Comece acrescentando todas as atividades diárias nas colunas Familiar, Pessoal ou Profissional da tabela que se encontra na página seguinte. Arredonde as horas: o total de cada dia não dará exatamente 24 horas. Marque em amarelo as horas gastas no trabalho, em verde as com a família e em vermelho as pessoais. Some todas as horas da mesma cor e transfira o total na coluna equivalente da tabela. Determine o tempo total por categoria para cada dia durante 2 semanas. Você pode fazer isso no computador.

Por exemplo, Sheila trabalha das 8 da manhã às 5 da tarde todos os dias e tem uma hora de almoço. O tempo que passa trabalhando é marcado em amarelo. Se em vez de almoçar, ela vai resolver alguns assuntos, isso é atividade familiar, portanto marca em verde. Se vai almoçar com uma amiga, cortar o cabelo ou fazer compras, isso é tempo pessoal e marca em vermelho.

Preparar o jantar, lavar a louça ou pôr as crianças na cama é tempo familiar. Ler, ver TV ou ir ao cinema são atividades pessoais. Mas se você vai ao cinema só pelos filhos, essa atividade é familiar.

Você verá não só em que está gastando seu tempo, mas, o que é mais importante, será capaz de decidir se a natureza do tempo gasto em cada atividade está em consonância com seu estilo de vida. Isso acontece quando se sentir em paz consigo mesma e não em constante turbilhão.

Quando terminar, verifique que porcentagem de tempo foi investida em cada atividade. Depois, compare com a média para cada tipo de mulher. Por exemplo, suponha que você seja uma Mulher em Transição que passa 60% do tempo trabalhando, 20% em casa e 20% em atividades pessoais.

Tabela de Atividades Diárias

	Profissional	*Familiar*	*Pessoal*
Segunda-feira			
Terça-feira			
Quarta-feira			
Quinta-feira			
Sexta-feira			
Sábado			
Domingo			
Segunda-feira			
Terça-feira			
Quarta-feira			
Quinta-feira			
Sexta-feira			
Sábado			
Domingo			
Total			

Comparada à maneira típica que esse tipo de mulher emprega o tempo – 35% profissional, 35% familiar e 30% pessoal –, sua agenda está em desequilíbrio. Provavelmente você se sinta pressionada.

Você está “perdendo tempo” se emprega seu tempo em desacordo com o estilo de vida que você deseja ter. Isso acarreta ansiedade geral, fadiga e tensão com horários, o que a deixará sempre preocupada, sem saber se terá tempo para fazer as coisas.

O padrão de 30% de tempo para si mesma pode parecer egoísta e impossível. Observe a realidade, porém: subtraindo das 24 horas 7 para dormir e 12 para as atividades profissionais e familiares, sobram aproximadamente 5 horas diárias para atividades pessoais. No restante do livro, vamos ensinar como conseguir essas horas.

Como Conseguir o Equilíbrio

Você acabou de aprender como os diferentes tipos de mulheres usam o tempo. Agora, vamos dar uma olhada em alguns exemplos de como há desequilíbrio entre o uso do tempo e o estilo de vida.

A Dona de Casa Tradicional

Situação: Sílvia, Dona de Casa Tradicional, na casa dos 40, trabalha como voluntária 20 horas por semana. "Fico em casa e faço trabalho voluntário na escola da minha filha, em organizações, além de fazer a contabilidade do negócio da família. Quanto mais faço, mais 'arrumo' o que fazer. Fico longe da família em média duas noites por semana e a maioria das manhãs. Sempre tento achar tempo para fazer as coisas que quero e preciso: jardinagem, artesanato e cuidar da família. Acho que estou prestes a ter um colapso."

Descompasso de tempo: Sílvia é uma Dona de Casa Tradicional, mas passa 50% do tempo fora de casa como voluntária. De acordo com seu Estilo de Vida Pessoal, deveria passar 50% do tempo em casa, 30% em atividades pessoais e 20% trabalhando fora.

Equilíbrio de tempo: Sílvia precisa dizer não e reprogramar sua agenda.

Comentário: Eis o que ela deveria dizer após as mudanças necessárias: "Escolhi a organização que mais me agrada e trabalho lá cinco horas por semana durante o dia. Comecei a plantar uma horta com abobrinhas, tomates e pimentões. Ainda não tenho muito tempo para fazer tudo o que quero, mas também não acho que terei um colapso".

Sílvia mudou a forma como vê o tempo de modo a refletir seu estilo de vida, o de Dona de Casa Tradicional. Ao combinar seu interesse pessoal pela jardinagem com o interesse pessoal pela culinária, pôs em equilíbrio o tempo familiar e o pessoal. Ao optar por trabalhar como voluntária em apenas uma organização, foi capaz de empregar seu tempo de uma forma que considerava importante, ficando livre para outras atividades em conformidade com seu estilo de vida.

Situação: Liz, Dona de Casa Tradicional, de 30 e poucos anos, trabalha fora 24 horas por semana. "Trabalho meio período para que minha família possa desfrutar de alguns benefícios extras: acampamento de férias e roupas melhores para as crianças. Quando chego em casa, faço todo o serviço e depois me sinto ansiosa e mal-humorada".

Descompasso de tempo: Liz é uma Dona de Casa Tradicional, mas passa 50% do tempo fora e menos de 20% em casa. Precisa reverter essa situação.

Equilíbrio de tempo: Liz precisa trabalhar menos tempo no emprego atual ou achar outro que lhe permita trabalhar meio período em casa. Há vários empregos que são ideais para ela: digitação, contabilidade, revisão de texto e *design*.

A explicação de Liz sobre as mudanças que acabou fazendo foi: "Pedi ao meu chefe que me deixasse fazer parte do trabalho de contabilidade em casa. Combinamos que eu poderia fazer isso um dia por semana. Agora consigo fazer a contabilidade para dois novos clientes, já que não perco tempo me preparando para sair de casa, fazendo meia hora de almoço ou no caminho de ida e volta do trabalho. Continuo cuidando das crianças da mesma maneira, mas consigo fazer muito mais".

Comentário: O tempo de Liz foi alocado de forma a refletir seu estilo de vida, o de Dona de Casa Tradicional. Ao combinar o emprego de meio período com um pouco mais de responsabilidade, trabalhando em casa um dia por semana, ela não só passa mais tempo com a família, mas também assumiu mais responsabilidade com seu empregador.

Situação: Alice, Dona de Casa Tradicional, por volta de 30 anos, tem dois filhos. Antes de ser mãe, era professora e começou um negócio *on-line* de vendas de produtos infantis feitos em casa por ela e sua sócia. "Estou adorando ficar em casa com as crianças, mas preciso me dedicar um pouco mais ao trabalho para ganhar dinheiro. Não preciso de muito, mas pelo menos ajudo meu marido com as contas. Sinto-me mal trabalhando quando meus filhos estão acordados e precisam de mim."

Descompasso de tempo: Alice fica em casa todo o tempo, mas só 15% trabalhando em seu negócio *on-line*, 20% em atividades pessoais e 65% com os filhos. Como Alice é de uma geração que faz questão de dedicar tempo aos filhos, ela se sente dividida e culpada por esse descompasso de tempo.

Equilíbrio de tempo: Alice precisa planejar em que horários irá trabalhar durante a semana; por exemplo, no período em que os filhos estão dormindo à tarde, à noite quando o marido chega em casa ou em determinadas horas no fim de semana. Também pode aproveitar para trabalhar quando o filho está na escolinha ou contratar uma babá para ficar com ele duas ou três manhãs por semana.

Comentário: Alice resolveu trabalhar durante horários específicos nos finais de semana e procurar uma sócia para ajudá-la durante a semana. Também contratou uma "vovó" que vai à sua casa tomar conta do nenê três vezes por semana de manhã. Para ela, é como se o filho tivesse mais alguém que o ama, e não uma desconhecida. Como Alice é da Geração X, sente-se mais responsável pelo sustento da casa que sua irmã mais nova, que preferiria passar tempo extra com as amigas e as crianças.

A Mulher em Transição

Situação: Lílian, Mulher em Transição (35 anos, Geração X), trabalha muito e depende de babás para cuidar dos filhos. "Gasto uma nota para que outras mulheres conheçam meus filhos enquanto trabalho. Quando fico em casa, estou muito ocupada lavando e limpando para ficar com a família. Estou sempre correndo e cumprindo tarefas."

Descompasso de tempo: Depois de fazer a tabela, Lílian descobriu que passava 45% do tempo trabalhando ou em atividades correlatas, 35% em casa e 20% em atividades pessoais.

Equilíbrio de tempo: Lílian deveria encontrar um modo de passar menos tempo no trabalho e mais com a família.

Comentário: O chefe de Lílian não aceitava o horário flexível. Em conseqüência, ela mudou para um emprego com salário menor, mas que lhe permitia ter flexibilidade de horários. "Não conseguia mais agüentar o ritmo. Mesmo com o salário menor, não preciso tanto da babá. Combinei um esquema com a vizinha: eu fico com o filho dela aos sábados pela manhã e ela com a minha filha nas quartas à noite, quando meu marido e eu vamos ao cinema. Pago uma adolescente para passar a roupa duas vezes por semana. Enquanto ela faz isso, a família senta-se à mesa da cozinha para conversar, com a televisão desligada e a secretária eletrônica ligada. Até agora está funcionando."

Situação: Carina trabalha o dia inteiro. Quando tem tempo, arruma a casa pela manhã, vai trabalhar, volta para casa à noite, prepara o jantar e termina a arrumação. "Sinto-me como uma máquina de limpar que anda e fala: estou sempre recolhendo brinquedos, sacos, papel de embrulho, sapatos e outras coisas do chão. Preciso de *ajuda* em casa."

Descompasso de tempo: Quando fez a tabela, Carina descobriu que passava 50% do tempo trabalhando e os outros 50% arrumando a casa. Não tinha tempo para si mesma.

Equilíbrio de tempo: Ela deveria reduzir o tempo que gasta com as tarefas domésticas, contratando uma diarista, pedindo ajuda à família ou mudando seus padrões de exigência.

Comentário: Como não tinha condições financeiras para arcar com uma diarista, Carina delegou parte das responsabilidades domésticas a outros membros da família. "Fiquei com a limpeza da cozinha e do banheiro, meu menino de 10 anos com a sala de estar e meu namorado com o quarto. Sempre comento o quanto isso me ajuda a ter mais tempo para eles. No princípio, não achei que fosse dar certo, mas quanto mais tempo passava junto deles, mais eles se esforçavam."

Situação: Emília, 50 e poucos anos, trabalha como representante de vendas de uma loja de departamentos e cuida da mãe doente. "É muito difícil trabalhar o dia inteiro e tomar conta da mamãe. Vou visitá-la todas as noites quando saio do trabalho e passo algumas horas com ela. Meu marido é bastante compreensivo, mas isso já está se tornando um peso para mim e para nosso relacionamento. Se deixo de visitá-la um dia, minha mãe reclama e fico preocupada, querendo saber se ela está bem."

Descompasso de tempo: Com a tabela, Emília descobriu que passava 90% do tempo fora de casa, entre o trabalho e a visita à mãe.

Equilíbrio de tempo: Emília deu uma olhada nos *sites* de leilões de compra e venda pela Internet e gostou. Ela está pensando na possibilidade de se dedicar a essas atividades. Assim, terá uma renda e flexibilidade de tempo para visitar a mãe mais cedo durante o dia.

Comentário: Depois de passar alguns meses tentando descobrir mais maneiras de ganhar dinheiro nesses leilões *on-line*, Emília ganha hoje 2/3 do salário anterior. "Nesse passo, 'quase' vou conseguir equilibrar o orçamento e visitar a mamãe. Descobri que tenho muito mais energia no relacionamento com meu marido. Finalmente, voltei a viver", diz ela.

A Conquistadora

Situação: Jane acha que passa pouco tempo no trabalho, o que lhe causa estresse. "Depois que meu pai morreu, minha mãe precisa de mais cuidados médicos. Eu a levo à maioria das consultas e exames. Não consigo atender a todos os compromissos de minha agenda profissional, que é bastante pesada. Tenho de achar um jeito de cumprir todos os compromissos, sem desistir do emprego ou sacrificar a saúde da minha mãe."

Descompasso de tempo: Jane passa 40% do tempo trabalhando, 45% em casa e com a mãe e 15% em atividades pessoais.

Equilíbrio de tempo: Jane deveria encontrar um modo de delegar a responsabilidade pela saúde da mãe, trabalhar com mais eficiência ou ambos.

Comentário: "Perguntei à minha chefe, com quem trabalho há 8 anos, se podia trabalhar em casa uma vez por semana. No começo ela não gostou muito da idéia. Expliquei que, com esse arranjo, não precisaria mais tirar tantas licenças por doença. Experimentamos e deu certo. Às quartas-feiras, passo cinco horas com minha mãe. Isso me dá dois dias, segunda e terça, para dar encaminhamento ao trabalho e quinta e sexta para terminar o que comecei. Nos outros dias, dou uma olhada nela, no horário do almoço ou após o trabalho. Uma amiga de faculdade lhe faz companhia à tarde."

Ao negociar a flexibilização de horário com a chefe, Jane acha que tem mais controle sobre o trabalho e os cuidados com a mãe. Tira menos licenças e assim pode se concentrar mais no trabalho.

Situação: Luiza passa a maior parte do tempo em tarefas relacionadas ao trabalho. "Acordava às 5 da manhã, saía para uma caminhada (quando podia gastar meia hora), marcava cafés da manhã de negócios às 7 ou 7:30 e depois ia ao escritório às 8:30. Chegava em casa por volta das 6:30 e caía morta. Eu me forçava a ficar acordada até as 11:30 para conversar com meu marido, enquanto ele assistia ao noticiário da TV. Provavelmente, continuaria nesse ritmo, mas tive uma infecção no ouvido, uma otite média que me causou tonturas, e fui *obrigada* a pegar mais leve."

Descompasso de tempo: Luiza percebeu que passava 65% do tempo no trabalho ou em atividades correlatas, 20% em casa e 15% em atividades pessoais.

Equilíbrio de tempo: Para diminuir o número de horas no trabalho e preservar a saúde, Luiza deveria ser mais eficiente ou assumir menos projetos.

Comentário: "Percebi que estava fazendo meu trabalho, mas não estava criando novos projetos com tanta rapidez. Comecei a me dedicar em um projeto por vez e não em vários ao mesmo tempo, concentrando todo o meu esforço em uma área. Meu marido e eu estabelecemos um horário para conversar antes do noticiário. Passei a ir para a cama mais cedo, durmo até mais tarde e só marco um café da manhã de negócios por semana. Faz quase

7 meses que não tenho mais tonturas e espero continuar assim. Agora, sinto que controlo minha vida profissional e familiar. O médico quer que eu passe mais tempo relaxando... Esse é meu próximo projeto".

Situação: Janete, na casa dos 20, divorciada, mãe de um bebê, decidiu ficar em casa depois de trabalhar na indústria farmacêutica durante 7 anos. "Descobri que passo a maior parte do tempo no meu negócio *on-line*. Está dando mais certo do que esperava e preciso dar mais atenção a ele. Sinto-me culpada por não ficar muito tempo com meu filho. Parece que a diarista e a babá o estão criando."

Descompasso de tempo: Janete passa mais de 65% do tempo em seu negócio *on-line*, 10% em atividades pessoais e apenas 25% com seu filho e nos afazeres domésticos.

Equilíbrio de tempo: Janete precisa passar menos tempo no trabalho e mais com o filho. Por ter dedicado tanto tempo a atividades externas, em campo, ela conseguia ter uma agenda flexível, trabalhar mais horas seguidas e ainda ter tempo para aproveitar a vida. Agora, precisa se familiarizar com uma agenda que lhe permita trabalhar o dia inteiro em casa, estabelecendo limites de horário para o trabalho, para poder ficar mais tempo com o filho durante o dia.

Comentário: "Agora que estabeleci horários específicos de trabalho e desligo o computador todos os dias às 3 da tarde para entrar na 'zona familiar', eu me sinto mais equilibrada e menos culpada. Retomo o trabalho três noites por semana e ainda encontro tempo para convidar os amigos para jantar umas duas vezes por semana".

Quando revisar a forma como distribui seu tempo, lembre-se: tudo do que precisa para tomar uma decisão, mudar um sistema de crenças, melhorar um relacionamento ou re-escalonar seus horários está a seu alcance, *se você parar para pensar construtivamente nisso.*

Descubra seu Horário de Pico

Imagine que cada quadrado do calendário seja dividido em 4 partes: manhã, tarde, meio da tarde e noite. Desenhe linhas pontilhadas para diferenciar as seções, até treinar o olhar.

Dividir o dia em partes também nos ajuda a identificar nossos níveis de energia. Em qual parte do dia você tem mais energia? Identificar os níveis de energia e aceitar os resultados permite-nos cumprir os compromissos do dia com menos estresse. Por exemplo, boa parte de nossa energia depende de nossos ritmos circadianos, de nosso biorritmo.

O termo "circadiano" provém do latim *circa diem,* ou seja, "por volta de um dia". Esses ritmos se alteram, dependendo de cada um dos três ciclos básicos: físico, emocional e intelectual. Nosso ciclo físico leva 23 dias para se completar. Controla nossa energia, coordenação, resistência à mudança e outros pontos físicos. É por isso que precisamos de mais ou menos sono, dependendo da fase de nosso ciclo físico. É importante respeitar o corpo quando ele pedir mais tempo de descanso. Muitos de nós pensamos que não deveríamos estar cansados, que dormimos o suficiente etc., mas o corpo não funciona assim. Ele nos avisa quando estamos cansados, dormindo pouco, com fome etc. Quando não prestamos atenção a esses "computadores" incríveis e sensíveis, eles causam problemas e quebram. Ou seja, se não ouvimos as mensagens que o corpo nos envia, ficamos doentes, exaustos, física e emocionalmente esgotados, além de contrairmos outras moléstias modernas, como as doenças auto-imunes.

O ciclo emocional dura 28 dias e está ligado à criatividade, saúde mental e ao nosso temperamento. Já o ciclo intelectual leva 33 dias para se completar e regula a memória, o estado de alerta e outras atividades intelectuais. No auge do ciclo, é mais provável termos uma memória melhor e bons resultados em testes.

Tudo o que está acima da linha de referência é positivo e o que está abaixo é negativo. Contudo, os dias críticos, quando nos sentimos "fora de sintonia", são aqueles em que qualquer um dos ciclos atravessa a linha de referência, mudando de positivo a negativo e vice-versa. Nos dias críticos, são maiores as chances de as coisas darem errado e temos mais propensão a acidentes. Na Europa, o biorritmo dos pilotos aéreos é checado regularmente e, caso haja duas ou mais linhas na zona crítica, eles não são escalados para voar.

O número e a gravidade dos acidentes de trabalho também tendem a aumentar durante o turno da noite. Grandes acidentes industriais, em parte atribuídos ao cansaço dos trabalhadores do turno da noite, incluem o derramamento de petróleo da Exxon Valdez e os acidentes nucleares de Three Mile Island e de Chernobyl. Um estudo também descobriu que médicos residentes que trabalham no turno noturno têm duas vezes mais propensão a cometer erros de interpretação dos exames hospitalares, causando dano aos pacientes. É possível reduzir a fadiga decorrente dos turnos de trabalho usando

Os Três Ciclos do Ritmo Biológico

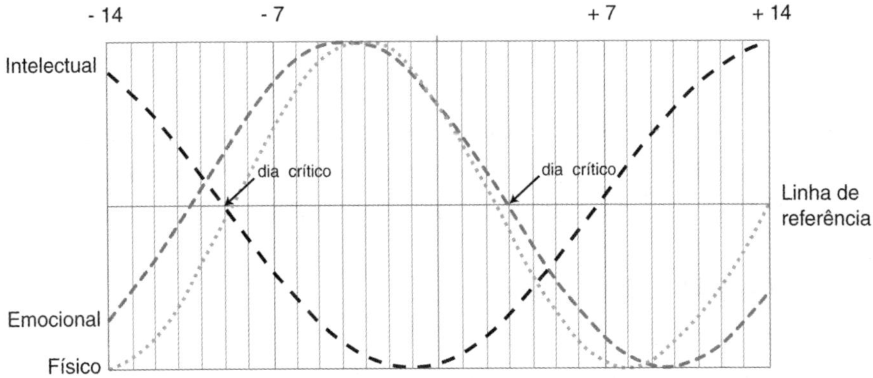

lâmpadas fluorescentes, minimizando as mudanças de turno e fazendo sestas programadas.

Muitas mulheres que fazem viagens com diferença de até 3 horas de fuso horário têm uma alteração no ritmo circadiano, o que as faz sentir o chamado "jet lag". Esse desconforto é mais intenso quando se vai da Califórnia à Itália, por exemplo, já que os ciclos físicos, emocionais e intelectuais estão fora de sincronia com o novo fuso horário. É importante preparar-se com antecedência para as viagens de longa distância. Existem técnicas para diminuir esse desconforto. Procure dormir 30 minutos mais cedo noite sim noite não até que a diferença de horário fique mais próxima daquela do destino. Use um calendário mensal para planejar e fazer as mudanças na hora de dormir. Se isso for muito complicado, outra solução para reduzir os efeitos do jet lag é a fototerapia (terapia com luzes), que consiste na exposição diária a uma luz de forte intensidade durante algumas horas, auxiliando o indivíduo a reajustar o relógio biológico ao fuso horário diferente. Isso é benéfico para viagens de longas distâncias. Algumas pessoas tomam melatonina, mas não há estudos sobre seus efeitos a longo prazo.

Mas e as crianças que, desde pequenas, costumam ficar acordadas até tarde? Nosso biorritmo também é responsável por essas "corujas". Minha filha Naomi, desde pequena, adorava ficar acordada até tarde. Eu achava que ela não dormia porque não queria perder nada que estivesse acontecendo a seu redor. Por mais que a repreendesse ou a mandasse para a cama, ela se mantinha acordada até depois das 11 da noite. Hoje, já adulta, seu horário de dormir é após a 1 ou 2 da manhã. Graças a Deus, tem uma profissão que lhe permite dormir até mais tarde.

Conclusão: trate bem a você e a seu corpo. Ouça suas necessidades, ou seja, dormir mais, relaxar, ter alimentação saudável, beber água, "desligar". Quanto mais aprendemos a entender nosso relógio biológico, mais ele vai trabalhar a nosso favor e não contra. Se você é um notívago, procure um emprego ou profissão condizente com essa condição. Caso contrário, pela manhã, vai falar, andar e trabalhar "no piloto automático".

Profissões para notívagos

Já que às vezes é difícil se ajustar a um mundo das 8 às 6, que empregos e profissões estão disponíveis para quem tem hábitos noturnos? Que carreiras devem seguir para ter qualidade de vida e não viver como robôs durante a semana? Listo abaixo algumas sugestões:

- vendedor externo
- corretor de imóveis
- contador
- comércio eletrônico
- profissões que trabalhem com turnos à tarde e à noite, como enfermagem
- artistas, escritores

Além dessas profissões, diversas empresas como bancos, companhias de seguro, de software etc. têm serviços 24 horas e, portanto, oferecem vagas de emprego à noite.

Use a energia a seu favor

Se você tem bastante energia durante a manhã, faça seu "trabalho mental" nesse período. Para a maioria das mulheres, a pior hora para reuniões é pela manhã. Então, agende suas atividades que exigem concentração nesse período. Faça ou receba telefonemas por volta de 11:30.

Durante o almoço, experimente bater bolinhas contra a parede (não é preciso ser tenista), fazer aulas de aeróbica, olhar vitrines ou ler um bom livro em um parque ou café. Deixe os almoços de negócios para as sextas-feiras. Lembre-se: seja flexível. Por exemplo, você não precisa fazer a aula inteira de aeróbica. Os especialistas em saúde concordam que fazer atividade aeróbica durante 20 minutos é produtivo (é muito melhor que nada). Faça exercícios durante o almoço duas ou três vezes por semana. Nos outros dias, resolva pendências, participe de reuniões de associação ou agende um almoço de negócios. Lembre-se, seja flexível!

Para a pessoa que tem o pico de energia à tarde, esse período é excelente para iniciar projetos importantes. Mas não dê início a um projeto importante à tarde pensando que vai terminá-lo no final do dia, pois isso só vai lhe causar estresse. É melhor planejar ficar no escritório na manhã do dia seguinte.

O final da tarde é ideal para dar início a novos projetos, caso você tenha mais energia nesse período. Caso contrário, é excelente para fazer ou retornar ligações. Para as pessoas com energia de manhã, o final da tarde é ideal para ler, analisar relatórios ou pôr a correspondência em dia.

À noite, você pode planejar assistir a aulas uma ou duas vezes por semana, deixar uma noite por semana para resolver coisas, meditar sobre suas necessidades, trabalhar até mais tarde ou passar uma noite agradável em família, conforme suas exigências profissionais, familiares ou pessoais. Lembre-se: seja flexível.

Dividir o dia, além de permitir que você veja como e onde usa o tempo, também vai ajudá-la a manter o pique quando sua energia está no auge. Você irá perceber se está desperdiçando energia em reuniões estafantes, na resolução de pendências, fazendo coisas sem importância ou "apagando incêndios".

Dicas para Combinar Necessidades e Estilos de Vida

A necessidade de estender o tempo em uma área particular de sua vida pode ser crônica ou surgir apenas em situações especiais. Qualquer que seja a causa, as dicas abaixo serão úteis a todos os tipos de mulheres.

Dicas para aproveitar melhor o tempo dedicado ao trabalho

As duas dicas abaixo incluem uma maneira de dividir as obrigações e de melhorar o uso do tempo, organizando-o melhor.

A equipe de socorro

Essa é uma ferramenta destinada a gerenciar os horários profissionais e familiares, sendo adaptada exclusivamente para a mulher que trabalha

(Capítulo 4, "O Grande Revés", discorre sobre como criar uma equipe de socorro). Essa equipe, de fato, vai permitir que a mãe que trabalha dê conta de duas atividades ao mesmo tempo. Como? Reunindo um grupo de mulheres que a substituirão de muitas maneiras. Uma equipe de socorro pode ser recrutada para levar as crianças ao dentista enquanto a mãe trabalha ou, ao contrário, substituí-la no trabalho enquanto a mãe cuida do filho doente ou de sua própria saúde.

Como está crescendo cada vez mais o número de adultos que cuidam dos pais, principalmente entre a geração nascida no final dos anos 40, surge a necessidade de outro tipo de equipe de socorro. Ela poderá ser composta por adultos que cuidam de pais idosos com quem você possa se comunicar em uma emergência. Embora muito caras, existem também empresas especializadas nesse tipo de assistência.

A Dona de Casa Tradicional deveria fazer uso desse esquema em caso de emergência ou quando o prazo para se concluir uma tarefa está expirando. É conveniente também se a mamãe quer ficar com o recém-nascido ou outros filhos individualmente. Como passam o tempo todo em casa e nos afazeres domésticos, acham que "devem" ser capazes de fazer tudo, o tempo inteiro. Algumas vezes, é preciso que os outros a façam ver que ser "pau-para-toda-obra" tem um preço emocional e físico, tanto para ela quanto para a família.

Para a Mulher em Transição, a equipe de socorro parece uma boa idéia; porém, ela duvida que vá encontrar quem se disponha a isso. Mal tem tempo para pensar nesse assunto, quanto mais planejar e dar os telefonemas necessários para concretizar essa idéia. Mas, se procurar com afinco, vai conseguir.

A Conquistadora inventou esse conceito, pois nem poderia curtir sua profissão se não houvesse serviços para cuidar dos filhos ou dos idosos. A Conquistadora está sempre interessada em novas idéias para formar essas equipes.

O calendário mensal para dar uma olhada geral

É uma necessidade, pois mostra datas de entrega de trabalhos, consultas e compromissos pessoais e familiares. Fica mais fácil planejar a semana e o mês, impedindo o acúmulo de compromissos. O Capítulo 7, "No Controle de sua Agenda", detalha como usar esse calendário que mostra todo o mês em uma única folha.

Para a Dona de Casa Tradicional, esse calendário será muito útil em todos os sentidos. A Mulher em Transição, quando decidir comprar um, vai se dar conta de sua utilidade, pois ajuda a visualizar a agenda lotada. Já a Conquistadora, assim que começa a usá-lo, não consegue mais viver sem ele.

Agendas eletrônicas, palm tops *ou computadores de bolso*

No Capítulo 7, veremos como tirar proveito dessas novas tecnologias. Seja de papel ou eletrônico, o calendário é uma ferramenta importante para se ter uma visão geral de todos os compromissos do mês.

Dicas para aproveitar melhor o tempo dedicado aos afazeres domésticos

A gestão do tempo para a organização do lar constitui um sério problema. Todavia, com um pouco de imaginação e algumas dicas, é possível aprender a otimizar o tempo para os afazeres domésticos.

A mini-cozinha-escritório

Ao contrário dos homens, as mulheres passam horas no carro, levando ou pegando os filhos ou para cumprir com outros compromissos domésticos. Para economizar tempo, uma boa idéia é ter no porta-malas uma mini-cozinha-escritório, que nada mais é que um estoque de comida e papelaria sobre rodas. Como veremos no Capítulo 16, com suprimentos à mão, é possível trabalhar em qualquer lugar e economizar nos trajetos para casa, escritório ou loja. O porta-malas do carro serve para guardar clipes de papel, grampeador, papel de rascunho e outros itens necessários. Com filhos ou não, um estoque de lanches e bebidas saudáveis no porta-malas é economia de tempo quando o trânsito estiver ruim. Com um par de meias-calça, espelho e pares de tênis no porta-malas é possível melhorar sua imagem, aumentar a flexibilidade e eficiência. Quem primeiro teve essa idéia foi a Dona de Casa Tradicional. Na maioria dos casos, ela precisa aumentar seus estoques.

Para a Mulher em Transição parece uma boa idéia, mas ela tem dúvidas: receia que o batom estrague no carro, os brinquedos do bebê fiquem sujos no porta-malas ou o papel de embrulho não seja da cor que ela precisa. Já a Conquistadora precisa aumentar sua mini-cozinha-escritório e lembrar-se de usá-la.

A conversa na hora de dormir

Seus filhos precisam saber que, quando você fica trabalhando até mais tarde ou sai com uma amiga à noite, eles só vão conversar e estar com você na hora de dormir. Ou seja, ao chegar em casa você fica aquele tempo extra com seus filhos. Você lê uma história, deixa que a criança a leia para você ou simplesmente vocês conversam sobre o dia etc. O difícil é encontrar os filhos de banho tomado e de pijama na hora que você chega em casa. É uma delícia quando, ao chegar em casa tarde, cansada, você encontra os filhos prontos para ir para cama. Para que as crianças tenham tempo para se prepararem para dormir, talvez você tenha que planejar um jantar simples, que eles mesmos possam fazer: ovos mexidos com espinafre, por exemplo, é um prato rápido, nutritivo, que até seu marido ou seus filhos podem fazer. Ou deixe sanduíches prontos ou chame uma babá às terças à noite. Outra opção é pedir a uma vizinha ou membro da equipe de socorro que convide seus filhos para jantar um dia por semana. Que tal passar esse tempo com o seu amado?

A Dona de Casa Tradicional às vezes acha que estabelecer essa noite em que só verá os filhos na hora de dormir é a única maneira de ter tempo para si mesma.

Para a Mulher em Transição é uma boa idéia, mas ela odeia pedir favores aos vizinhos ou acha que os filhos estão cansados de ficar com babás.

Já a Conquistadora acha que essa dica é ótima para usufruir de sua vida profissional e familiar.

Hora do jantar para reforçar os vínculos familiares

Uma maneira bastante produtiva de estender o tempo que se passa em casa é fazer do jantar em família uma prioridade. É difícil, eu sei, conseguir acomodar os horários, mas faça do jantar um compromisso familiar. Vale a pena o esforço. Sandra, professora de ginástica que está na casa de 40 anos e tem três filhos que praticam esportes, diz: "Quase sempre jantamos às 6:45, mas duas noites por semana, por causa do futebol das crianças, o jantar sai às 7:30. Nesses dias, preparo refeições leves. Essa é a única hora em que ficamos todos juntos e eu adoro".

Associar ou Sufocar®

Falta-nos tempo para fazer tudo o que queremos, além de cuidar da família e tantas outras coisas. Porém, se tentarmos, vamos acabar nos sentindo sufocadas. Por isso, sugiro às minhas clientes a abordagem do "Associar ou Sufocar" para ajudá-las a atingir seus objetivos, porém mantendo seus valores. Isso não significa fazer uma série de tarefas diferentes ao mesmo tempo sem prestar atenção nem fazer direito. O indício de que você está fazendo muitas coisas ao mesmo tempo sem estar inteira é sentir-se ansiosa e pressionada pelo tempo. A diferença do Associar ou Sufocar é que essa abordagem lhe permite fazer algumas coisas simultaneamente, com a diferença de que vai prestar atenção e apreciar cada uma delas. Por exemplo, Sofia, uma das minhas clientes, Dona de Casa Tradicional, 30 e poucos anos, fazia todas as tarefas domésticas, limpava, lavava, mas não achava tempo para passar a roupa. Começou, então, a fazer isso enquanto tomava a lição dos filhos e conversava com eles. "Na verdade, agora espero a hora de passar roupa porque fico junto com a minha família", diz ela.

Vou dar um exemplo perfeito sobre como usar essa abordagem. Por sinal, cunhei o termo "Associar ou Sufocar" exatamente por causa desse evento. Há muitos anos, quando meus filhos eram pequenos, procurava não marcar nenhum compromisso profissional à noite. Mas queria muito assistir a um seminário que ia ser realizado em um hotel a duas horas de casa, por causa dos palestrantes maravilhosos. Eu costumo me perguntar: "O que eu posso fazer para conseguir isso?" Passados alguns dias, tive uma idéia: iríamos todos para lá e, enquanto eu assistia ao seminário, meu marido e as crianças iriam jantar e jogar mini-golfe. Foi o que fizemos. Na volta, quando me apanharam lá pelas 10 da noite, já estavam de pijamas. Logo de cara, os três excitadíssimos começaram a contar tudo o que aconteceu e, em seguida, um após o outro, "apagou". Nessa hora, meu marido e eu nos sentimos próximos. Sabia que tinha tomado a decisão certa quando meus filhos, dias depois, começaram a perguntar quando a mamãe ia assistir a outro seminário. Esse é um exemplo perfeito de Associar ou Sufocar. Se deixarmos de associar o que queremos à vida, vamos acabar frustradas ou rancorosas, duas emoções bastante prejudiciais.

Outras maneiras de "Associar ou Sufocar" estão listadas abaixo.

- Enquanto você assiste a um noticiário de TV ou a qualquer outro programa, faça exercícios: alongamento, abdominais, esteira, bicicleta.
- Levante pesos, faça musculação pélvica ou exercícios de respiração enquanto fala ao telefone.
- A atividade física deve fazer parte da rotina. Pense nela como sua companheira criativa. Além de facilitar a redução do estresse, auxilia na descoberta de maneiras diferentes de lidar com situações ou acontecimentos complexos. Afasta a mente temporariamente da situação, permitindo, assim, que o subconsciente trabalhe por você.

- A meditação deve fazer parte de seu dia-a-dia. É como ter uma reunião de 30 ou 45 minutos com um colega ou cliente. A meditação permite ter novas idéias e percepções, e também ajuda a reduzir o estresse, fazendo com que corpo e mente trabalhem juntos na busca de soluções.
- Ler revistas especializadas, jornais ou revistas de moda, se esse é o seu campo, também faz parte da rotina diária. E é melhor que assistir passivamente a um seminário ou palestra. A mente apreende melhor a informação e a criatividade é estimulada. Por que reinventar a roda se ela já existe em tantos lugares?
- Grave os programas de TV e veja-os enquanto faz exercícios. Poupe tempo não assistindo aos comerciais.
- Enquanto espera na fila do banco ou da padaria, faça musculatura pélvica, respire fundo e pense positivamente.
- Logo cedo, prepare o café da manhã e já deixe pronto o almoço também.
- Leve as crianças ao supermercado ou ao banco e faça disso um programa agradável e construtivo. Ouça mais, fale menos. Estimule seus filhos a falar: vai descobrir coisas sobre o comportamento deles e de seus amigos que a deixarão surpresa.
- Confira a lista de aniversários e compre cartões para os eventos do mês, inclusive cartões de cumprimentos e aqueles que expressam solidariedade.

Dicas para aproveitar melhor o tempo pessoal

Quem trabalha fora costuma dedicar seu tempo às atividades profissionais e familiares, negligenciando o tempo pessoal. Dizem os psicólogos que para se manter mentalmente sã e feliz, é necessário ter tempo para si mesma.

A estratégia "mamãe está de folga"

A mãe ou mulher que trabalha tem que mostrar aos filhos, marido e a si mesma que a hora do "Mãe, me dá...", "Mamãe, faz...", "Júlia, você tem que..." e "Benzinho, onde está..." acabou. A mamãe está de folga para ler ou fazer o que tiver vontade. Algumas mulheres refugiam-se no quarto: filhos e marido entram por conta e risco deles.

A Dona de Casa Tradicional não vê a hora de se "desligar", pois reconhece que está trabalhando a maior parte do tempo.

A Mulher em Transição gostaria de usar essa dica, mas sente-se culpada por saber que precisam dela, já que passa a semana inteira fora.

A Conquistadora costuma usar esse expediente com os filhos, mas esquece o quão útil é ficar um tempo longe de outros adultos.

A estratégia "apague o quadro-negro"

Reserve um dia por mês para se reorganizar, rever as prioridades ou fazer só o que gosta. Considere esse dia como uma "licença-doença preventiva". Com isso você vai apagar as coisas de seu quadro-negro mental que não são fundamentais e abrir espaço para o essencial. Seu chefe vai gostar porque você irá trabalhar com mais vitalidade, sem sobrecarga, o que é contraproducente. A família também vai se beneficiar com sua atitude mais positiva.

A Dona de Casa Tradicional pena para justificar sua ausência. Mas assim que tentar, os benefícios compensarão os aspectos negativos.

A Mulher em Transição também pena para justificar uma licença-doença quando não está doente e principalmente se essa falta não for abonada.

A Conquistadora gosta da idéia, mas sempre a adia. Ela sempre está ligada "no 220".

Dez minutos de meditação

"Desligar" é vital para a saúde mental, espiritual e física. Sei, por experiência, que quando saio de casa sem meditar sinto-me meio fora dos eixos. A meditação permite que me sente calmamente, limpe a mente e dê asas à criatividade. Também faz com que fique em sintonia, estabelecendo o tom e a energia para o dia. Muitas vezes, quero manter-me nesse estado mental por mais tempo porque isso me traz paz, calma e segurança. Tento tirar dez minutos à tarde para meditar também, pois me ajuda a manter os pés no chão e concentrada no resto do dia. Sempre me pergunto: "O que poderia ter feito para melhorar esse dia?"

A Dona de Casa Tradicional pensa que tem o dia inteiro para fazer isso, mas, por não ter programado a meditação para as manhãs, pode deixar de fazê-la. Além disso, pode esquecer porque está ocupada atendendo às solicitações da família.

A Mulher em Transição vê esse momento com simpatia, mas precisa fazer isso logo pela manhã. Ao reconhecer os benefícios da prática, vai achar tempo para ela.

A Conquistadora gosta da idéia, mas não vê a hora de começar o dia de trabalho. Ao se comprometer com a prática e reservar um horário para ela, vai descobrir que esse tempo precioso a ajudará a se concentrar.

Retome uma atividade realizada na juventude

Que tal entrar em contato com bons sentimentos em seu momento pessoal? Permitir que seu espírito voe durante mais ou menos uma hora, uma vez por semana? Sugiro, então, que volte a fazer uma atividade que gostasse na juventude. Não importa qual: escrever, dançar, jogar tênis, cavalgar, correr, tocar um instrumento, pintar ou qualquer outra coisa.

Junte-se a um grupo ou faça aulas individuais. A atividade escolhida vai ajudá-la a entrar em contato com seu eu mais profundo, um lugar seguro, alegre e feliz. Se não conseguir lembrar de nenhuma, experimente fazer algo que sempre desejou: mas comece AGORA!

Vai notar que a semana se tornará mais alegre e que vai aguardar ansiosamente o dia da prática. Servirá também para que você se torne um exemplo para seus filhos: manter-se ativa e envolvida em uma atividade que lhe agrade. A hora é agora: nada de "um dia eu vou...", "quando as crianças forem maiores..." ou "quando tiver dinheiro". Não sabemos o que o futuro nos reserva, portanto precisamos viver o agora e nos proporcionar a dádiva de reservar um tempo só para nós.

Quando pensar no tempo e nas dicas para melhorar seu uso, concentre-se no estilo de vida e lembre-se de combinar suas necessidades a seus interesses. Funciona mesmo: experimente!

Quando descobrir a que categoria pertence ou quando usar essas dicas, lembre-se das diferenças entre gerações. As mulheres da terceira idade precisam de mais tempo para cumprir tarefas, as de meia-idade são mais competitivas e querem ser as melhores em tudo. Já as mulheres da Geração X concentram-se mais em ir em frente e as da Y precisam de mais comunicação pessoal com os outros.

Pontos Importantes a Lembrar

É de grande importância saber onde você concentra seu tempo. A mulher que trabalha fora divide o tempo em atividades profissionais, pessoais e familiares. O modo como o faz depende, principalmente, de sua motivação: seu Estilo de Vida Pessoal.

(cont.)

Pontos Importantes a Lembrar

A maioria das Donas de Casa Tradicionais prefere passar 50% do tempo no lar, tomando conta da casa ou dos filhos, 30% em atividades pessoais e 20% em atividades profissionais. A Mulher em Transição prefere passar 35% do tempo em casa, 30% em atividades pessoais e 35% no trabalho. Todo o tempo da Conquistadora é dedicado à profissão. É mais feliz quando passa 50% do tempo em atividades profissionais, 25% em pessoais e o restante em casa.

Uma boa dica é anotar todas as atividades que você realiza em intervalos de 30 minutos: do momento em que acorda até a hora de dormir. Faça isso durante duas semanas para verificar como está usando o tempo. Será possível, então, fazer alterações nos horários que sejam coerentes com suas motivações.

Preste atenção aos picos de energia durante o dia e entenda que somos influenciados pelos ritmos circadianos: físico, emocional e intelectual. Seja tolerante consigo mesma, entendendo esses níveis de energia.

Você pode esticar o tempo ao:

- criar sua equipe de socorro
- usar um calendário mensal
- usar uma agenda eletrônica
- organizar uma mini-cozinha-escritório no carro
- ler histórias ou conversar com os filhos antes de dormir
- usar a hora do jantar para estar junto de seus entes queridos
- "Associar ou Sufocar"

3

Como Evitar a Armadilha da Culpa: A Auto-indulgência É uma Necessidade

A mulher moderna se vê tentando desempenhar múltiplos papéis. Deve cumprir as responsabilidades de esposa, mãe, amante e profissional – sem mencionar as de amiga, filha, anfitriã, dona de casa, diretora de recreação, chofer, enfermeira, cozinheira e psicóloga amadora. Tendo que dividir sua atenção entre tantos papéis, ela se sente culpada, por isso redobra seus esforços na tentativa de ser perfeita em todos eles. Ninguém consegue viver feliz e com saúde sob tanta tensão: isso só levará ao esgotamento. Para quebrar esse ciclo vicioso de culpa, tensão e esgotamento, um pouco de auto-indulgência faz bem. Ajuda a encontrar um ponto de equilíbrio entre todos esses diferentes papéis.

Equilibre o Tempo sem Malabarismos

A maioria das mulheres tenta se equilibrar entre as atividades profissionais, domésticas e pessoais. Mas se houver desequilíbrio entre essas atividades, todo o conjunto está em perigo. Uma coisa é planejar o tempo, outra bem diferente é fazer malabarismos. O malabarismo requer perfeição de ritmo e não flexibilidade. O equilíbrio requer ritmo e bastante flexibilidade.

Célia é advogada, casada e tem dois filhos pequenos. Ela conta como conseguiu equilibrar o tempo. Primeiro, ela se recusa a trabalhar nos fins de semana e viaja pouco, a não ser que seja inevitável. "Contrato uma babá quando faço minhas viagens, que limito a poucas. Meus filhos entendem bem o que faço e como o trabalho é importante para mim. Também sabem que meu amor por eles é muito mais importante. Minha data preferida é o dia dos Namorados. Adoro... Fico imaginando quantos colegas homens vão para casa ao final do expediente e preparam um jantar especial para esse dia." Célia tenta ser maleável no planejamento das viagens. Ela sabe que a flexibilidade é uma necessidade para a mãe que trabalha fora.

Tânia e seu marido têm quatro filhos e dirigem sua própria empresa. Nos dias de semana, das 9 às 10:30 da manhã, ela passa 20 minutos em cada uma das quatro salas de aula dando uma mão à professora, pois faz questão de que os filhos tenham uma boa educação. "Tudo o que querem é atenção, não um tutor ou ir para uma escola particular. Querem que papai e mamãe participem. Não estou só educando, mas dando amor."

Somando o tempo gasto entre o trajeto de ida e volta da escola, Tânia passa quase 8 horas por semana participando ativamente da educação dos filhos. A maioria dos pais e mães que trabalham fora não pode sair do trabalho para estar com os filhos durante o dia. "Quando saio do escritório, metade da força de trabalho já foi embora", diz ela. Perguntei como consegue fazer isso e ela respondeu: "Faço disso uma obrigação, como trabalho. Eles estão indo cada vez melhor na escola, e isso mudou o comportamento deles".

Como a mulher que trabalha fora pode estabelecer suas prioridades e agir em consonância com elas, mesmo que haja obstáculos? Para ajudá-la, usei cinco pontos de referência.

Defina suas prioridades

Em meus seminários sobre "gestão da vida", peço para as mulheres usarem sua imaginação a fim de determinarem:

- características que gostariam de desenvolver
- como e com quem querem passar o tempo, não como o passariam para evitar a culpa
- o que fariam se dinheiro não fosse problema
- como gostariam de ser lembradas
- o que fariam se tivessem três horas a mais na semana.

A informação obtida em cada uma dessas determinantes proporciona um importante ponto de referência no âmbito da gestão de tempo. Tendo pontos de referência para definir prioridades, as decisões referentes à administração de tempo tornam-se menos difíceis.

A seguinte seção trata das perguntas usadas para determinar cada ponto de referência. Use a imaginação para responder a cada uma delas e descubra quais são suas prioridades.

Ponto de referência 1: Quem ou o que você seria?

Se pudesse ser qualquer outra pessoa ou coisa, quem você seria? Se já sabe, escreva quantas frases puder para descrever essa opção. Ao estudar suas descrições, é provável que tenha uma idéia de por que essa escolha a atrai. Uma Conquistadora de cerca de 40 anos, grande amiga minha, gostaria de ser um computador e outra, fisioterapeuta, adoraria ser a Elizabeth Taylor. Veja como se descrevem:

Quem/O Que Você Seria? Um computador
Descreva:
- Conquistadora, por volta dos 40
- é pequeno, aerodinâmico e cabe perfeitamente na minha mesa ou em qualquer outro lugar
- é rápido, poderoso e cheio de informações
- não é sensível às emoções alheias, apenas a afirmações e instruções

Quem/O que Você Seria? Elizabeth Taylor
Descreva:
- mulher madura, na casa dos 50
- Mulher em Transição
- viu e experimentou o sucesso pessoal e financeiro
- viu e experimentou o fracasso pessoal e financeiro
- reaprendeu várias coisas e persistiu
- é sexy e clássica

Ao estabelecer o ponto de referência 1, as mulheres que trabalham podem descobrir que características lhe agradam, admiram e querem desenvolver em si mesmas. Esse ponto de referência lhes dá uma "orientação temporal", uma idéia de como querem explorar e passar o tempo no trabalho, no lar e consigo mesmas.

Que qualidades a maioria das mulheres lista como características às quais aspiram? Em resposta à pergunta "Como Gostaria de Ser", são essas as 5 principais características escolhidas pelas mulheres com menos de 50 anos:

- renda mais alta
- corpo em forma
- boa educação
- beleza
- paciência

Para as mulheres acima dos 50 são as seguintes:

- saúde física, mental e espiritual
- segurança financeira
- relacionamentos bons e amorosos
- tempo para fazer o que querem
- alguém com quem se divertir e desfrutar da vida

Ponto de referência 2: E se você se mudasse?

O que você gostaria de fazer ou conquistar se tivesse apenas 3 meses antes de mudar para outro estado? Com quem gostaria de passar o tempo?

Esse ponto de referência vai ajudá-la não só a ter claros seus objetivos, mas também a manter o senso de equilíbrio naqueles dias em que parece que nada dá certo. Janete, diretora de marketing de uma pequena manufatura, recentemente teve que pedir licença do trabalho para levar ao médico o filho de 11 anos que estava com uma gripe forte. Esperou uma hora e meia para seu filho ser atendido pelo médico. Algumas semanas mais tarde, Janete pediu outra licença porque queria assistir à peça do filho no teatrinho da escola. "Voltei correndo ao escritório, esbaforida, e tinha pouco tempo para terminar meu trabalho. Naquela hora, pensei: 'Se hoje fosse meu último dia de vida, desperdiçaria essa tarde?' Sei lá como, me acalmei e tive de admitir para mim mesma que estava contente por ter levado meu filho ao médico e por ter assistido ao teatrinho. Percebi que, embora eu adore meu emprego, meus filhos é que fazem a vida valer a pena. A coisa mais importante para mim é ficar com a família e partilhar suas experiências. Essa percepção me ajuda a manter a vida corrida em seu devido lugar."

O ponto de referência 2 ajuda-nos a perceber como queremos passar o tempo pessoal e familiar: não por culpa, mas como reflexo de nossas prioridades. A Dona de Casa Tradicional, a Mulher em Transição e a Conquistadora sentem o mesmo: a qualidade dos relacionamentos é importante. Todas elas desejam ter mais tempo para a família e para si mesmas.

A Dona de Casa Tradicional tem mais consciência de suas prioridades. A Mulher em Transição e a Conquistadora estão sempre muito ocupadas para percebê-las.

Nancy decidiu parar de trabalhar para cuidar dos quatro filhos pequenos. "Vou voltar a trabalhar só quando eles forem à escola. Quero vê-los crescer. Nem acredito que o meu mais velho já tem 12 anos. Mais dois anos e o caçula vai para a escola. Tenho certeza de que esse tempo vai voar."

Ponto de Referência 3: E se você ganhasse na loteria?

A mulher que trabalha fora costuma pensar que, se não fosse pelo dinheiro, não precisaria trabalhar. Pode até ser verdade, mas o que você faria se ganhasse na loteria e se tornasse financeiramente independente? Faça uma lista de coisas que gostaria de fazer, conquistar e como gostaria de empregar seu tempo se dinheiro não fosse a questão.

É provável que a Dona de Casa Tradicional queira continuar sem trabalhar, mas desejará viajar mais com a família e amigos e, também, comprar mais coisas. Provavelmente, desejaria ter mais tempo para fazer tudo o que ela e a família gostam. A Mulher em Transição vai descobrir que metade das colegas quer ficar em casa e a outra metade continuaria a trabalhar, mas fazendo o que gosta. Como a Dona de Casa Tradicional, ela viajaria mais e compraria mais coisas. Faria questão de ter prazer no que está fazendo. A Conquistadora pode descobrir que deixaria quase tudo como está, mas gostaria de ter mais tempo para fazer o resto.

O que isso significa? Que, na maioria dos casos, não é o dinheiro que determina o que você quer ser nem o que quer da vida; ao contrário, isso é determinado pela *quantidade de tempo que temos*. Em vez de se sentir culpada por trabalhar fora ou não, é melhor e mais saudável ter consciência de que o dinheiro é uma mercadoria e o tempo, um bem.

Os psicólogos dizem que o trabalho cria propósito e valor na vida, ao passo que a inatividade cria inquietação, desinteresse e, às vezes, depressão. Embora seja natural a quase todos nós querer mudar o modo de vida caso ganhemos na loteria, esse ponto de referência permite-nos entender a importância de ter uma atividade que seja significativa.

Sandra, uma Conquistadora, diz: "Se eu ganhasse na loteria, investiria 90%, liquidaria a dívida da casa e com o resto compraria coisas para a família. Continuaria a trabalhar, mas tiraria um dia por semana para fazer tudo o que precisasse ou tivesse vontade. Ia passear no shopping, passar o dia no cabeleireiro ou ficar em casa e concluir projetos, mas com certeza continuaria trabalhando fora".

Ponto de referência 4: Fazer um discurso em sua homenagem

Como você gostaria de ser lembrada? Imagine o que seus pais, filhos, marido, namorados, amigos e colegas de trabalho diriam se tivessem de fazer um discurso sobre você. O que você diria se tivesse de descrever suas realizações? Esse ponto de referência vai ajudá-la a reorganizar seus valores, caso não tenha conseguido com os três anteriores.

No final das contas, o modo como você gostaria de ser lembrada ajuda a definir quem você realmente quer ser. Essa percepção vai encorajá-la a passar mais tempo com quem gosta, a desfrutar mais a vida e a valorizar seus relacionamentos com as pessoas; no final, é isso o que importa.

Suzana, contadora de uma escola de Ensino Médio, é responsável por grandes quantias de dinheiro. Acabou de se casar de novo e seus dois filhos estão no Ensino Fundamental. Acorda às 4:30 ou 5:00 da manhã e já está no trabalho às 5:45. O marido leva os filhos ao escritório dela por volta das 7:00. Às 7:30, o ônibus pega as crianças para levá-las à escola.

Seu filho de 10 anos faz comerciais para TV. No começo, tudo parecia extremamente fascinante. Porém, o *glamour* deu lugar à dura realidade. Como mora em uma cidade pequena, precisa fazer uma longa viagem até a capital para os testes. Além disso, é avisada em menos de 24 horas. "Se não fizer esse sacrifício agora, acho que não vou ter renda suficiente para meus filhos irem à faculdade. Quando você consegue os contratos, o cachê é ótimo. Mais alguns anos nessa vida e não vou ter de me preocupar com a faculdade deles."

"Nossas viagens são longas. Mas vale a pena quando as crianças dizem: 'Obrigada, mamãe, por fazer isso por mim'. Essa é a melhor coisa que os meus filhos podem dizer em minha homenagem. É uma bela maneira de ser lembrada."

Ponto de referência 5: O que faria com três horas a mais na semana?

Adoro fazer essa pergunta às mulheres porque os olhos delas brilham, imaginando mil possibilidades. Você verá essas horas extras, depois de preencher a Tabela de Atividades Diárias e somar o tempo gasto em casa, no trabalho e em atividades pessoais. Assim que identificar onde gasta o tempo, vai perceber que é possível combinar algumas atividades, como levar as crianças quando tiver de ir ao banco ou ao supermercado, por exemplo, delegar alguns afazeres domésticos, levar a família em pequenas viagens de negócio ou outras idéias para poupar tempo. Só administrando com eficiência o tempo e a vida é possível conquistar a liberdade de se dar um tempo e, dessa maneira, suprir suas necessidades, o que é vital, segundo os especialistas.

Podemos reduzir o estresse com exercícios físicos, alimentação saudável e mimos. Além disso, é preciso priorizar ao máximo o bem-estar físico, mental e emocional para poder enfrentar os desafios e emergências que inevitavelmente acontecerão.

Sabemos que, quando não temos tempo de fazer as compras de supermercado, a família fica sem comida. O mesmo pode ser dito da alma. Sem alimento espiritual, a mulher e sua família não estarão emocionalmente nutridas.

Para Joana, Mulher em Transição por volta dos 30 anos, o tempo extra seria usado para treinar maratonas; Sueli, Conquistadora, 20 e poucos anos, usaria o tempo para se cuidar: faria a pedicure, massagem e compras. Raquel, Conquistadora na casa dos 50, passaria o tempo lendo todos os tipos de revistas; Suzana, Dona de Casa Tradicional, nos seus 40, iria pintar e arrumar a casa; Vitória, Conquistadora da terceira idade, passaria mais tempo com os amigos; e Solange, Dona de Casa com mais de 70, faria aulas de informática.

Posso quase garantir que é possível conseguir essas 3 horas a mais na semana observando-se o seguinte: 1) O que você faz depois do jantar? 2) Que afazeres externos você tem durante os finais de semana que poderia fazer à noite, depois do jantar ou juntar com outros no final da semana, de maneira a ter algumas horas livres para você? Antes de responder rapidamente "De jeito nenhum", preencha a Tabela Diária que identifica o que você faz a cada meia hora.

Reduza o Alto Preço do Estresse

Os médicos dizem que a ansiedade, que produz o estresse, tem papel fundamental na doença. O estresse pode causar câncer, enxaquecas, asma, artrite e pressão alta, só para começar. Ademais, o estresse desperdiça um tempo enorme. Por exemplo, lembre-se da última vez que teve uma dor de cabeça causada por tensão e como ela a impediu de pensar criativa e claramente, de tomar decisões, concluir tarefas urgentes e lidar com situações críticas e delicadas. E não se esqueça do alto custo monetário da ansiedade. Remédios e médicos custam caro e a licença-doença é um custo pesado para os empregadores.

Lídia, secretária e Mulher em Transição, afirma: "O médico me prescreveu um calmante, mas este me deixava mais nervosa. Gastei uma nota por mês com essas pílulas 'anti-estresse'. O remédio para aliviar a tensão só fez piorá-la... Ficava abatida, irritada e deprimida a maior parte do tempo. Uma amiga me convenceu a ir a uma academia. Agora sou viciada em ginástica. Não me sinto nem um pouco culpada quando fico na academia, porque agora me sinto bem a maior parte do tempo e desfruto da companhia de quem gosto. Agora, sinto que tenho controle sobre a minha vida".

Quando comparado ao custo dos problemas que pode causar, o comportamento "auto-indulgente" é a melhor solução. O preço de uma massagem relaxante de fato é bastante pequeno comparado aos problemas que o estresse pode causar. Pense nos custos – financeiros e psicológicos – do seguinte:

- acidentes
- doenças
- esquecimentos
- irritação

Para combater a tensão, a publicitária Michele faz limpeza de pele uma vez por mês. "Sinto que posso me doar mais a quem amo se prestar atenção ao que é importante para mim e às minhas próprias necessidades. Por isso não me sinto culpada se tiro um tempinho para 'mim'. Posso enfrentar os problemas com mais facilidade se eu me cuidar."

Ruth, compradora de roupas masculinas, diz: "Toda semana vou à manicure e, uma vez por mês, faço limpeza de pele e massagem. Se tivesse dinheiro, faria tudo semanalmente, menos nadar, porque não tenho tempo. Nada me deixa mais calma do que uma boa limpeza de pele e uma massagem. Foi meu quiroprático quem sugeriu a massagem, que para mim era um luxo. Agora, considero medicina preventiva. Eu me sentia culpada quando tirava um tempo para mim em vez de terminar um trabalho ou ficar com o namorado. Não posso falar por outras mulheres, mas acho que o tempo que gasto comigo me regenera e me deixa mais otimista".

Segundo Tereza, 40 e poucos anos, Mulher em Transição, que trabalha em uma clínica: "Correr me ajuda a lidar com a tensão. Escrever me ajuda a dormir bem, mas nada melhor que o suor e o cansaço após uma boa corrida para combater o estresse".

Examine os custos de prevenir *versus* para remediar: estudos de caso

A diferença entre *prevenir* e *remediar* um problema não só é aritmética, mas também geométrica. Vamos estudar alguns casos em que comparamos esses custos. Acho que você vai concordar comigo que a culpa, a ansiedade e a tensão têm um alto custo.

A situação: De um lado, você tem pouco tempo para terminar um projeto no trabalho; de outro, sente-se na obrigação de ajudar seu filho com a lição de casa. No trabalho, ninguém tem a informação necessária para a conclusão do projeto; em casa, seu filho está tirando notas baixas em matemática, que é o seu ponto forte.

A prevenção: *(a)* Peça um dia a mais de prazo para o projeto. Na maioria dos casos, adiamentos são concedidos sem grandes problemas. Entretanto, perder o prazo causa muitos problemas. *(b)* Contrate um professor particular, seja um amigo, combine com um colega da escola que seja bom em matemática ou procure o profissional indicado pela escola ou pelo professor.

O custo: *(a)* Isso infla o ego. (*b*) Leve o amigo para jantar ou convide-o para ir jantar em sua casa; um presente ou, por uma pequena quantia, um cartão de agradecimento para o amigo ou o colega; preço da hora do professor particular.

O remédio: *(a)* Arranjar desculpas por não concluir o projeto ou fazer malfeito; *(b)* Ensinar seu filho sem paciência porque está pensando no trabalho que precisa terminar no escritório.

O custo: *(a)* Prejudicar sua reputação profissional; sentir mais culpa e estresse dos quais não vai se livrar tão cedo e, provavelmente, um acúmulo de tensão que vai influir em todas as suas relações profissionais e familiares. Esse custo é proibitivo! *(b)* Um nível maior de culpa e tensão na relação com seu filho, cujo preço também é proibitivo!

A situação: Você tem trabalhado bastante, sua mãe precisa de atenção depois de uma internação recente e sua melhor amiga está se divorciando.

A prevenção: Tire um tempo e vá passear, olhar vitrines, tome um banho aromático, faça uma caminhada, corrida ou qualquer coisa que desligue sua mente de tudo, mas algo que seja agradável. Depois de um tempo se cuidando, telefone em vez de visitar sua mãe e sua amiga. Prepare seus ouvidos para o que elas têm a dizer e dê seu apoio.

O custo: Olhar vitrines: de graça; sais de banhos aromáticos: quase nada; caminhada ou corrida: de graça.

O remédio: Você continua com a rotina diária até ficar tão esgotada a ponto de faltar ao trabalho porque seu sistema imunológico está enfraquecido.

O custo real: Divida seu salário por 31, o que dá aproximadamente seu salário diário. Multiplique o quociente pelo número de dias em que pediu licença. Mesmo que tenha pedido uma licença-doença e receba pelo dia, o custo ainda será o mesmo.

Ah, um lembrete: se faltou um dia ao trabalho, você tem 8 horas a menos para concluí-lo.

A situação: Você acabou de descobrir que tem colesterol alto e se não emagrecer 7 quilos é bem provável que venha a ter problemas cardíacos.

A prevenção: *(a)* Comece um programa rigoroso de exercícios físicos que ajudarão na perda do peso excessivo, indesejável; *(b)* Inicie uma dieta de baixo colesterol; *(c)* Informe-se sobre substitutos alimentares mais saudáveis; *(d)* Compre ou alugue um vídeo de ginástica; *(e)* Consulte um nutricionista sobre alimentação de baixo colesterol.

O custo: *(a)* Preço de um vídeo de ginástica ou livro sobre alimentação saudável e de baixo colesterol; *(b)* Preço da consulta com o nutricionista.

O remédio: *(a)* Tome medicação para baixar o colesterol que pode interferir em outros órgãos do corpo ou em outros medicamentos que esteja tomando. O pai da medicina, Hipócrates, disse há centenas de anos que todo remédio é veneno, é só uma questão de equilíbrio entre a necessidade e a moléstia.

O custo: *(a)* Dano potencial a outros órgãos do corpo causado pelos remédios. *(b)* Desperdiçar as endorfinas naturais, hormônios bons que criamos com os exercícios. *(c)* O poder pessoal que você sente ao saber que tem mais controle do que imaginava sobre sua saúde.

A situação: Você se sente ansiosa a maior parte do tempo, o que está interferindo em sua concentração no trabalho. Além disso, critica muito os outros e às vezes você sente que está em corpo alheio. Falta tempo para se exercitar porque está atrasada com o trabalho que tem de entregar, além da pressão adicional de ter de levar os filhos à escola. Você se sente muito cansada à noite para fazer qualquer coisa. A alimentação saudável nunca foi prioridade, você come o que estiver mais fácil na rua e virou assídua freqüentadora de restaurantes de *fast food*.

A prevenção: *(a)* Talvez precise de ajuda para reenergizar o corpo e a mente. Há várias técnicas nesse sentido: acupuntura, reflexologia, exercícios físicos, alimentação saudável ou técnicas de relaxamento. *(b)* Faça um *check-up* completo, inclusive com exames de sangue para determinar se não está sofrendo de anemia, problemas hormonais ou de tireóide.

O custo: *(a)* Hoje em dia, há profissionais de acupuntura e de reflexologia que cobram preços razoáveis. *(b)* Se for bastante disciplinada, é possível se exercitar de graça por meio de revistas, programas de TV etc. – senão, entre para uma academia ou compre um vídeo de ginástica. *(c)* Há vários livros sobre alimentação saudável, embora meus dois autores favoritos sejam o Dr. Andrew Weil[9] e a Dra. Christiane Northrup[10]. *(d)* Um *check-up* é bastante caro, especialmente se você não tiver um plano de saúde.

O remédio: *(a)* Dietas que levam ao fracasso porque a palavra "dieta" automaticamente traz à mente alimentos que "não podemos" comer, faz-nos contar as calorias etc., ou seja, ficamos pensando em comida o tempo inteiro. *(b)* Esqueça tudo e espere esse período estressante passar. *(c)* Tome ansiolíticos ou outros medicamentos que, aparentemente, proporcionam alívio rápido.

O custo: *(a)* Esgotamento físico e emocional ou depressão. *(b)* Perda do emprego ou de clientes por não desempenhar bem o trabalho. *(c)* Tensão nos relacionamentos com a família, amigos, colegas e clientes.

---

[9] Dr. Andrew Weil, médico e escritor americano, mais conhecido por criar e popularizar o campo da medicina integrativa. É autor de vários livros e tem um website (www.drweil.com), onde responde a perguntas sobre saúde. É fundador e diretor do Programa de Medicina Integrativa da Universidade do Arizona.

[10] Dra. Christiane Northrup, ginecologista e obstetra americana e co-fundadora do centro de saúde *Women to Women*, que se tornou modelo para as clinicas femininas nos EUA. Foi presidente da Associação Americana de Medicina Holística. É autora de vários livros e especialista em saúde da mulher. Seu website é www.drnorthrup.com.

Guarde Tempo para Você

Você já deve ter ouvido a frase "Tudo a seu tempo". Ela descreve uma realidade que todos enfrentamos: a necessidade de concentrar a atenção.

Às vezes, sentimos prazer em cuidar de alguém. Às vezes, isso é um dever; outras vezes, temos direito de não dar atenção a ninguém, mas de nos concentrar em algo de que necessitamos ou que nos complete.

Toda mulher deve ter um tempo para si mesma, a "sua hora". Isso é bastante difícil, especialmente quando seu filho requer atenção enquanto você lê o jornal – uma atividade bastante válida para a "sua hora".

Qual a solução? Primeiro, diga a todos que a "sua hora" é um momento muito especial para você e que gostaria de não ser interrompida nesse período específico. Na maioria dos casos, bastará dizer isso.

Quando alguém desrespeitar a "sua hora", tenha paciência. Se a pessoa continuar a interrompê-la, afirme categoricamente que, apesar de não se importar com interrupções ocasionais, esse alguém foi longe demais.

Às vezes, é preciso repetir para educar. Maria, secretária e escritora, tinha de repetir constantemente a seus filhos que não queria ser perturbada aos sábados, da 1:30 às 5:30 da tarde. Quando se casou de novo, disse ao marido: "Invente alguma coisa para fazer com as crianças aos sábados à tarde... Não estarei disponível".

Perguntei a Maria se o plano funcionou. "Demorou um mês até acharem que eu falava sério. Um dia, meu marido saiu e deixou as crianças em casa enquanto eu estava no meu quarto. Um dos meus meninos bateu à porta. Calmamente, disse: 'Não, ainda não são 5:30'. De novo, outra batida na porta; a minha filha precisava de mim imediatamente. De novo, eu disse: 'Não, ainda não são 5:30'. Quando meu marido voltou, gritou pela porta que a menina tinha caído do balanço e torcido o tornozelo."

"Imediatamente a levamos ao hospital. Ela ficou dois meses usando muletas."

Por ter se acostumado a pensar que parte do papel feminino é reagir às necessidades alheias, é bastante difícil estabelecer limites às interrupções. Porém, como em tudo na vida, declare seus direitos, mas permaneça flexível. Lembre-se de que tem direito a um tempo sozinha, mas tenha consciência de que pode haver circunstâncias especiais. Assim que os familiares se assegurarem de que você estará presente em uma emergência, vão se sentir seguros para deixá-la em paz por um tempo.

Pontos Importantes a Lembrar

Aprender a equilibrar o tempo vai ajudá-la a evitar a armadilha da culpa. Para aprender a redirecionar suas prioridades, lembre-se das cinco perguntas: quem você gostaria de ser; o que quer fazer ou conquistar e com quem; o que gostaria de fazer se dinheiro não fosse problema; como quer ser lembrada pelos outros e o que faria com três horas a mais na semana!

Lembre-se dessas perguntas quando se sentir culpada. Tenho certeza de que elas não só vão levá-la a agir correta e positivamente, mas também livre da culpa.

4

O Grande Revés (Quando os Melhores Planos...)

Você planejou minuciosamente o seu dia: corrida às 6:00 da manhã, dar o café da manhã às crianças e levá-las à escola, café da manhã com clientes às 8:00 e vários compromissos até o jantar de diretoria no novo hotel da cidade. Um dia atribulado, mas você planejou sua agenda realisticamente e preparou-se com antecedência para evitar problemas.

A corrida foi boa e as endorfinas lhe deram uma energia que deve durar o dia inteiro. Mas, ao virar a esquina, torce o pé e começa a mancar. Nada sério: nada que dê uma boa história, mas desconforto suficiente para que diminua o passo. Enquanto enrolava uma bandagem na perna (não dava tempo de pôr uma compressa de gelo), toca o telefone. Era uma colega avisando que não ia conseguir terminar o relatório a tempo para a reunião. Tá, tudo bem, dá para segurar as pontas – dos males, o menor. Você corre e vê que o Dudu derrubou um peso de ginástica no pé. Agora sim, você está encrencada e parece que só a Mulher Maravilha poderá salvá-la.

Caso não tenha um plano alternativo para esse tipo de contratempo, faz o que qualquer mortal faria: corre com o bebê que está berrando para o pronto socorro e, assim que der, liga para o cliente. Se ele não responder, liga para o restaurante onde fez as reservas e implora à recepcionista para explicar a situação assim que o cliente chegar. Uns minutos depois, liga para o escritório, conta o que aconteceu e depois sai correndo para ficar com o Dudu. Quando dá, passa um batom, penteia o cabelo, que está um horror, e se pergunta se vai conseguir encontrar alguém para cuidar do seu nenezinho depois.

O Conceito da Equipe de Socorro

Felizmente, não é preciso acontecer isso. Para eliminar os problemas e fazer as coisas andarem sem tropeços, basta recrutar uma Equipe de Socorro. O que é isso? É um grupo de pessoas que vão ajudá-la no lar ou no trabalho, em caso de emergência. Meus arquivos estão cheios de exemplos de como funcionam bem essas equipes.

Uma amiga minha tem uma vizinha e também uma parente que são sua equipe de socorro. Ela combinou de ligar somente quanto tiver uma emergência. "*Não* peço a elas para cuidarem dos meus filhos nem peço pequenos favores", diz. "Mas há um entendimento mútuo de que, em épocas de crise, elas me ajudarão." A vizinha, que precisa de um dinheirinho extra, recebe pelo trabalho; a parente é recompensada com ingressos de teatro e galerias de arte.

Outra mãe contratou, por uma pequena remuneração, uma enfermeira aposentada que ajuda a cuidar dos problemas que surgem. "Muitas vezes", explica, "essa senhora me salvou. Não sei dizer quanto tempo ganhei com isso."

Conversei com Terry Mayo, a primeira âncora de TV de Los Angeles, sobre como ela enfrentava crises inevitáveis. À época, Terry era divorciada e tinha um filho pequeno.

"Sempre fui muito positiva e acredito no poder do otimismo", me disse. "Mas como mãe, jornalista, empresária e ser humano falível, adquiri um grande respeito pela Lei de Murphy."

Terry acredita que a vida é imprevisível, especialmente quando se tem filhos. "Há alguns meses", disse, "tinha programado uma entrevista bastante importante. Bem na hora em que saía de casa, Chris, meu filho, ficou trancado no banheiro, o cachorro fugiu e um motorista desgovernado acabou com a lateral do meu carro... tudo isso em 15 minutos."

Por sorte, Terry tinha um ás na manga. A avó morava com eles e assumiu imediatamente o controle da situação, permitindo que Terry cumprisse com seu compromisso.

"Acredito piamente em famílias ampliadas", disse, "especialmente para mães ou pais que cuidam sozinhos dos filhos. Sei que nem todo o mundo tem uma avó como a minha, mas as mães que criam sozinhas os filhos devem pensar seriamente em juntar forças com uma mulher mais velha, que talvez seja viúva e sozinha, e precise se sentir útil. Vai ser bom para ela e bom para você, que terá alguém carinhoso para cuidar de seus filhos enquanto estiver trabalhando."

Linda é cabeleireira, trabalha o dia inteiro além de cuidar da mãe doente. Sua agenda é apertada e é difícil remarcar as clientes. Bolou então um esquema criativo para cuidar da mãe. Ela diz: "Uma senhora aposentada cuida da minha mãe na parte da manhã, vê se ela tomou o remédio, se está confortável, se precisa de algo do supermercado e faz o almoço". Já o filho dela, quando chega da escola, vai à casa da avó e faz a lição de casa. Enquanto o filho cumpre com seus deveres, a avó curte a companhia do neto.

Como Lidar com Faltas Inesperadas ao Trabalho

Uma equipe de socorro no *front* doméstico ajuda a diminuir ao mínimo suas ausências no trabalho. Vai chegar o dia, contudo, em que um problema na vida pessoal poderá impedi-la de cumprir com suas obrigações profissionais. Por que, então, não estender o conceito da equipe de socorro para a vida profissional?

Arrume uma substituta temporária

Sandra, secretária de uma empresa de médio porte, teve uma emergência em casa bem no dia em que seu chefe se preparava para apresentar o relatório anual. Ela não teve opção senão telefonar para dizer que não podia ir trabalhar. Felizmente, ela tinha um plano de contingência para uma ocasião dessas. Chamou uma profissional confiável, alguém que, tinha certeza, seria capaz de substituí-la. "Tudo foi às mil maravilhas. E, no final daquele dia, mandei uma garrafa de vinho ao meu chefe com um cartão. Até hoje, um ano depois, ele ainda se lembra do que fiz."

Em outro caso, uma professora, que conheço bem, tinha de fazer uma operação que a deixaria de cama durante 6 meses. Segundo ela: "Bem antes de pedir afastamento, arranjei uma professora à altura para me substituir".

Durante sua recuperação, a professora substituta a mantinha informada dos acontecimentos. Além disso, quando já começava a se recuperar, ela ajudou a corrigir as provas e deu conselhos sobre os problemas ocorridos na sala de aula.

Desenvolva relações pessoais

Arranjar com antecedência uma profissional temporária quando seu trabalho pode ser feito por outra pessoa é ótimo. Mas e aquelas reuniões em que não há essa possibilidade? Almoço com o melhor cliente, por exemplo? Isso é um problema. Nesses casos, uma boa idéia é fazer amizade com o gerente de um ou dois restaurantes, por exemplo.

Em vez de ficar indo a todos os restaurantes da moda, fiz amizade com os donos de um restaurante familiar e com a equipe de um restaurante de hotel. Ganho muito mais que tratamento de primeira. Uma vez, quando me atrasei uma hora no almoço com um cliente, liguei para a recepcionista do restaurante, a quem conhecia bem, e pedi que levasse meu cliente à mesa, se desculpasse em meu nome e oferecesse um copo de vinho e uma entrada especial. Quando cheguei, esbaforida, quase uma hora depois, encontrei-o feliz, sendo paparicado pela minha amiga Marie. Como deve imaginar, embora tenha começado muito tarde, a reunião terminou bem.

Fazer mais do que desculpar-se

Fazer mais do que desculpar-se depois de ter causado problemas a alguém vale muito a pena. Em vez do "Sinto muito, mas meu filho ficou doente..." ou "O congestionamento no trânsito...", recompense a pessoa.

Uma cliente, advogada, teve de deixar seu cliente sem mais nem menos após receber um telefonema dizendo que sua filha ia fazer uma apendicectomia de emergência. "Claro que ele entendeu o problema", disse. "Mas quando cheguei em casa, enviei-lhe ingressos para uma peça de teatro com um pedido de desculpas."

Isso leva muito tempo e dinheiro? Não se você der valor ao seu trabalho e a seus colegas. Demonstre a todos que sabe dos inconvenientes que causou. Se fizer isso, vai se destacar da multidão. Jane, a advogada, foi recentemente promovida a sócia da firma e Sandra acabou de receber uma promoção. Não espere que os outros sofram só porque você está com problemas. Ter consideração pelos outros, mesmo em meio a crises pessoais, vai fazer com que você seja vista como alguém muito especial e difícil de ser substituída.

Como Criar sua Equipe de Socorro

Assim que bater o pânico, é tarde para pedir socorro. Poucos imaginariam a vida sem seguro-saúde ou de automóvel; da mesma maneira, para alguém que preza a profissão (sem mencionar a família), bancar a durona e tentar lidar com tudo o que possa acontecer é uma atitude tola e arrogante. (Acredite em quem foi tola e perdeu um grande contrato por causa disso.)

Há uma série de arranjos possíveis para conseguir ajuda em uma emergência. O segredo, claro, é ter pelo menos duas pessoas de confiança para ligar em caso de real necessidade. Mas que esteja entendido que, nesses casos, essas pessoas estejam disponíveis. Veja como fazer isso:

Faça uma lista: Identifique as pessoas que conhece e respeita. Pense em amigos que tenham filhos da mesma idade, vizinhos que gostem de crianças ou colegas de trabalho que tenham disponibilidade à noite ou nos fins de semana. Talvez uma amiga que tenha acabado de dar à luz e ainda não voltou a trabalhar, mas que gostaria de ganhar um dinheirinho extra. Ou alguém aposentado ou que está procurando emprego e que possa dar uma mão. Procure empresas que ofereçam serviços de babá e obtenha referências. Além desses serviços externos, muitas mulheres dividem o lar com um parente ou amiga: será que eles não poderiam ajudar se houvesse algum problema? Ou, quem sabe, sua amiga tenha uma babá que poderia emprestar em uma hora de necessidade.

Defina: Certifique-se de que essas pessoas saibam o que é realmente uma emergência. Discutiremos isso mais adiante.

Divida: Liste o nome de todas essas pessoas, organizando-as por categorias. Por exemplo, quem você pode chamar em caso de necessidade durante o dia, durante a noite, finais de semana, quando você estiver viajando ou trabalhando até tarde.

Um lembrete importante: contate essas pessoas apenas quando necessário e para o devido propósito. Se você abusar, essas pessoas se afastarão de você definitivamente. Avise-as individualmente em qual categoria se encontram. E *sempre* agradeça pela ajuda com cartões, flores, ingressos de cinema, telegramas, jantares ou qualquer coisa que seu orçamento permitir.

Não tenha vergonha de recrutar essas pessoas. Verá que também terá oportunidade de ajudá-las. Aproveite!

O que É uma Emergência "de Verdade"?

A seguir, uma lista com as dez emergências mais comuns de acordo com minha própria experiência, a de clientes e amigos:

1. noites de insônia
2. vazamentos, enchentes ou qualquer outro desastre doméstico

3. emergências médicas
4. intimações judiciais
5. recuperação após ser vítima de acidente, roubo etc.
6. pagamentos de contas urgentes
7. mudança
8. prazos inadiáveis
9. doença, acidente ou morte de pessoas queridas
10. reuniões das quais você tinha se esquecido

As seções que se seguem tratarão de cada um desses eventos indesejáveis.

Noites de insônia

Não importa a razão: o Pedrinho ficou acordado a noite inteira com dor de barriga ou, então, você terminou com o amor da sua vida. De qualquer forma, uma noite sem dormir é certeza de um dia infernal. Se você resolver não ligar para o chefe avisando que está doente (embora esteja se sentindo péssima), experimente se dar um tempo. Se puder, faça uma hora a mais de almoço, peça algum *delivery* e vá almoçar em um lugar onde possa tirar uma soneca. Diga aos colegas que está um trapo e veja se eles podem aliviar essa carga. Talvez dê para sair mais cedo – afinal, você faria ou já deve ter feito o mesmo por eles. Quando puder, volte para casa, faça um sanduíche, desligue o telefone e vá para a cama.

"Ô mãe, a Júlia tá nadando na cozinha!"

Quando o telhado da casa está caindo e não dá para esperar até sábado para mandar consertar, tente um milagre e marque um horário com o carpinteiro (sei, é mais fácil chover canivetes). Caso contrário, chame sua equipe de socorro ou, se não tiver uma, deixe a chave com a vizinha para deixar entrar o carpinteiro.

Quando aquela dor do lado é apendicite

Se tiver de fazer uma cirurgia de emergência, tente manter a cabeça fria. Não estou dizendo que é fácil. Chame pelo menos uma pessoa de confiança para cuidar de suas coisas enquanto está fora de combate. Passe a bola e deixe que ele ou ela cuide de seus negócios até que você esteja bem o suficiente para dar ordens, embora ainda esteja se recuperando, na cama.

Um dia no tribunal

Como boa cidadã, você serviu de testemunha em um acidente ou crime. Agora, foi recompensada com uma convocação para prestar depoimento e vai ter de faltar ao trabalho. Certifique-se de que seus patrões, clientes ou colegas saibam o porquê de sua ausência. Se possível, mostre a intimação. Se tiver de se ausentar por muito tempo, procure ajuda em todas as frentes.

Você, a vítima

Um motorista maluco bateu no seu carro, que teve perda total, e depois fugiu. Ou ao voltar para casa depois de um cineminha descobriu que um ladrão entrou na casa e levou tudo, do aparelho de som à lingerie. Além do trauma da perda e da invasão, você tem de ir à delegacia prestar queixa, informar o seguro etc. Tudo isso vai tomar um dia de trabalho, pelo menos; portanto, chame alguém para substituí-la e console-se com o fato de que sua desventura vai dar uma boa história.

Você, a ré

Você é um gênio no trabalho, além de um ser humano maravilhoso. Mas sei lá por que esqueceu de pagar as multas de trânsito ou contas da luz e precisou ir pessoalmente às concessionárias. (Isso já aconteceu com pessoas bastante proeminentes.)

Dia de mudança

Mudar de casa não é exatamente uma emergência; é mais uma crise esperada. Mudar, mesmo que da favela para uma cobertura, é uma experiência traumática, e pode apostar que algum contratempo vai acontecer. Para minimizar o trauma, planeje antes. Faça a mudança no fim de semana. Se não for possível, tire um dia ou dois de folga. Os problemas que vai evitar vão economizar tempo e dinheiro a longo prazo.

O grande revés

Você tem um prazo e, apesar de seus heróicos esforços, está atrasada. A melhor coisa, claro, é antecipar os problemas de última hora e arranjar mais tempo para terminar o relatório sem ter de ficar até de madrugada ou cancelar reuniões importantes. Caso seja inevitável, chame seu reforço. Depois mande rosas para quem lhe ajudou. Afinal, você se saiu bem, bela e cheirosa como uma rosa!

Doença, acidente ou morte de um ente querido

Faça o que tiver de fazer e peça todo tipo de ajuda. Não é hora de bancar a durona.

Reunião com quem?

Você se esqueceu daquela reunião com um cliente ou colega de trabalho. Peça ajuda para poder manter o compromisso. Se for obrigada a cancelar no último minuto, ou pior, nem aparecer, é preciso mais que desculpas. Remarque a reunião no horário em que a pessoa quiser ou então, em um restaurante, ofereça-se para pagar a conta.

Pontos Importantes a Lembrar

Não cometa o erro de pensar que será capaz de lidar bem com todas as crises que surgirem. Planeje com antecedência, formando um grupo de ajuda que possa substituí-la em casa ou no trabalho. Certifique-se de que essas pessoas saibam exatamente quando serão convocadas a ajudá-la e não abuse delas para tarefas rotineiras.

À medida que você dá continuidade à sua vida profissional, verá que essa equipe será uma das melhores armas de seu arsenal. E embora possa não acreditar, vai descobrir que – se usar a ajuda de forma adequada – você poderá recorrer a essa equipe muitas vezes.

5

Tempo para Amar (Casada ou Solteira)

Dinheiro, sucesso e poder têm seu charme, mas, para a maioria das mulheres, uma vida sem amor não é completa. De todos os tipos de amor, o erótico ou romântico produz uma excitação sem igual. O amor, como todas as coisas boas da vida, requer investimento de tempo. Casamentos e relacionamentos que são colocados depois da profissão, filhos e a vida social estão fadados ao fracasso.

Segundo a médica americana Susan Lark, sexo é ótimo! A maioria de nós sabe disso, mas ela diz que sexo é bom física e emocionalmente. Segundo ela, "o sexo queima calorias e mantém músculos e tecidos em forma. Além disso, uma vida sexual ativa está associada a uma vida mais longa, ótima saúde física, auto-estima em alta e senso de valor. Em poucas palavras, o sexo tem uma influência enorme e importante em nosso bem-estar físico, mental e emocional."

Como Planejar o Romance

"Sei que é isso que eu quero e preciso, mas onde encontrar tempo para namorar?", lamenta-se a ativa empresária Geórgia. "Não posso nem imaginar ter filhos agora. Mal tenho tempo para ficar com meu noivo. A empresa me toma cada minuto. É incrível que ele ainda queira se casar comigo."

Quem trabalha fora já possui as qualificações necessárias para reservar um tempo para o romance. Quando planeja uma reunião, anota a data e a hora na agenda. Quando tem um projeto, aplica tempo e esforço para terminá-lo. Quando estabelece metas, faz o necessário para alcançá-las. Esse mesmo tipo de esforço e planejamento deve ser aplicado para ter tempo para o amor. Se o trabalho é importante, você trabalha. Se uma atividade for importante, você a faz. Se o amor é importante, você o planeja.

Descubra quantas horas por dia você dedica ao amor

Conforme discutimos no Capítulo 2, anote na tabela quanto tempo fica com seu amor ou pensando em sua sexualidade. As horas dedicadas ao amor são consideradas pessoais. Quase toda mulher que trabalha precisa aumentar o tempo que desfruta nessa atividade.

Reserve mais tempo para o amor

Muitas mulheres dizem que adorariam ter mais três horas semanais para o romance. Vamos ver como isso é possível.

Três vezes por semana, vá para cama uma hora mais cedo. Nessa hora, aproveite para conversar com o parceiro pessoalmente ou por telefone (conversar é o primeiro passo para fazer amor), ler um romance erótico com ele ou terem fantasias sexuais.

Três vezes por semana, reserve horários de uma hora para namorar. Nada de televisão, reuniões ou trabalho. Da mesma forma que você planeja almoçar do meio-dia à uma, planeje uma hora romântica. Se durante a semana não der, tente nos finais de semana, à noite, tarde ou manhã. Escolha um período e veja se funciona. Sempre acreditei no ditado "Querer é poder."

Planeje três refeições por semana com a pessoa amada. Tanto faz qual: café da manhã, almoço, jantar, dois almoços e um jantar etc. Mas tente manter os mesmos dias e horários, para que se torne um hábito. Bloqueie a agenda nesse período e recuse outros compromissos. Você faz 21 refeições por semana, fazer três delas com ele vai ser fácil.

Peça permissão para tirar mais meia hora de almoço por semana. Esse almoço longo com o parceiro será um aperitivo para os momentos em que estiverem sós.

Convide o parceiro para ficarem a sós durante três horas. Sábado ou domingo de manhã, no meio ou no final da tarde, à noite. Deixe as crianças com alguém e faça de conta que está viajando: vá passear ou caminhar. Além do custo zero, esses encontros duram só 3 horas e não o fim de semana inteiro.

Mude a forma de pensar. É importante acreditar que o eu romântico é tão importante quanto o familiar e o profissional. Para mim, é o mais legítimo e verdadeiro de todos os papéis.

Combinem fazer "surpresas" um para o outro uma vez por semana ou por mês. Cada parceiro deve revezar a vez de fazer a surpresa. Coisas como tomar sorvete ou dar uma volta no parque ou algo mais elaborado como uma viagem no fim de semana. Isso serve a dois objetivos: o primeiro é agradar ao outro com algo que ambos gostem; o outro é dividir entre os dois parceiros a responsabilidade de agradar.

Experimente também fazer uma surpresa inesperada: sem avisar, "seqüestre" seu parceiro. Os resultados podem ser excitantes e um enorme sucesso.

Reserve os feriados como épocas para o namoro. Nesses dias, fique um tempo a sós com seu amor. Se tiver filhos, arrume alguém para ficar com eles. Isso dará a esses dias um significado especial.

Ocasionalmente, quando estiver atolada de trabalho, arrume um tempo para tomar um drinque ou café ou para almoçar com ele. Embora pareça impossível arranjar tempo, lembre-se: sempre se dá um jeitinho.

Use velas para criar um clima de romantismo e tranqüilidade. Os homens adoram velas em um ambiente romântico e aconchegante, porque a mensagem que isto transmite é "Estou a fim de transar". Além disso, faz parte das preliminares.

Passe a hora "romântica" conversando baixinho, fazendo massagem. Não vá além disso nessa noite, pois ela monta o cenário para que você encontre tempo para o próximo encontro, que em geral acontece mais cedo do que imagina.

Deixe uma mensagem de voz para o seu "docinho" que, além de fazê-lo sorrir, vai deixá-lo com tesão. Não precisa ser uma profissional do sexo para saber o que dizer: o importante é deixar o recado. Os homens adoram isso mais do que as mulheres pensam.

Entender-se

A psicóloga Bia diz que a auto-imagem tem relação direta com nosso comportamento amoroso. "Em outras palavras, se uma mulher não se achar atraente, vai ter problemas com a intimidade." Ou seja, o primeiro passo para examinar seus relacionamentos íntimos é entender como os encaramos.

Além disso, é preciso saber quais são nossas "necessidades amorosas". Talvez sejam a aprovação, o respeito ou a honestidade daquele que é importante para nós. Se essas necessidades não forem supridas, a relação amorosa poderá ser inconscientemente abalada. O que torna essas necessidades tão importantes? Creio que elas são básicas para a maioria das mulheres. Qual de nós não deseja ser vista e admirada pelo que somos e fazemos pela família, amigos, colegas e pela comunidade em geral?

Que mulher, em algum momento, não quer se sentir livre da responsabilidade de cuidar dos outros e fazer alguma coisa por eles? Quem irá cuidar dela, suprir suas necessidades? Teca, na casa dos quarenta, é professora de ginástica e adora tricô. Sempre está tricotando um cachecol para dar de presente. "Fiquei tão emocionada quando uma cliente me deu um xale. Nunca ninguém tinha feito uma peça de tricô para mim."

Uma mãe que trabalha, com seus quarenta e poucos anos, ajudou sua mãe, adoecida, antes do Natal, e não teve tempo para decorar a casa. Uma amiga e sua própria filha decoraram a casa com todos os enfeites especiais. Que tal preparar o jantar da mamãe de vez em quando, já que ela faz o jantar para a família com tanta freqüência?

Mais uma vez, os três tipos de mulheres descritos anteriormente – Dona de Casa Tradicional, a Mulher em Transição e a Mulher Conquistadora – oferecem esclarecimentos para atitudes típicas. Veja se você encontra seus próprios pontos de vista refletidos nas três seções a seguir.

A Dona de Casa Tradicional

A psicóloga Bia descreve um problema comum a essas mulheres: "A mulher que fica em casa torna-se dependente da aprovação externa, ou seja, da família e amigos". Bia acredita que "a dona de casa sempre sente que está deixando a vida passar enquanto as amigas que trabalham fora se divertem".

A Dona de Casa Tradicional também sente que o parceiro não lhe dá o devido valor, já que ela fica em casa a maior parte do tempo, ou então que passa a contar com o que ela *faz* por ele ou pela família.

Ela também tem muita necessidade de aprovação e incentivo do parceiro para reforçar as importantes contribuições que dá à família e ao lar. Outra necessidade amorosa é a aprovação sexual. A maioria das Donas de Casa Tradicionais que conheço ama seu trabalho no lar principalmente quando a família e o parceiro respeitam e amam quem ela é e o que faz por eles.

A Mulher em Transição

Tem muita consciência de seu papel. Às vezes, diz Bia, ela fica presa a ele. "Suponha que seu papel diga 'Antes de tudo, você deve ser boa filha, mãe ou amiga. Se for trabalhar fora, o emprego deve ficar em segundo plano, atrás de todas as outras responsabilidades'. O resultado é que vai ter tempo para todos menos para você. Vai ficar amarrada a um sistema de valores que preconiza que seu trabalho visa apenas a ajudar a família. Quando essa mulher ama seu trabalho, sente-se culpada. Principalmente se puder parar de trabalhar por motivos financeiros. Fica em dúvida se aproveita essa liberdade inédita. Sente-se melhor como pessoa, mas fica na corda bamba entre trabalho e família. Continua a sonhar com o dia em que poderá concentrar-se no amor."

A maioria dessas mulheres tem muita necessidade de afeto. Elas estão tão atarefadas que costumam esquecer de cuidar de si. Têm igualmente uma grande necessidade de aprovação como mulheres sensuais e que podem ser amadas.

A Conquistadora

Espera bastante de si e dos outros, inclusive dos parceiros. Como conclusão, costuma deixar de reconhecer a necessidade de amar e ser amada. Dos três tipos de mulher, a Conquistadora é a que tem mais tendência a ser uma "workaholic", uma trabalhadora compulsiva. "As mulheres que trabalham demais optaram por isso", diz Carol, uma terapeuta familiar. "Costumam passar por ciclos. Põem muito esforço no trabalho, ficam esgotadas e repetem o ciclo. Quando estão por baixo, são suscetíveis à necessidade de dar afeto aos outros. Entretanto, têm grande necessidade de se dar afeto."

Para esse tipo de mulher, o amor é ganhar afeto e aprovação como mulher sensual e boa mãe (já que costuma receber muita aprovação pela carreira profissional). Quando são reconhecidas como boas esposas e mães, sentem-se confiantes para progredir em outras áreas da vida, sentindo-se equilibradas e encorajadas.

NAMORAR

Já vimos nesse capítulo uma lista de sugestões para reservar três horas extras na semana para namorar. Uma das sugestões, achar um tempo para estar a sós com o parceiro, é tão importante que merece uma seção. Se puder reservar só uma hora para esse encontro, tudo bem; se mais, ainda melhor.

Verifique as agendas para decidir qual o melhor horário para ficarem juntos. Terças à tarde? Ou quartas à noite? Caso não consigam se decidir, escolham dois horários e decidam na moeda. É importante lembrar duas coisas: *marcar* o dia e *manter o compromisso*! Sem desculpas, exceto, talvez, uma hospitalização.

A pedagoga Geni reservou quartas-feiras à noite para namorar. "Faça chuva ou sol, não deixamos de nos ver nesse dia. É a única hora em que sou o centro da atenção para ele."

Melanie acha que ficar, nem que seja pouco, com o marido "nos mantém unidos. Sei que não parece muito, mas ajuda bastante. De vez em quando deixamos de jantar fora e vamos a um motel. É muito excitante".

Sonia, empresária do ramo de bufês, reserva as noites de quinta para sair com o marido. O compromisso é tão importante que não aceita nenhum serviço nessas noites. "O David e eu estamos casados há 17 anos. Quando comecei minha empresa, há 8 anos, prometi a mim mesma que não esqueceria do meu marido. Sei que perdi muitos negócios por causa disso, mas também sei que isso mostra o quanto ele é importante para mim. Não há dinheiro no mundo que pague isso."

Sandra, como Sonia, descobriu como é gratificante a relação com o parceiro. É advogada há mais de 15 anos e anteriormente era farmacêutica. Tem quatro filhos adultos e está casada há mais de 25 anos. "Todo o mundo dizia que teria de trabalhar até tarde e em fins de semana alternados. É assim com a maioria dos advogados da firma onde trabalho. Geralmente, chego em casa às 18:00 e raramente vou trabalhar nos fins de semana. Não sou milionária, mas estou bem. Afinal, quem precisa de tantos carros ou de casas enormes?"

"Vejo que muitos colegas se divorciam porque põem a profissão acima da vida e dos valores. Percebo o quanto são infelizes por trabalharem tanto e não terem tempo para a família."

Namorar é ficar em casa ou sair, dar as mãos ou um amasso. As seções a seguir dão algumas idéias do que fazer a dois.

Jantar em casa

A nutricionista Jane pena bastante para passar algumas horas com o marido. "Não é fácil manter um relacionamento. Sou eu que planejo os 'momentos especiais'. Se não fosse por isso, acho que nos veríamos só no corredor de passagem para o banheiro."

Jane e o marido adoram passar a noite em casa. Ela mesma prepara o jantar – ou, como ela diz, "uma refeição pronta". Ela dá um toque especial à ocasião levando uma garrafa de vinho. Eles começam esse momento especial juntos saboreando o jantar.

"Nessas horas, meu marido esquece o trabalho. As melhores conversas acontecem nessas ocasiões. Não atendemos nem o telefone nem a porta. Adoramos esses momentos e não vemos a hora de estarmos juntos de novo. E, de vez em quando, meu marido assume a responsabilidade pelo planejamento."

Nem todos podem desfrutar desses momentos em casa, principalmente se tiverem filhos. A mulher que trabalha fora sabe que o lar se transforma em um paraíso só depois que eles vão dormir, mas, aí, já está cansada demais para qualquer outra coisa. Para namorar, essas mulheres precisam sair de casa.

Passear

A Mel é dona de casa e tem 4 filhos menores de 12 anos. Sua rotina diária é lavar, passar, cozinhar, trocar fraldas e ser motorista particular. "Quando me sinto um bagaço, eu e meu marido vamos jantar fora. Como não trabalho, temos que nos virar só com o salário dele. Não vamos a nenhum lugar bacana, mas para mim está ótimo porque, pelo menos, não estamos em casa. O Roberto também gosta porque pode passar momentos tranqüilos só comigo."

A história "Eu não contribuo com um salário, portanto, não podemos gastar muito" é muito comum entre as Donas de Casa Tradicionais. Ela não consegue perceber que tem muito menos despesas que a mulher que trabalha fora. Quando a mãe fica em casa, não gasta com babás, refeições, roupas etc.

Reservar um horário para sair é importante, mas nunca faça disso uma rotina. Não deixe de sair só porque não é o dia marcado. Seja criativa, faça surpresas e convites. A recepcionista Sara e o marido decidiram sair no Dia dos Namorados e, além disso, ele ainda fez uma surpresa. "No Dia dos Namorados desse ano meu marido teve de trabalhar, então comemoramos no dia seguinte. Ele se vestiu todo bacana, saiu e tocou a campainha. As crianças acharam que ele estava ficando louco. Atendi a porta e ele me levou para jantar no nosso restaurante japonês favorito. Fez outra surpresa e me levou ao hotel. Até levou o *baby-doll* que tinha me dado de presente no dia anterior e também a *nécessaire*.

Subimos ao quarto às 9:30 da noite, ele abriu uma garrafa de champanhe. Era a mesma garrafa que íamos abrir no *réveillon*, mas que não fizemos porque o final do ano foi um desastre total: dois dos nossos três filhos participavam de uma peça e o outro estava se recuperando de uma gripe.

"Bom, ficamos no hotel até meia-noite e voltamos para casa, para passar a noite com os meninos. Quando chegamos em casa, meu mais velho reclamou que estava resfriado e não conseguia dormir. Dei um remédio para ele, liguei o umidificador, fiz um chá e pus uma compressa quente no peito dele."

"Na manhã seguinte, eu e meu marido acordamos às 9, deixamos as crianças dormindo e voltamos ao hotel. Chegamos em casa à 1 da tarde. Parecia que tínhamos passado o fim de semana inteiro juntos – e a gente só ficou fora nove horas e meia no total!"

Momentos eróticos

Cátia descreve as conseqüências de deixar o trabalho e as responsabilidades passarem à frente do sexo: "O trabalho e os filhos me ocupam praticamente todo o tempo. Nossa vida sexual tornou-se chata e apressada, quando conseguíamos transar". Cátia e o namorado resolveram o problema reservando um dia na semana para irem ao motel. Esse refúgio secreto apimentou o relacionamento deles. E a vantagem de não ter distrações criou um clima erótico que tornou o relacionamento mais excitante.

Cátia e o namorado descobriram que planejar era o segredo para o sexo e também para o amor. Quando as mulheres que trabalham concentram seus esforços em planejar para namorar e para o sexo, os resultados são, com freqüência, tão bem-sucedidos quanto quando elas concentram seus esforços em um projeto no escritório. Para melhores resultados, é preciso planejar, ter iniciativa e dar seguimento.

Segundo os psicólogos, os homens se excitam pela visão e as mulheres pela boa comunicação. Portanto, faz sentido combinar visão com comunicação. O segredo é *planejar*.

Sheila é cosmetologista e tem seu próprio *spa* e salão de beleza. Ela e o marido passam as noites de sexta fazendo os psicólogos do mundo todo felizes. Ela chega ao salão duas horas mais cedo na sexta para poder sair umas duas horas mais cedo que nos outros dias. "Volto para casa, dou uma relaxada, fico um pouco com as crianças. Depois, levo-as à casa de uma amiga, volto e me preparo para a noite."

Veste algo sensual: "Meu marido adora me ver de *baby-doll* e penhoar. Na verdade, me sinto *sexy* quando me visto assim. Preparamos juntos o jantar, sentamos e batemos papo. Temos uma única regra: toques só depois do jantar.

Parece que isso aumenta a excitação e ainda faz com que a gente tenha conversas longas e agradáveis durante o jantar. De vez em quando, que ninguém é de ferro, violamos essa regra".

"Temos um jogo: cada vez transamos em um cômodo diferente da casa. Na primeira vez, experimentamos no banheiro e rimos o tempo todo. Outro lugar original foi a lavanderia: não paramos de rir. Você nem imagina como é transar entre lavadoras e secadoras. Além de erótico, é muito engraçado."

Suzana tem três filhos em idade escolar. O marido gosta de ir dormir tarde. Ela se ajusta ao horário dele para que possam ficar um tempo juntos. "Aprendi há muito tempo que se quiser ficar só com meu marido, é melhor tirar uma soneca durante o dia. Agora, além de ficar acordada até 1:30 da manhã junto com ele, uso um pouco desse tempo para ter vários *hobbies*. É super tranqüilo à noite."

Dez coisas boas

A terapeuta Cristina, 30 e poucos anos, pede a seus clientes de terapia conjugal que partilhem dez coisas com os parceiros. "De cara, o casal imagina dez coisas que não gostam no outro. Rapidamente, tenho de pedir-lhes que escrevam dez coisas que apreciam *de verdade* no outro. É incrível como a energia do local muda em cinco minutos."

"Obrigada por..."

Todas as noites, antes de ir para cama, agradeça ao parceiro tudo o que ele fez ou disse de bom. Esse exercício tem duas finalidades: uma é sempre procurar algo de bom que o outro disse ou fez, e a outra é criar uma ligação espiritual e verdadeira com o parceiro. Cíntia, Conquistadora na casa dos 40, diz: "Depois de passar o dia inteiro me preocupando com pessoas ou coisas, não vejo a hora de ir para casa para conversar e partilhar algo de positivo com meu marido. Adoro ouvir suas palavras de agradecimento. Mesmo estando casados há mais de 12 anos, ele ainda me surpreende".

Esteja presente

O melhor presente que você pode dar a si mesma e aos outros é tempo de qualidade, coração e ouvidos abertos e contato visual. Para a Dona de Casa Tradicional isso significa deixar de pensar nos filhos ou em seus afazeres enquanto fica com a pessoa amada. A Mulher em Transição deve respirar profundamente e encontrar um lugar tranqüilo dentro de si mesma. E para a Conquistadora significa desligar-se do trabalho ou de um projeto, dar um tempo, respirar profundamente, diminuir o ritmo e trocar o trabalho profissional pelo espiritual.

Sexo e saúde

Sei como é difícil achar tempo para namorar, mas gostaria de lembrar algumas verdades sobre o sexo que você já deve saber, mas que não custa repetir. Em vez de pensar no "ato" em si, pense em combinar várias coisas ao mesmo tempo; esse é o segredo: integração.

De acordo com a Dra. Susan Lark ("newsletter" de 20 de janeiro de 2005), o sexo é bom para:

- ossos e articulações
- despertar sentimentos positivos por causa das endorfinas
- queimar calorias
- aumentar a longevidade
- ligar-se emocionalmente com a própria sexualidade
- ligar-se emocionalmente com o parceiro

Agora, discutirei os cuidados pessoais, familiares e profissionais em diversos níveis.

Cinco assuntos que não devem ser discutidos em um encontro

Jamais discuta quaisquer dos seguintes temas durante seus momentos românticos: dinheiro, filhos, antigas paixões (inclusive os "ex"), más decisões tomadas no passado e parentes. Esses assuntos vão abalar os encontros mais rápido do que imagina, pois contêm grandes doses de emoção e ansiedade.

Não estou sugerindo que nunca os discuta. Mas deixe-os de lado quando estiver namorando o parceiro. Dedique esses momentos juntos para partilhar coisas boas, falar de afeto e amor.

"Depois de muita terapia de casal, percebi que ainda gosto do meu marido", diz Marisa. "Sabia que o amava profundamente, mas sempre brigávamos por causa das finanças. Agora só discutimos essa questão na 'semana de solução de problemas'. E rimos muito mais."

As crianças nos solicitam. Discipliná-las é emocionalmente desgastante, em especial quando ficam mais velhas. Mesmo quando os pais concordam em como educar, é difícil. Quando têm pontos de vista diferentes é como a explosão de uma bomba. "Eu e o Maurício somos como água e vinho no quesito educação dos filhos", conta Cristina. "Sou muito mais rigorosa. Ele deixa nossos filhos adolescentes fazerem o que quiserem... Chegamos a um acordo: durante a semana eu cuido da educação deles e no fim de semana é a vez dele. Não é o melhor dos mundos, mas também não passo o pouco tempo que tenho a sós com meu marido brigando por causa dos garotos."

Falar sobre amores antigos também é um assunto doloroso. "Por mais que o João diga que me ama, quando ele fala da ex, fico furiosa. Tudo está muito bem até ele começar a falar da ex-namorada. Às vezes, penso que sou a mulher mais ciumenta na face da Terra, mas minhas amigas sentem o mesmo quando isso acontece com elas."

Boa parte dos casais, quando passam um tempo juntos, nem sempre tomam as melhores decisões ou fazem as melhores escolhas. Veja o que diz um marido: "Eu e a Júlia temos uma boa relação. Mas devo admitir que fico nervoso quando ela menciona as decisões erradas que tomei. Mas agora fizemos um acordo: ela não fala de águas passadas e eu não falo sobre a minha ex".

As piadas sobre sogras devem se restringir à televisão e ao salão. Não têm graça nenhuma quando são causa de brigas do casal. Diz Sandra: "Decidimos há muito tempo não discutir nada de negativo que nossos parentes tenham feito. Sempre ficava magoada quando a mãe dele comentava sobre minha comida ou sobre a limpeza da casa. Agora, faço um esforço consciente para rir das idiossincrasias dela".

Como ter tempo para o romance

Se você trabalha fora, sabe como é importante ter uma horinha só para cuidar de você. Geralmente, quando terminamos nossos afazeres, já é hora de dormir ou de voltar a trabalhar. É importante ter essa hora para fazer o que a deixa feliz, tranqüila ou romântica. E a hora do amor é tão importante quanto qualquer outra atividade pessoal.

Toda mulher que trabalha fora deve *planejar* sua hora pessoal. A Dona de Casa Tradicional deveria se dar conta de que merece esse tempo para se sentir bonita, feminina, ou em paz consigo mesma. Em geral, ela só se preocupa em cuidar dos outros ou fazê-los se sentir bem, mas, quando é sua vez, sempre se boicota. Acredita que a expressão *mulher romântica* não tem nada a ver com ela.

A Mulher em Transição também precisa perceber que merece um tempo para ficar consigo mesma e se conhecer melhor. Está tão cheia de coisas para fazer que esquece suas necessidades, especialmente na área sexual. Como diz a psicóloga Bia: "As mais afetadas psicológica e emocionalmente são as mulheres que não sabem se querem ficar em casa ou trabalhar fora. Literalmente, não têm tempo para si mesmas, no amor ou em qualquer outra área da vida".

A Conquistadora precisa aprender a ir com calma e colocar-se na lista de prioridades. O foco de sua energia e de sua força está na profissão; sabe como fazer melhor um trabalho, atrair mais clientes, aumentar o fluxo de caixa, reorganizar um departamento, aumentar a participação dos funcionários e a produção ou criar um novo projeto. Gosta de ver a lingerie feminina e sexy em revistas e catálogos, mas não acha tempo para comprá-la.

Todas essas mulheres devem achar um plano para reservar-se um tempo para serem românticas. A seguir, algumas idéias para entrar em contato com seu lado feminino.

- Tome banhos longos e deliciosos.
- Vá a lojas de lingerie e experimente tudo.
- Compre uma calcinha sensual por mês.
- Presenteie-se com algo que a faça se sentir especial, linda e *sexy*.
- Alugue um filme romântico.
- Quando sair com o parceiro, diga, no meio da noite, que não está usando calcinha.
- Use decotes. Todas as modelos nas revistas usam.
- Experimente vestidos sensuais.
- Entre no clima erótico com um livro "picante" e releia as partes obscenas.
- Imagine o que você e seu parceiro vão fazer à noite; prepare a mente e o corpo vai atrás.
- Ouça músicas tranqüilas e pense em momentos divertidos.
- Vá ver um filme erótico.
- Chame uma amiga para sair à noite.
- Fique em casa ouvindo música, lendo ou conversando com amigos.
- Marque uma hora com um fotógrafo profissional e tire fotos "sedutoras".
- Prepare uma boa xícara de café e leia uma revista.

- Use roupas reveladoras como *tops*, calças justas ou *shorts* quando for regar o jardim.
- Cozinhe de camisola.
- Faça ioga e aprenda a respirar e conhecer seu corpo.
- Leia o Kama Sutra para aprender sobre a energia contida em cada uma das posições sexuais.
- Tome um banho e sinta a espuma massagear seu corpo.
- Depois de uma ducha sensual, passe um hidratante no corpo inteiro bem devagar.

Qualquer uma dessas dicas vai lhe ajudar a entrar de novo em contato consigo mesma, ter uma nova perspectiva de vida e proporcionar os recursos psicológicos necessários para viver a vida que deseja.

Às vezes, para ter tempo para você, é preciso se reestruturar um pouco. Porém, a mudança fundamental é viável. Veja a história de Camila. Solteira, ela costumava trabalhar até 6 da tarde, voltava para casa e preparava um lanche rápido com sobras do dia anterior, queijo e frutas. Depois, começava a trabalhar de novo. Ela e o namorado passavam pouco tempo juntos. Um dia, percebeu que não queria passar a vida sozinha, sem os prazeres e a comunicação do amor. Disse ao patrão que a carga de trabalho era muita para uma pessoa só e que não tinha vida longe do trabalho. Discutiram sobre o que poderia ser feito para diminuir essa carga. "Sabia que meu chefe tinha consideração pelo meu trabalho e confiança em minha capacidade. Eu me arrisquei bastante, levando em conta que não tinha um emprego em mira caso ele me mandasse embora. Mas estava preparada: cheguei a um ponto em que precisava dar uma virada na minha vida. Apostei e ganhei. Estou muito mais feliz e agora minha vida está muito mais equilibrada".

Pontos Importantes a Lembrar

A mulher precisa reestruturar seu modo de pensar. Deve pensar mais em si mesma e em suas necessidades tanto quanto nas dos outros, se não mais. Dizem os psicólogos que, quando uma mulher se sente bem consigo mesma, essa atitude positiva influencia os outros ao redor.

(cont.)

Pontos Importantes a Lembrar

Não há mistério em encontrar tempo para ficar com a pessoa amada. Ao contrário, é uma questão de reservar o tempo, marcar e planejar encontros que a ajudem a manter a chama acesa. A mulher que se esforça em reservar um tempo para si mesma e para a pessoa amada é uma vencedora nas duas frentes.

Faça desses encontros algo positivo e amoroso. Cultive essas relações. Seja boa consigo mesma. Você merece!

6

Opções Criativas de Receita

O trabalho de meio período sempre foi fonte adicional de renda para a mulher. E abrangia todos os tipos de serviço, de auxiliar de escritório a balconista. Porém, em vista da atual (e sem dúvida permanente) necessidade de complementação da renda familiar, os empregos de meio período, além de raros, não valem o esforço.

Nos dias de hoje, a mulher precisa ter criatividade para ganhar dinheiro. Além de avaliar as diversas alternativas de emprego – *job sharing*, ou emprego partilhado[11], horário flexível de trabalho, trabalho em casa, franquias, empresa própria, empresa *on-line*, para citar algumas –, ela deve determinar qual delas proporcionará o melhor rendimento e a merecida paz de espírito. E o mais importante: talvez seja preciso convencer os outros sobre a viabilidade da forma alternativa de trabalho.

---

[11] **N. da T.**: Partilha de um mesmo posto de trabalho, em que duas pessoas concordam em ajustar suas jornadas de modo a cumprir o total de horas exigidas pelo emprego. Esta modalidade implica a repartição do mesmo posto de trabalho entre vários colaboradores, compartilhando o período de efetiva prestação das atividades. No Brasil, é comum no serviço público.

Determine sua Necessidade de um Modelo Alternativo de Trabalho

São tantas as exigências enfrentadas pelas mulheres atuais que, para preservar a vida e a saúde da família, elas precisam ter uma jornada de trabalho mais flexível do que a tradicional. Devem entender que irão passar pelos diferentes estágios da vida. Uma mulher talvez se sinta obrigada a partilhar seu posto de trabalho assim que der à luz ou em outra fase da vida, na maturidade, por exemplo. Veja como reconhecer se você é candidata ideal a um modelo alternativo de trabalho:

- você fica esgotada mental e fisicamente todos os dias
- costuma adoecer com gripes ou outros vírus
- fica irritadiça o tempo todo
- na segunda-feira, não vê a hora de chegar sexta-feira
- vai dormir à meia-noite só para limpar a casa ou lavar a roupa

Se você é uma dessas mulheres exaustas, o número de opções de trabalho alternativo vai tranqüilizá-la. Na seção seguinte, abordaremos o "job sharing", uma alternativa muito comum.

Avalie o Emprego Partilhado

Uma das maneiras de continuar a trabalhar meio expediente é juntar forças com uma colega que tenha capacidades semelhantes e vender o "pacote", ou seja, partilhar um emprego.

A maioria dos cargos pode ser bastante flexível, a ponto de acomodar essa divisão. Os escritores americanos William B. Johnston e H. Arnold Parker, na obra *Workforce 2000: Work and Workers for the 21st Century (Força de Trabalho 2000: O Trabalho e os Trabalhadores no século XXI),* revelam que "haverá um aumento no trabalho em casa, de meio período e flexível, sendo que o total de horas trabalhadas por empregado provavelmente cairá em resposta à necessidade de a mulher 'integrar trabalho e criação dos filhos'".

Se você se identificar com uma ou mais das afirmações abaixo, talvez seja essa a alternativa ideal:

- você tem comprometimento com a profissão ou a carreira
- precisa dedicar mais tempo às questões pessoais e familiares

- precisa de tempo para mudar de um grupo para outro
- não tem quem cuide do filho após a escola
- quer ou precisa passar mais tempo com os filhos pequenos
- quer ou precisa trabalhar durante uma gravidez difícil

Há diversas opções de *job sharing* que você poderá discutir com seu empregador. Abaixo, descrevemos um estudo de caso que pode lhe dar uma idéia de um esquema que poderia funcionar para você.

Cíntia, procuradora pública, alterna o trabalho com outra procuradora da mesma repartição. Ela trabalha nos dias em que Cíntia folga. Há dois anos e meio, as duas procuradoras têm dado conta do trabalho dessa maneira. "Não sabia se ia funcionar quando começamos esse esquema de trabalho. Todo o mundo nos olhava como se não fôssemos procuradoras *de verdade*, mas, depois que começamos a ganhar alguns processos, poucos ainda nos olhavam 'daquela forma'. Acho que não daria certo se minha colega e eu não nos falássemos por telefone umas vinte vezes por dia. Afinal de contas, é a vida de pessoas que está em risco."

Heidi tem dois filhos pequenos, é repórter e alterna seu trabalho no tribunal com uma colega. Ela trabalha semana sim semana não. "Esse esquema funciona", diz Heidi, "porque, se preciso, termino o serviço em casa. Meu chefe pensou que estava louca quando sugeri esse esquema quatro anos atrás. Na época, não havia oferta de mão-de-obra nessa área, portanto, ele não teve muita escolha. Mas nunca se arrependeu dessa decisão."

Laura, 50 anos, secretária executiva que queria passar mais tempo com o marido aposentado, trabalha em horário flexível, alternando-se com outra secretária. O maior revés, diz Laura, é que "temos que deixar anotações bem específicas para dar seguimento ao serviço de um dia para outro. Trabalho três dias em uma semana e dois na outra. Já estamos há quatro anos nesse esquema; deve estar funcionando, porque senão já teríamos sido mandadas embora".

Avalie o Potencial para Horário Flexível

Suzana é contadora, chega ao trabalho às 7 da manhã, tem meia hora de almoço e sai às 3 e meia da tarde — uma hora e meia antes do horário tradicional. "Trabalho o mesmo número de horas que qualquer trabalhador e estou em casa quando meus filhos chegam da escola. Meu chefe me deu um aumento porque está satisfeito com meu desempenho."

O esquema de trabalho da Suzana é um exemplo clássico de horário flexível, um sistema que permite ao funcionário uma certa escolha para cumprir a carga horária.

Outro tipo comum de horário flexível permite que os funcionários trabalhem menos dias por semana. Os juízes de tribunais municipais dos EUA, por exemplo, implantaram o programa 4-10, ou seja, trabalham 4 dias por semana durante 10 horas por dia. Esse programa permite que eles dediquem mais tempo à família ou a outras atividades.

Veremos, na próxima seção, como o horário flexível é tão vantajoso para os empregadores quanto para os funcionários. Entretanto, aqueles que quiserem propor o horário flexível ou qualquer outra modalidade alternativa de emprego terão que ter paciência para convencer os empregadores.

A Internet e o horário flexível

A Internet permitiu às empresas dispor da antes necessária presença física dos funcionários no escritório, que passaram a trabalhar com competência e profissionalismo em casa. Essa nova modalidade de emprego deixou os funcionários mais satisfeitos pois, além de continuar a trabalhar como antes, permite que participem do dia-a-dia dos filhos ou que cuidem de um filho ou de pais doentes.

Duas de minhas clientes são advogadas e trabalham três vezes por semana em casa e dois dias no escritório. Essas Conquistadoras admitem que, se não fosse pela Internet, teriam de largar a profissão. Rosana, trinta e poucos anos e mãe de três filhos, diz: "Não sei o que faria se não existisse a Internet e o celular. Não conseguiria me comunicar com o escritório nem com clientes, fazer pesquisas ou mandar memorandos internos". Ana, Conquistadora, na casa dos quarenta e mãe de dois filhos, afirma: "Pensei que minha carreira tivesse acabado quando eu e meu marido decidimos que eu ficaria em casa com as crianças. Fico na empresa um dia e meio por semana e o restante trabalho no meu 'escritório' adaptado em um dos quartos. Mudei de área no direito e me especializei em divórcios. É tão gratificante! Agora, tenho tempo de falar ao telefone com os clientes, principalmente do celular, quando não estou em casa".

Alice, que está na casa dos trinta e tem três filhos pequenos, afirma: "Não quero voltar a dar aulas, mas quero continuar a ganhar o meu dinheiro e fazer algo interessante". Por isso, montou um negócio de vendas de roupas infantis pela Internet. "É tão bom ver os pedidos novos entrando bem cedinho ou no final da tarde, quando as crianças estão dormindo. Acho que sou privilegiada mesmo quando me sinto pressionada por não ter tempo para dedicar ao trabalho ou à família. Mas não me sinto mais culpada por não ficar com eles, principalmente agora que são tão pequenos", declara.

Nancy tem cinqüenta e poucos anos e é mãe de dois adolescentes. Para ter uma carga horária de trabalho menos corrida, resolveu trabalhar com a Internet. "Sob alguns aspectos", diz Nancy, "estou transformando meu hobby em um negócio de verdade. O bom dessa mudança de profissão é que não sinto que estou trabalhando, porque adoro procurar e vender porcelana antiga. Quando conto as horas trabalhadas, parece muito, mas não sinto tanto a pressão de tempo como quando trabalhava no outro emprego."

De acordo com Cris, Mulher em Transição, na casa dos vinte anos: "Dou muito valor ao tempo. Por isso, montei um negócio pela Internet enquanto estou nesse emprego que, até agora, está legal. Mas não quero ficar nele muito tempo".

Convença o Empregador

Alguns estudos comprovam que essas novas modalidades de repartir o trabalho ou de flexibilização do horário (que serão discutidas mais adiante) também são interessantes para o empregador. Se você tiver de convencer seu empregador a adotar qualquer uma dessas modalidades, não deixe de mencionar os pontos a seguir.

As modalidades alternativas de trabalho:

- aumentam a produtividade
- aumentam a fidelidade
- resultam em menos absenteísmo
- são responsabilidade social da empresa
- permitem, em caso de partilha de trabalho, que a empresa use a criatividade de mais de um funcionário

Encontre outras Maneiras de Diminuir a Carga de Trabalho

Além de alterar a carga horária, é possível melhorar a qualidade de vida mudando a programação de férias ou contratando uma babá.

Compensação de horário (banco de horas) e férias

Para nos sentirmos vivas de novo, é preciso alguns dias de folga. Algumas empresas, em vez de pagar hora extra, concedem dias de descanso. É o chamado banco de horas.

Joana descobriu que essas folgas serviam para tirar o estresse acumulado pela falta de tempo. Em seu trabalho, Joana passa seis semanas fora por ano, viajando. Combinou com o patrão um esquema que lhe permite ficar dois dias em casa depois de fazer viagem de uma semana. "Esses dois dias a mais ajudam a me recompor. Consigo me recuperar do fuso horário, fazer o supermercado, cuidar da casa e ainda brincar com meu filho. Mas não deixo de falar com a empresa nesses dias. Se tiver de retornar ligações de negócios, faço de casa. Adoro meu trabalho, mas também tenho meu lado caseiro. Esses dias de folga são uma mão na roda."

Sara não precisa viajar a trabalho, mas acha que o volume de atividade é muito instável. Por exemplo, a empresa sempre tem alguns trabalhos urgentes por mês, exigindo que se trabalhe doze horas durante três ou quatro dias seguidos. Após alguns dias, tudo volta ao normal – até que entre outro pedido urgente. Depois de alguns meses nessa rotina, Sara conversou com o chefe sobre o estresse causado por esse tipo de jornada e sugeriu que ele lhe concedesse um dia de folga após um ou dois dias nesse esquema. O chefe concordou. "Antes", conta Sara, "eu odiava essa carga horária extra. Agora, como sei que vou ter uma folga, não vejo a hora de trabalhar dobrado."

Aumentar o número de folgas periódicas a que o funcionário tem direito[12] tem o mesmo efeito que o banco de horas. Tenho trabalhado com diversas empresas em todos esses anos e sugeri que dessem um dia de folga por mês a cada funcionário para que estes tratassem de assuntos pessoais. O pessoal dos departamentos que adotaram o sistema tem mais disposição, uma produtividade 36% maior e menos absenteísmo. A empresa que implementa esse esquema mostra aos funcionários como eles são importantes e como ela leva em conta as necessidades pessoais e familiares. Como conta a analista de sistema Janice: "O ambiente de trabalho mudou da água para o vinho desde que o programa foi implementado, há três anos. Na realidade, estamos pensando em conceder dois dias de folga no mês. Nosso maior concorrente

---

[12] Nos EUA, o funcionário tem direito a certo número de folgas durante o ano.

na região acabou de implementar o esquema de um dia. Vão enlouquecer quando souberem que vamos dar dois dias".

Algumas empresas relutam em implantar esse sistema pois, superficialmente, um dia por mês representa mais duas semanas de férias por ano para o empregado. Para convencer a empresa em que trabalha a aumentar esse número de dias, será preciso apresentar um argumento irrefutável. Use um que seja parecido àquele que Janete, analista de sinistros, usou.

Ela tinha uma carga de trabalho particularmente pesada. Como conseqüência, sempre estava cansada e sem pique. Decidiu, então, que precisava de um dia a mais de folga no mês. Pediu ao chefe, que recusou a idéia de imediato. Janete, então, passou a anotar todos os serviços que precisava terminar... e quantos efetivamente terminava conforme programado. Após alguns meses fazendo isso, ela voltou a falar com o chefe e pediu para fazer uma experiência. "Tiro um dia de folga durante dois meses", ela disse, "e depois veja o resultado. Se não melhorar, não peço de novo."

"Esse dia de descanso a mais me fez relaxar", confessa. "Também me abriu uma nova perspectiva no trabalho. Quando retornei, depois do primeiro dia de folga, minha produção aumentou 6%. No segundo mês, foi quase 15%. Com esses dados em mãos, convenci a empresa a conceder essa folga extra não só a *mim,* mas a todos os meus colegas de função. Agora a empresa nem pensa em voltar ao esquema antigo", conta Janete.

Se você quer mais férias ou dias de folga, faça como Janete. Durante alguns dias, reflita sobre seu trabalho e observe se um dia a mais de folga a faria aumentar a produtividade. Mantenha anotações sobre o que está fazendo, pense em um argumento convincente e fale com seu supervisor. Não peça uma mudança permanente, mas um período de teste. Se houver concordância, documente os resultados e faça questão de mostrá-los à supervisão. Caso não cheguem a um acordo, reformule sua abordagem e tente novamente depois de alguns meses.

Se a empresa não pode lhe dar uma licença remunerada por mês, peça meio dia por mês, ou de meio dia a um dia inteiro a cada dois meses. Procure criar um plano razoável que lhe permita voltar a trabalhar renovada e de cabeça boa.

Creches

Cada vez mais, os candidatos a emprego querem saber se as empresas onde desejam trabalhar possuem creche. Quando há muita disputa por funcionários, a empresa com creche com certeza a ganhará.

Em Nova York, o Movimento pela Creche Infantil, uma coalizão de líderes desse ramo, descobriu que "dos cinco mil funcionários com filhos pequenos de cinco empresas do Meio-oeste, 48% das mulheres e 25% dos homens disseram que a preocupação com os filhos diminuía sua produtividade no trabalho."

De acordo com John Fernandez, autor de *Child Care and Corporate Produtivity* (Creche e Produtividade Empresarial), "Cuidar de um filho doente levou 82% das mulheres a faltar no trabalho mais de seis vezes no ano anterior. Para os homens, esse número chegou a 58%". Estima-se que as empresas americanas percam até 3 bilhões de dólares por ano com faltas desse tipo.

Trabalhar em Casa

Se sua presença diária no escritório não é necessária, é possível negociar um esquema que lhe permita trabalhar em casa uma vez por semana. Naomi tem um trabalho difícil e acabou de dar à luz seu segundo filho. "Quando minha segunda filha nasceu, trabalhar cinco dias por semana exigia demais de mim e de meu casamento. Adoro meu trabalho e sei que não iria agüentar ficar o tempo todo em casa. Pedi a meu supervisor que me deixasse trabalhar em casa às quartas-feiras. Não consigo fazer muito, mas meu ânimo melhorou e sinto que tenho mais controle sobre minha vida."

Rebeca, que tem menos distrações em casa do que Naomi, descobriu que conseguia trabalhar mais fora da empresa. Rebeca prepara relatórios para o chefe quatro vezes por semana, o que exige dela concentração total. No escritório, porém, os colegas sempre vinham consultá-la sobre algo; até o chefe a interrompia. Em virtude disso, ela tinha dificuldade em terminar o trabalho. Para resolver o problema, Rebeca sugeriu trabalhar em casa pelo menos uma vez por semana – de preferência dois dias. Com relutância, o chefe concordou em fazer um teste durante uma semana. "Como não tinha interrupções, minha produção aumentou imediatamente", conta ela. "Naquele dia, terminei um relatório que, normalmente, levaria três para fazer no escritório."

Vitória, corretora de imóveis na casa dos sessenta, trabalha em casa. Ela aparece no escritório apenas para redigir contratos. Segundo ela, "Trabalhar em casa aumentou minha motivação. Fico livre durante o dia. Mas quase sempre trabalho dez horas direto". Continua: "Fico meio ansiosa quando tenho várias ligações ao mesmo tempo. Mas aprendi a ter uma atitude positiva. Disso eu tenho controle".

Abrir uma Franquia

A franquia é uma boa alternativa à flexibilidade de horários, além de eliminar os riscos de abrir o próprio negócio do zero. O serviço ou produto tem um histórico e o franqueador oferece técnicas operacionais, propaganda, marketing e outros benefícios excelentes. Entretanto, a taxa de franquia e o capital para a abertura da empresa constituem um obstáculo para muitas mulheres. Além disso, o franqueado deve pagar *royalties* – uma porcentagem sobre as vendas brutas – ao franqueador regularmente.

Abrir a própria Empresa

O *Center for Women's Business Research,* centro de pesquisa de empresas pertencentes a mulheres, nos EUA, descobriu que, dos 10,6 milhões de empresas americanas, pelo menos 50% pertencem a mulheres. Quarenta e oito por cento, quase metade, de todas as sociedades limitadas pertencem pelo menos 50% a uma mulher. Estima-se que entre 1997 e 2004, a taxa de crescimento do número de empresas pertencentes a mulheres foi quase o dobro de todas as empresas (17% *versus* 9%), a taxa de emprego cresceu o dobro de todas as empresas (24% *versus* 12%) e os lucros estimados equipararam-se a todas as empresas (39% *versus* 34%). A estimativa de despesas com salários e benefícios das empresas pertencentes a mulheres é de 546 bilhões de dólares (492 bilhões em salários e 54 bilhões em benefícios funcionais – saúde, aposentadoria e seguro).

É cada vez maior o número de mulheres que abrem as próprias empresas e o fazem pelas mais diversas razões. Liberdade e realização pessoal são dois dos motivos principais, de acordo com uma pesquisa recente feita pelo MasterCard.

Além disso, as mulheres desejam tomar decisões, ter horários de trabalho flexíveis, mudar de profissão e começar algo do zero para ver se conseguem ter sucesso por seu próprio esforço. As mulheres têm iniciado negócios em todos os setores, nas mais variadas áreas: de contabilidade a alta tecnologia. O acesso aos recursos da Internet facilitou essas transições. Pessoalmente, gostaria de ver mais mulheres abrindo as próprias empresas.

O aumento da terceirização oferece muitas oportunidades para as pequenas empresárias. Para reduzir custos e manter o lucro, as grandes empresas estão terceirizando funções antes desempenhadas internamente. A IBM, por exemplo, eliminou o departamento de imóveis e contratou os serviços de uma corretora de imóveis. Muitas empresas estão terceirizando os departamentos de processamento de dados, publicidade e contabilidade. Para a empresária que deseja começar um negócio próprio, a terceirização é uma tendência a observar.

Mais que os homens, as mulheres costumam consultar outros empresários ou usar associações comerciais para fazer contatos. Uma pesquisa da *American Express* e da *NAWBO (National Association of Women Business Owners – Associação Nacional das Empresárias)* mostrou que 28% das empresárias usam associações comerciais para aumentar a receita, contra apenas 15% dos empresários. Além disso, segundo as empresárias, o "boca a boca" é o principal método usado para aumentar os negócios, seguido de perto por "contatar amigos ou colegas que tenham empresas não concorrentes".

Vejamos algumas categorias de emprego e o potencial que oferecem à mulher com qualificações, experiência e motivação.

Contabilidade

Uma empresa de contabilidade precisa de pouco capital. Os equipamentos necessários para começar são: calculadora, lápis e um computador. Os donos de pequenas empresas sempre precisam de serviços de contabilidade.

Vera foi dispensada quando a empresa em que trabalhava começou a cortar custos. "Todos ficaram tristes por mim, porque gostavam do meu trabalho. Então, pensei que, se meu chefe gostava do meu trabalho, talvez quisesse me contratar por hora, sem ter de pagar benefícios e salário. Funcionou. Comecei trabalhando dez horas por semana e agora tenho um funcionário trabalhando meio período para me ajudar na época do imposto de renda."

Representação de vendas

Muitas empresas precisam de um representante de vendas para seu serviço ou produto. Como o trabalho é comissionado, é como ter a própria empresa.

Serviços de Relações Públicas

Para essa função, são necessárias duas linhas telefônicas, computador e impressora. Muitos empresários precisam de relações públicas, mas não têm tempo para fazer esse trabalho.

Edith trabalhava como relações públicas de uma grande empresa até o nascimento da segunda filha. "Fiquei feito barata tonta depois que a Cíntia nasceu. Só pensava em fraldas e assaduras. Tinha que me ausentar do serviço muitas vezes porque a nenê era alérgica a quase tudo. Resolvi abrir uma empresa de relações públicas por minha conta."

Empresa de treinamento e seminários

Suponha que uma mulher tenha bastante conhecimento e experiência em uma área específica. Por que não cobrar por esse conhecimento? As áreas de finanças e administração apresentam muitas oportunidades para uma empresa de treinamento e para a realização de seminários.

Denise vendeu sua transportadora depois de 15 anos. Agora faz seminários sobre diversos assuntos: como se vestir no ambiente de trabalho, técnicas para falar ao telefone, liderança e relacionamento bancário. "A maioria dessas coisas aprendi na prática", diz.

Serviços de Redação e Editoria

Para entrar no ramo, bastam um dicionário, lápis ou caneta vermelha e experiência na produção de manuscritos para empresas ou editoras. Em geral, as editoras estão atoladas de material para ser editado segundo seus padrões próprios. Outra possibilidade é ajudar autores estreantes a escrever.

Diana era editora sênior de uma grande editora antes de ser despedida. "A empresa em que trabalhava me contratou gradualmente para ler manuscritos. Fiquei dois anos fazendo preparação de originais para aspirantes a escritor até conseguir ganhar o mesmo salário. Nos primeiros anos, minha auto-estima estava meio por baixo, mas no fim deu tudo certo."

Fonoaudiologia

É preciso formação superior no curso de Fonoaudiologia, que tem duração média de quatro anos. Com o diploma nas mãos, basta um telefone. Ter conhecimento de outras línguas, como inglês, por exemplo, é um atrativo a mais.

Existem estudos que comprovam a incidência cada vez maior de crianças em idade escolar que apresentam distúrbios na fala, o que torna esse negócio bastante atraente para uma empreendedora.

Serviços de secretaria

Uma boa secretária é valiosa. Basta um computador de segunda mão, papel, caneta e muita coragem. Os serviços de secretaria podem ser oferecidos a diversas empresas, principalmente às pequenas.

Elaine, secretária executiva há seis anos, afirma: "Fiz muita coisa com um computador e impressora usados. Comecei a fazer bicos depois do expediente na firma do meu ex-chefe e, pouco a pouco, fui aumentando o número de clientes próprios a ponto de sair do emprego. Ganho mais do que meu salário anterior e posso passar mais tempo com meu filho, que tem um ano e meio. Agora, sou uma pessoa muito mais agradável para se conviver".

Serviços de atendimento ao consumidor

A maioria das empresas afirma ter boas relações com seus clientes, mas estes dizem o contrário. Para se iniciar nesse negócio, são necessários boa comunicação interpessoal e capacidade para perceber a insatisfação do cliente.

Enquanto trabalhava como assistente de um médico, Sílvia voltou a cursar faculdade à noite para estudar psicologia e administração. Mudou de profissão e se tornou uma representante de relações com o cliente de uma empresa de assistência médico-hospitalar. "Na profissão médica, os pacientes ficam satisfeitos ou não com o tratamento. É minha função manter os clientes satisfeitos e descobrir a verdadeira razão da insatisfação de alguns deles. Trabalho como autônoma."

Treinamento pessoal

Quais são suas capacidades? O que dizem sobre como você realiza seu trabalho ou sobre seu desempenho e práticas que poderiam ser ensinadas para ajudar os outros? A mulher tem capacidades e talentos em diversas áreas. Que tal ensinar a organizar a casa, escritório, garagem? Se souber escrever bem, que tal ensinar essa arte? É uma excelente vendedora? Que tal dar cursos de treinamento em vendas? A lista é infindável. Acho que todos precisamos de treinamento pessoal para aprofundar nossos conhecimentos no setor em que trabalhamos.

Serviços de limpeza

Uma das principais tendências do novo século é o serviço de conveniência. Como metade da população que trabalha é do sexo feminino, pode apostar que há muitas casas que precisam de limpeza. Você não gosta de tarefas domésticas? Tudo bem, cuide da contabilidade e treine sua equipe para o serviço. Acha que isso é degradante? Meus pais eram imigrantes e chegaram ao país depois da II Guerra Mundial. Não tinham família, dinheiro nem treinamento. Minha mãe começou a trabalhar como faxineira para sobreviver. Se você visse minha mãe, jamais imaginaria que ela tenha levantado um dedo na vida.

Para se iniciar o negócio, é necessário comprar equipamentos e produtos de limpeza e ter muita disposição.

Freelancer

O *freelancer* trabalha por projeto. É perfeito para quem quer manter a prática sem precisar trabalhar em tempo integral. Dani, Dona de Casa Tradicional na casa dos trinta, conta: "Tive muita sorte no meu trabalho como "frila". Tive tempo para escrever meu próprio livro, trabalhar como editora do boletim eletrônico para uma empresa tida como uma das mais importantes do país, além de viajar para fazer reportagens. Gostaria de continuar a fazer isso quando me casar e tiver filhos".

Serviços de consultoria

Com certeza, você deve ter adquirido experiência em uma ou mais áreas. Sendo assim, pode colocar esse conhecimento à disposição de outros. Gosto de consultores porque se concentram em uma determinada área, dão excelentes idéias, mantêm o foco no objetivo desejado e depois saem de cena. Não há necessidade de taxas adicionais e pagam-se apenas os salários durante períodos de baixo movimento do ciclo empresarial. A longo prazo, acho que essas consultorias valem o investimento. A curto prazo, parecem caras, mas uma boa consultoria vale o tempo, energia e orientação.

Serviços de organização pessoal

Você já deve ter recolhido um monte de "tralha" do chão hoje: travesseiros, lençóis, brinquedos e jogos eletrônicos. O que faz com tudo isso? Falta espaço e isso nos deixa arrasadas. Por que não jogamos fora o que não precisamos ou doamos a alguém ou a uma instituição? Por que não temos tempo para isso. Há uma necessidade universal de organização e simplificação da vida. Essas "tralhas" nos incomodam mais do que imaginamos.

Estava eu no meu café favorito quando vi um anúncio de uma organizadora pessoal: "Acabe com a bagunça. Arrumo e organizo armários com códigos de cor etc. Ligue para Vitória e obtenha um desconto".

Serviços de vídeo, fotografia e filmagem digital

A necessidade de pessoas especializadas em filmagens para casamentos, aniversários, férias, seminários, vídeos institucionais e outros eventos aumentou a demanda por esse tipo de serviço. Dana, 50 anos, mãe de quatro filhos, diz: "Meu *hobby* sempre foi tirar fotos e, depois, fazer vídeos da família e amigos. Foi assim que me interessei por essa atividade. Quando meu caçula saiu de casa para ir cursar a faculdade, precisava mudar minha vida, então investi no meu *hobby* e estou ganhando mais do que como secretária executiva".

Serviços digitais

Em geral, todo o mundo precisa de serviços de informática, seja na forma de aulas individuais (que prefiro), manutenção de *sites*, instalação ou *upgrade* de programas, rede sem fio, fotos e música digital ou consultoria de compra de equipamentos de tecnologia. Dei uma folheada em uma nova revista, anunciada como a primeira revista feminina de eletrônicos, chamada *CE Lifestyles*. Se você gosta de estar por dentro das últimas novidades em tecnologia, sabe como montar sistemas integrados e tem paciência para ensinar, essa pode ser a profissão ideal.

Serviços de arte gráfica

As empresas estão sempre criando e mudando logotipos, folhetos, papelaria, impressos e outros materiais correlatos. Precisam de novos *designs* para embalagens, letreiros e outros produtos gráficos. Se você tem treinamento e experiência, entrar nesse ramo pode ser uma boa idéia.

Consultoria de informática

Quem teve bastante treinamento em informática por causa do trabalho, mas foi despedido, quer horários mais flexíveis ou ganhar um pouco mais, pode oferecer suas qualificações a agências de emprego temporário e outras empresas.

Organização de festas infantis

Pais, escolas e associações infantis estão sempre procurando formas de divertir as crianças. Que tal montar programas educacionais ou de entretenimento para ganhar dinheiro? É capaz de criar um *show* de marionetes para ensinar o alfabeto a crianças na pré-escola? Ou um tema ecológico para crianças no nível básico? Se seus interesses e experiência forem música, dança ou artes, você provavelmente tem as qualificações necessárias para abrir uma empresa de organização de festas infantis.

Todos os negócios descritos acima precisam de pouco capital inicial e só exigem o seguinte:

- contatar empresários de áreas correlatas ou não
- envolver-se em atividades junto à comunidade empresarial local
- pedir a clientes que indiquem outros
- ficar conhecida na comunidade participando de organizações, festividades, igrejas etc.
- dar atenção a seus clientes continuamente
- fazer parte de associações profissionais
- fazer o marketing de sua empresa 365 dias por ano, todos os anos

A maior parte das profissões relacionadas acima precisa de um bom marketing antes de deslanchar. Entretanto, com o advento da Internet, ficou muito mais fácil a comunicação dentro e fora do país para oferecer esses serviços.

Aprenda com a leitura

Os livros são ótimas fontes para aprender a abrir um negócio próprio. Procure nas livrarias as diversas publicações sobre o assunto.

Use os recursos da Internet para pesquisar

A Internet tem diversos *sites* sobre como se tornar empresária. Há informações sobre franquia, empresa própria, associações comerciais, dicas profissionais etc.

Cuide do negócio em uma incubadora de empresas

As chamadas incubadoras de empresas buscam oferecer à pequena empresa apoio logístico para manutenção dos custos. Oferecem infra-estrutura e acesso a serviços básicos que são compartilhados pelas empresas instaladas na incubadora. Por exemplo, empresas de diversas áreas compartilham a mesma recepcionista, secretária eletrônica, copiadora, fax e computadores. A incubadora de empresas pode ser privada e visar o lucro ou então patrocinada por grupos sem fins lucrativos. Esses últimos incluem agências de desenvolvimento, grupos de revitalização, faculdades e câmaras de comércio.

Divida um Espaço

Para diminuir os custos, procure um lugar agradável e convide uma ou duas pessoas para alugar esse espaço com você e dividir as despesas. Suas personalidades não precisam combinar: bastam ter horários diferentes. Veja o caso da Dona de Casa Tradicional cujo objetivo era tornar-se escritora. Passava as manhãs no escritório, quando os filhos estavam na escola. Outra Dona de Casa Tradicional queria pintar. Enquanto a filha estava no jardim de infância, ela ficava no escritório da 1:30 às 3:30 da tarde, pintando. A terceira sócia, uma Conquistadora, era professora universitária e trabalhava o dia inteiro. Depois das 6 da tarde, trabalhava como terapeuta no escritório usado pelas outras duas mulheres durante o dia. Esse arranjo durou três anos e meio.

Pontos Importantes a Lembrar

Partilhar um emprego ou ter horário flexível pode ser a saída para a mulher que precisa de uma carga de trabalho diferente da tradicional. Outras alternativas incluem trabalhar em casa, aumentar o número de períodos fora do escritório, montar uma franquia ou a própria empresa.

Você é candidata ideal para uma opção diferente de trabalho se sempre está cansada, doente, irritadiça, não vê a hora de chegar o fim de semana e dorme depois da meia-noite para limpar a casa.

Seja criativa quando avaliar as opções. Veja qual delas é a melhor para você e o que é necessário para torná-la uma realidade.

7

Controle sua Agenda (Antes que Alguém o Faça)

Sem planejamento, reflexão e bom senso, a maioria dos objetivos jamais seria alcançada e a vida se tornaria um caos. Sem uma agenda bem planejada, a maior parte dos dias pareceria uma loucura e nos sentiríamos sem controle de nossas vidas.

O jornal americano *Newsday* convidou-me a escrever na coluna "Viewpoint" um artigo chamado "Hail to the Chief[13] (Saudação ao Chefe)". Queriam minha opinião sobre a agenda do presidente Bush. O presidente americano George W. Bush tem um dia "curto" de trabalho (das 7:15 da manhã às 6 da tarde, com alguns intervalos para exercícios). Esse expediente pode ser muito curto para um presidente, embora esteja de acordo com a recomendação sobre administração de tempo do fundador da rede de hotéis Holiday Inn, Kemmons Wilson: "Trabalhe apenas metade do dia, não faz diferença qual delas". Porém, trabalhar quase doze horas é pouco? E o que essa discussão toda tem a ensinar a nós – de mães a mega-executivas –, que trabalhamos tanto?

É possível para um presidente trabalhar pouco e ainda assim ter bom rendimento, motivação e equilíbrio entre trabalho e vida familiar. De fato, a

---

[13] "Hail to the Chief" é o hino oficial do Presidente dos EUA, tocado em quase todas as suas aparições públicas.

carga horária não é fundamental ao sucesso (mesmo na presidência da república), mas sim manter o foco no que é importante e na qualidade.

As regras do tempo valem para todos. O rabino Kalman Packouz descreve-as assim: "Imagine uma conta bancária especial em que toda manhã estivesse à sua disposição um crédito de 86.400 com apenas uma ressalva: gaste tudo hoje ou perderá. O que faria? Acredite se quiser: essa conta especial é chamada Banco do Tempo". Todos os dias, você tem exatos 86.400 segundos, tal como o presidente Bush, Bill Gates e Warren Buffet[14]. O que não for investido com bom senso será cancelado a cada noite. Você poderá colher dividendos, mas não sacar a descoberto.

Vejamos algumas maneiras para não "sacar a descoberto". Os sintomas incluem privação de sono, ansiedade, não cumprir com responsabilidades no trabalho, em casa e com a família, além de problemas cardiovasculares como ataques cardíacos, hipertensão, angina e enxaquecas, sem mencionar uma baixa no sistema imunológico.

Use um Calendário Mensal para Evitar o Acúmulo de Compromissos

Com tanta coisa para fazer, não é de admirar sua tendência ao acúmulo de compromissos, o que causa uma sensação de esgotamento. Com tempo para se preparar para cumprir prazos, monitorar os dias mais cheios e tomar consciência dos níveis de energia, os dias serão administráveis e bem organizados, fazendo com que se sinta no controle. Lembre-se, entretanto, de que é inevitável a ocorrência de um dia mais agitado: quando o último jogo do futebol do seu filho, a festa de aniversário da melhor amiga e uma reunião importante acontecem com apenas trinta minutos de diferença.

A melhor ferramenta para evitar o acúmulo de compromissos é uma agenda ou calendário mensal. Na vida, não existem muitas certezas. Mas de uma coisa tenho plena convicção: já é hora de jogar fora a agenda diária ou semanal e substituí-la por uma mensal. A melhor em termos de manuseio, flexibilidade e

[14] O investidor norte-americano Warren Edward Buffet em 2008 era o homem mais rico do mundo, com uma fortuna estimada em torno de 62 bilhões de dólares. Em junho de 2006, ganhou as manchetes da imprensa internacional ao doar sua fortuna para a caridade, da qual 85% foi destinada para a fundação Bill e Melinda Gates.

funcionalidade, tem 22 por 23 cm quando fechada; aberta tem aproximadamente 43 por 48 cm. Outra possibilidade é usar o calendário mensal do computador, uma agenda eletrônica ou um computador de mão, também chamado PDA. O mais importante é ter uma visão completa do mês.

Outros calendários e agendas só permitem ver um dia ou semana por vez. Esse é um dos problemas da agenda eletrônica, pois não há como fazer um pré-planejamento do mês para que se tenha uma idéia completa dos compromissos mensais nem recorrer a um replanejamento.

O calendário ou agenda mensal permite o planejamento mês a mês. Vamos explorar com mais detalhes suas vantagens.

Não há necessidade de virar páginas ou ir e voltar digitalmente para ver a semana seguinte. É possível, portanto, planejar as várias atividades para o mês inteiro. A partir daí, é possível deixar a tarde ou o dia inteiro livres antes do prazo de entrega de um trabalho para os preparativos de última hora. Além do mais, em um relance, dá para se planejar uma folga quando a semana está lotada de compromissos.

Lembro-me de que, quando tinha 11 anos, meu filho David ficou dando uma olhada em minha agenda no escritório enquanto me esperava para ajudá-lo a decorar as falas da *Branca de Neve e os Sete Anões*. Ele disse: "Mãe, você é tão, tão, tão..." Pensei que ele fosse dizer *ocupada*, mas em vez disso terminou a frase com um "...tão organizada". Já naquela idade ele foi capaz de perceber a diferença entre ser ocupada e organizada, e assim que começar a usar uma agenda você também vai sentir a diferença que fará na sua vida.

Na primeira parte desse capítulo, vamos discutir as cinco maneiras de fazer o melhor uso da agenda ou calendário mensal:

- tenha sempre a agenda em mãos
- marque as datas importantes em vermelho
- antes e depois de uma viagem, deixe um horário livre
- divida os dias em três partes
- programe períodos de folga

Aonde for, leve sempre a agenda

Sempre tenha com você esses três itens, exceto em eventos sociais: a agenda mensal ou agenda eletrônica, um bloco de notas com capa de couro e seus cartões de visita, preferivelmente em um estojo folhado a ouro ou prata.

A agenda mostra que você é organizada e tem a vida sob controle, além de prevenir que assuma compromissos demais. O bloco de notas mostra que é responsável, e os cartões de visita, que é profissional. Essa impressão positiva lhe garante promover sua carreira tanto no mundo das grandes quanto das pequenas empresas.

Marque as datas importantes em vermelho

Marque com uma caneta vermelha os prazos, palestras, apresentações e atividades correlatas. Essa distinção clara impede o acúmulo de compromissos antes e depois desses eventos.

Por exemplo, se eu tiver uma palestra agendada para o dia 14 do mês, marco o número 14 em vermelho. Sei que não posso marcar compromissos ou seminários fora da cidade dois dias antes e um dia depois da palestra. Com a agenda eletrônica ou calendário do computador, ligo o alarme para me lembrar ou faço uma marca na data para saber que o dia 14 é importante por ser prazo final etc.

Planejo minha agenda dessa maneira para ter tempo suficiente para pensar, criar, alterar ou modificar minha palestra. Quando surgem pequenas emergências, o que é inevitável, tenho muito mais cabeça para resolvê-las. Deixo livre o dia após a palestra porque preciso dar um tempo, descansar e recobrar a energia. Descobri que adoro ser palestrante, mas é bastante cansativo.

Também marco datas familiares importantes, como aniversários de nascimento e de casamento, já que sou eu quem planeja as festas.

Deixe um horário livre antes e depois de uma viagem

É inevitável: no dia em que você sai de férias, para uma conferência ou viagem de negócios, tenta fazer tudo o que faria em uma semana. Esse deve ser o código de ética da mulher que trabalha.

Afinal de contas, precisamos deixar a roupa lavada, a casa limpa, o almoço das crianças pronto, em suma, cumprir nossos papéis. Essas instruções vêm da mesma área do cérebro que diz que é preciso limpar a casa antes de a faxineira chegar.

Deixar o dia livre antes de uma viagem é útil para cuidar dos detalhes de última hora. Podemos planejar tudo nos mínimos detalhes, mas, na última hora, sempre acontecem problemas tanto em casa como no trabalho. Pensar que isso não vai acontecer só trará mais tensão, uma grande dor de cabeça no final do dia e dúvidas sobre a viagem.

É importante também deixar livre a data do retorno, porque lhe permite cuidar de questões imediatas e acostumar-se com o fluxo dos eventos. A contadora Selma não marca nenhum compromisso no dia da volta ao trabalho. "O máximo que faço no dia em que volto ao trabalho depois de mais de um dia fora é abrir a correspondência e retornar ligações. Não vou à reunião do Rotary, se coincidir com o dia de minha volta ao trabalho. Sei lá, não ir a essas reuniões me faz sentir melhor ainda."

"Quando sei que não vou fazer nada no primeiro dia de volta ao trabalho, começo a relaxar e o dia fica mais leve. O engraçado é... me sinto mais realizada só com o fato de arquivar e retornar as ligações. No final do dia, tenho a sensação de que fiz muita coisa."

Divida os dias em três partes

Divida o calendário ou a agenda em blocos imaginários de três partes: a primeira, das 7:00 da manhã ao meio-dia, a segunda do meio-dia às 4:30 e a terceira das 4:30 em diante.

Essa divisão permite visualizar em um relance qual o período em que estará mais ocupada e, assim, determinar um horário para assumir mais compromissos ou um tempo para se concentrar. Se estou mais ocupada à tarde (ou seja, se a parte do meio do calendário estiver cheia), procuro não marcar nada pela manhã, para ter tempo de fazer o que preciso no escritório.

Lídia, especialista em recursos humanos, planeja visitar seus clientes à tarde. Passa a manhã preparando-se para as visitas e trabalhando normalmente. Também deixa livres as noites de segunda, quarta e sexta para ficar com a família. "Basta dar uma olhada na agenda para saber se devo marcar algo em um determinado dia ou esperar outro para marcar um compromisso ou almoço. Ela é bastante útil quando estou ao telefone. Uma passada de olhos na agenda e consigo responder, em segundos, se tenho ou não disponibilidade."

Planeje as interrupções

Uma consultora de marketing e escritora deixa livre o horário das 11:45 à 1:30 da tarde. "Costumava sair para almoçar com amigos e clientes. Agora, vejo os amigos à noite e tomo café da manhã com os clientes. De vez em quando, marco um almoço com clientes que não têm outro horário. Bloquear a agenda entre 11:45 e 1:30 da tarde me dá oportunidade de fazer exercícios, tomar banho e me vestir no mesmo tempo em que costumava almoçar com clientes. Depois do almoço, sempre ficava com preguiça. Agora, me sinto renovada e estou pronta para trabalhar quando chego ao escritório."

Vamos rever todas as dicas apresentadas até agora nesse capítulo:

- compre uma agenda ou calendário mensal, ou uma agenda eletrônica
- leve-a sempre consigo, menos em reuniões sociais
- leve um bloco de notas a todas as atividades profissionais
- leve sempre seus cartões de visitas
- antes e depois de uma viagem, deixe um horário livre
- divida a agenda em três partes, manhã, tarde e noite, e anote os compromissos nos espaços correspondentes
- comece *já!*

Com a agenda, é possível visualizar em que atividades emprega o tempo e se estas têm a ver com seu estilo de vida. Além disso, a mulher que trabalha pode determinar se usou cada dia, semana ou mês para atingir seus objetivos ou se as atividades a mantiveram ainda mais longe deles.

Vamos aos passos para determinar se seus objetivos estão sendo atingidos ou se você está passando a maior parte do tempo ocupada, trabalhando.

Use a Agenda para Equilibrar o Tempo

Um bom motivo para mudar a forma como divide seu tempo é ver onde e de que modo o emprega. Com base nessa teoria, desenvolvi um método de análise do tempo com agenda e cores. Para isso, basta um calendário mensal e três lápis ou canetas coloridas: amarela, verde e vermelha. Veja como funciona.

Na atividade profissional

Em primeiro lugar, observe a semana que passou e marque em amarelo todas as anotações que a levaram a uma direção positiva no campo profissional. Por exemplo, sublinhe anotações sobre preparação para apresentações, reuniões com clientes antigos ou potenciais, leitura sobre assuntos ligados à profissão, reuniões com a equipe para dar início a projetos ou períodos para planejamento.

No comando da casa

Sublinhe com caneta verde todas as atividades relacionadas ao lar: anotações sobre a contratação de uma diarista, pedir auxílio à família na lavagem de roupas, reuniões com professores das crianças, almoço com familiares, consultas com médicos ou qualquer coisa que a mantenha em sintonia com a vida familiar.

Consigo mesma

Finalmente, marque em vermelho todas as atividades semanais que a fizeram se aproximar de seus objetivos pessoais: anotações sobre atividade física, folgas, visita a amigos, massagem, manicure ou cabeleireiro.

TEMPO PARA SE ALIMENTAR

Esqueceu de comer? Parar para desfrutar de uma alimentação saudável e bem balanceada é um instrumento bastante eficaz de administração de tempo. Como, então, espera manter uma programação diária saudável e equilibrada?

Ter tempo para as três refeições diárias irá:

- Manter a energia em alta. Já tentou ficar alerta e motivada no trabalho quando está cansada?
- Manter o foco e a concentração. Já tentou concentrar-se quando está morrendo de fome?
- Manter longe os quilinhos a mais. Você já deve ter comido tranqueiras cheias de calorias só porque estava com fome, não?
- Manter a saúde. Ir ao médico porque está se sentindo mal custa tempo, energia e dinheiro.

Se ainda não estiver convencida, aí vão mais alguns argumentos:

- Pesquisas comprovam que as crianças que se alimentam bem no café da manhã melhoram o desempenho escolar. Daniel, meu caçula, tornou-se um excelente aluno na terceira série, quando comecei a fazer ovos mexidos com salmão, panquecas e suco de laranja no café da manhã.
- Os estudos também mostraram que uma alimentação saudável mantém baixo o risco de certos tipos de câncer.

Idéias para o café da manhã

As pesquisas indicam que a refeição mais importante do dia é o café da manhã e, no entanto, esse período é o mais caótico para a mulher que trabalha.

Vou dar algumas idéias de desjejuns fáceis, rápidos e saudáveis que darão mais energia a você e a seus filhos. Todas levam no máximo cinco minutos para preparar! Prometo!

- Cozinhe um ovo durante três minutos em água quente, quebre-o sobre uma fatia de pão integral ou bolo. Decore com salsinha, se preferir.
- Faça uma omelete com dois ovos (uma gema e duas claras) e recheie com aspargos frescos ou em conserva.
- Mexa dois ovos com cebolinha e sirva sobre folhas de espinafre.
- Misture metade de um copo de iogurte desnatado com meia xícara de frutas vermelhas (qualquer uma) e duas colheres de granola light.
- Faça ovos mexidos com salmão defumado. Se quiser, junte um tomate quase no final.
- No liquidificador, bata meio copo de iogurte desnatado, um quarto de suco de laranja e três cubos de gelo. Ou substitua o gelo por um quarto de xícara de leite de soja orgânico. Também pode adicionar as frutas que tiver na geladeira.
- Recheie um quarto de um melão com um quarto de copo de queijo cottage light.
- Misture um quarto de copo de queijo cottage light com morangos e amoras.
- Passe um pouco de manteiga de amendoim em uma fatia de pão integral.
- Ferva uma dúzia de ovos à noite e de manhã coma um ou dois com iogurte ou queijo cottage. E lá vai você...

(Receitas extraídas do livro de receitas *The De-Stress Diva in the Kitchen: 30-45-60 Minute Menus Cookbook* [*A Diva Desestressada na Cozinha: Menus de 30-45-60 Minutos*], de Ruth Klein.)

Associar ou Sufocar®

Gerenciar o tempo é passar os dias aproveitando bem cada momento, mantendo bons relacionamentos e estabelecendo objetivos de qualidade nas diversas áreas da vida: saúde, pessoal, familiar, espiritual, financeira e como cidadã. Sempre me pergunto: "como isso pode dar certo? Como posso Associar as diversas áreas da vida em cada período de 24 horas para torná-las produtivas e alegres em vez de estressantes e cheias de culpa?" Descobri que a única solução é o que chamo de Associar ou Sufocar.

"Associar" é combinar as diversas áreas da vida com as respectivas atividades. É o propósito de, ao combinar essas diferentes área da vida, tornar essa experiência leve, harmoniosa e alegre para você e seus entes queridos. É uma maneira de viver seus valores e ir ao encontro de seus objetivos. É estar presente e fazer opções conscientes.

As mulheres se sentem "Sufocadas" quando planejam e fazem tudo pelos outros, esquecendo-se de si mesmas. Associar os diferentes papéis desempenhados na vida e ir ao encontro de seu objetivo, vivendo de acordo com seus valores, proporciona um forte sentimento de emancipação e motivação para continuar a Associar. Não se trata de conseguir muitas coisas ao mesmo tempo. Acredito que prestamos um desserviço a nós mesmas, às tarefas que estamos realizando e às pessoas com quem nos relacionamos quando assumimos uma multiplicidade de tarefas. Quando realizamos várias tarefas, geralmente tendemos a ficar dispersas. Assim, fica mais fácil cometer erros, deixar de aproveitar o momento e aumentar a carga de estresse.

Você sabe que se sobrecarregar de afazeres não é uma experiência positiva quando:

- **na área profissional** – você está no celular, esperando na linha, o telefone fixo começa a tocar; enquanto isso, está no computador checando a caixa de mensagens e ouvindo o *podcast*[15];
- **na área doméstica** – você quer ficar com a família, mas está sempre atendendo ao celular durante o jantar ou usa a folga do trabalho para limpar a casa, mas é bombardeada por chamadas, interrupções e percebe que fez muito pouco do que deveria fazer;
- **na área pessoal** – sai para dar uma caminhada e o caminho todo fica falando ao celular.

Faça as seguintes perguntas:

---

[15] **N. da T.:** Arquivos de áudio que podem ser acessados pela Internet. São atualizados automaticamente mediante uma espécie de assinatura. Os arquivos podem ser ouvidos diretamente no navegador ou baixados no computador.

1. Você prestou atenção a cada atividade?
2. Essas atividades ou comportamentos a relaxaram ou lhe deram prazer?
3. O trabalho, a família ou você mesma se beneficiaram com bons desempenhos e resultados?

Se a resposta a todas essas perguntas foi *não*, provavelmente você esteja ansiosa, sentindo a pressão de tempo e tentando fazer tudo sem prestar atenção, em vez de seguir a abordagem Associar ou Sufocar.

Momentos para Associar ou Sufocar®

Rose, mãe de quatro filhos, tem quarenta e poucos anos e trabalha meio período como advogada. Ela conta: "Não uso o tempo que tenho para mim limpando a casa, arrumando o quarto das crianças ou dobrando roupas, mas envolvo meus filhos nessas tarefas. Enquanto fazemos isso, falamos e rimos o tempo todo. O melhor é que agora eles estão mais cuidadosos e não deixam mais as roupas ou os brinquedos espalhados pela casa. Eles recolhem tudo porque sabem que demorarão menos tempo na arrumação".

Nancy, uma Conquistadora e mãe de dois filhos, reserva um dia do fim de semana para a família e não resolve nenhum assunto externo. Ela diz: "Levo meus filhos junto quando saio para fazer compras depois da escola, o que é um momento especial. Isso me deu a oportunidade de evitar essas saídas e as compras aos domingos. No caminho, estimulo meus filhos a conversar sobre tudo e tento ouvir mais e falar menos. É surpreendente como a gente fica sabendo de coisas sobre sua vida escolar, competição entre colegas, coisas assim. Estou fazendo um esforço consciente para evitar falar ao celular nesses momentos".

Tereza, Dona de Casa Tradicional e uma das poucas mulheres que conheço que passa a roupa de toda a família, diz: "Sempre passava a roupa quando meus filhos não estavam em casa e odiava; agora, com meu novo mantra 'Associar ou Sufocar', faço isso enquanto tomo a lição deles. Agora gosto de passar a roupa: não acho chato nem considero mais uma obrigação. É como passar tempo com meus filhos. O benefício adicional é que me deu mais tempo, o que eu adoro".

Dana, trinta e poucos anos, mãe de um menino de 4 anos, diz: "Agora tomo café da manhã: eu e meu filho comemos ovos cozidos (que cozinho na noite anterior enquanto preparo o jantar), pão integral e suco de laranja. Sempre tive problemas de peso e agora percebo que não estou morrendo de fome às 10 da manhã. Além disso, faço questão de passar esse tempo com meu filho. Ele também adora tomar café da manhã com a mamãe".

Sílvia, uma Conquistadora, tem dois filhos na faculdade. Ela fez algumas ligações para achar um projeto perto da faculdade de um dos filhos. Faz questão de visitá-lo todo mês e continua a trabalhar nas redondezas. Segundo ela: "Poderia muito bem falar com meus clientes pelo telefone, mas me comprometi a visitar meu filho todo mês e, para falar a verdade, é bem melhor conversar em pessoa com meus clientes do que pelo telefone".

Veja mais idéias:

- Faça exercícios enquanto assiste ao noticiário da manhã ou a qualquer outro programa de TV. Alongue-se, levante pesos, pedale, faça abdominais.
- Faça exercícios enquanto aprende uma nova língua, ouvindo músicas estrangeiras.
- Segundo as pesquisas, três caminhadas de dez minutos cada em diferentes períodos do dia são tão eficazes para aliviar a tensão e a ansiedade quanto uma caminhada de meia hora. Para manter os níveis de estresse sob controle, faça uma caminhada de dez minutos antes de trabalhar, outra na hora do almoço e termine o dia com uma caminhada rápida e vigorosa no quarteirão, quando voltar para casa.
- A prática de exercícios deve fazer parte do dia de trabalho. Uma rotina regular de exercícios é como conversar com um colega de trabalho, pois ajuda a diminuir o estresse e imaginar formas criativas de lidar com situações ou eventos complexos. Um lembrete: para melhores resultados e benefícios, não fale ao celular enquanto se exercita.

Como Tirar Vantagem dos MINUTOS

Como tirar vantagem dos minutos sem ser controlado pelo relógio? Administrar o tempo ou a vida *não* é economizar segundos e minutos limpando o banheiro e a cozinha mais rápido. Acredito que pensar assim só causa mais ansiedade, porque tentamos ganhar do relógio, o que nunca vai acontecer. Tire de cinco a dez minutos ou aproveite sua folga entre compromissos, enquanto espera seu filho na porta da escola, por exemplo, seja um minuto, dez ou vinte, para fazer alguma(s) das sugestões a seguir.

Você tem um minuto?

- Repita uma frase otimista todos os dias.

- Feche os olhos e ligue-se com seu ser interior, sua força de vontade, concentração, saúde, amor e criatividade.
- Imagine uma corda no chão. Comece pulando-a com um pé, os dois e depois o outro, repetindo por um minuto. Esse exercício ajuda a fortalecer a ossatura, manter a circulação do sangue e do oxigênio ao cérebro para uma melhor concentração e atenção.
- Repita diariamente mantras positivos, inclusive um para a mente, outro para o corpo e outro ainda para o espírito.
- Tenha pensamentos positivos e de amor e envie-os ao universo. Vai ajudá-la a diminuir a tensão e manter o foco.
- Feche os olhos e respire profundamente por um minuto inteiro.
- Beba um copo cheio de água.

Você tem cinco minutos?

- Leia algumas páginas de um livro inspirador, faça uma oração ou meditação.
- Estique as pernas, braços, ombros, pescoço, mãos e faça respirações longas.
- Verifique a agenda para ver como será o dia: talvez seja preciso remarcar algum compromisso para aliviar o estresse desnecessário.
- Retorne uma ligação (mas atenha-se aos cinco minutos).
- Ligue para a pessoa amada para dizer que a ama (mas atenha-se aos cinco minutos).
- Mande um *e-mail* para um amigo com quem perdeu contato para dizer "oi" e "saudades".
- Tome suas vitaminas.
- Faça musculação pélvica, exercícios de respiração, levante e abaixe enquanto fala ao telefone.
- Limpe a caixa de entrada do *e-mail* e os *spams*.
- Ligue para os entes queridos para dizer que os ama e que estava pensando neles.
- Ligue para seus filhos depois que chegaram da escola para dizer o mesmo. Esses poucos minutos valem ouro para firmar e reafirmar os laços de amor entre mãe e filhos.
- Faça um suco vegetariano. Essa é a minha receita, mas você pode modificá-la à vontade (leva cinco minutos para fazer e limpar a bagunça). Coloque no processador ou no liquidificador:
  - três cenouras orgânicas
  - um talo de salsão orgânico

- um bom punhado de espinafre fresco orgânico
- uma maçã gala orgânica

É delicioso e você vai tomar as frutas ou verduras diárias recomendadas pelo instituto do câncer.

- Faça abdominais durante cinco minutos.
- Escreva um cartão de agradecimento e envie pelo correio.

Você tem dez minutos?

- Limpe a bolsa ou pasta, ou ambas.
- Acrescente alguns contatos em banco de dados.
- Limpe o espelho do banheiro e a pia.
- Retorne várias ligações.
- Retorne vários *e-mails* – bastam dez minutos!
- Colete todas as informações necessárias para dar início a um novo projeto, inclusive telefonemas, se for preciso.
- Distribua as "provisões extras" de alimentos a vizinhos, crianças, irmãos, viúvas ou entidades quando for viajar e ainda tiver sobras do jantar delicioso.
- Limpe as gavetas de sua mesa.
- Leia algumas páginas do livro *O Milionário Automático,* de David Bach, ou qualquer outro livro sobre dinheiro.
- Arquive os papéis acumulados na mesa (mas leve apenas dez minutos).
- Exercite-se com escadas ou colchões em casa, no escritório, quintal ou jardim.

Você tem vinte minutos?

- Tome um banho quente e relaxante e lembre-se de acender velas, mesmo durante o dia.
- Atualize os canhotos do talão de cheques.
- Retorne ligações ou *e-mails*.
- Resolva problemas de cobrança pelo telefone. Desse modo, perderá menos tempo.
- Faça uma boa e suculenta sopa de aspargos e couve-flor, aqueça umas fatias de pão, prepare uma xícara de chá verde quente e eis um excelente almoço ou jantar (extraído de *The De-Stress Diva in the Kitchen: 30-45-60 Minute*

Menus Cookbook [*A Diva Desestressada na Cozinha: Menus de 30-45-60 Minutos*], de Ruth Klein).

Sopa de aspargos e couve-flor
Tempo de preparo: dez minutos
Tempo de cocção: dez minutos
Ingredientes:

– 8 aspargos frescos
– 8 talos de cebolinha verde
– 1 colher de chá de azeite de oliva
– metade de uma couve-flor
– 4 xícaras de caldo de vegetais
– ½ colher de chá de sal
– ¼ de colher de chá de pimenta do reino

Corte a ponta do talo dos aspargos e descarte. Salteie as cebolinhas no azeite de oliva. Coloque o restante dos ingredientes em uma panela grande e cozinhe em fogo médio durante dez minutos. Bata pelo menos ¾ da sopa no liquidificador, adicione ao restante da sopa, mexendo bem.

Reestruture o Tempo de Acordo com sua Personalidade

Quando fez uma análise da agenda, Sarah, advogada e Conquistadora, percebeu que estava gastando mais tempo nas atividades domésticas do que consigo mesma. "Sabia que estava totalmente sobrecarregada; ficava no escritório até tarde e trabalhava quase todos os fins de semana só para ficar em dia com o trabalho. De manhã, me sentia um trapo. Depois de analisar para onde ia meu tempo, decidi tomar uma atitude. Contratei um serviço de entrega para resolver todos meus assuntos externos. Eles devolvem brindes não solicitados, pagam contas atrasadas ou entregam presentes. Nem sei como não pensei nisso antes, porque a empresa onde trabalho usa esse serviço regularmente para pegar e levar processos todos os dias. É muito menos caro do que o tempo que eu levaria para fazer tudo isso."

"Também combinei com as mães dos amigos dos meus filhos um sistema de carona em que elas levam e eu pego as crianças do futebol e do basquete. Ainda estou tentando fazer mais coisas. Agora faço massagem uma vez por semana... é mais barato, leva menos tempo e é mais eficaz do que um fisioterapeuta. Além de ser mais agradável."

Sarah reanalisou sua agenda recentemente e descobriu que está gastando muito menos tempo com assuntos externos. Passou a trabalhar somente um dia no fim de semana, fica mais com a família aos domingos e começou a se exercitar: faz uma caminhada todas as manhãs. "Ainda tenho muito que fazer, mas não me sinto mais exausta nem aflita. É inacreditável o que se consegue com um pouco de organização."

Ao analisar sua agenda, Jane, uma Dona de Casa Tradicional com cinco filhos ativos, descobriu que quase 85% do tempo era dedicado aos afazeres domésticos e muito pouco com ela mesma. "Parei de fazer biscoitos para cada festa da escola. Dava um trabalhão e meus filhos nem ligavam, mas eu gostava de fazer porque ficava um cheiro bom na casa, que me lembrava da infância. Só que minha mãe diz que *jamais* seria motorista dos filhos como eu. Não é de admirar que ela tivesse tempo para fazer biscoitos."

Cristiana, Mulher em Transição, descobriu que passa a maior parte do tempo trabalhando. "Levava trabalho para casa quase todos os dias e logo despachava as crianças para a cama para poder terminá-lo. Sempre me sentia frustrada porque não sobrava tempo para ficar com a família."

Doze semanas depois de analisar suas atividades, Cristiana aceitou um cargo que exige menos responsabilidade e menos reuniões após o expediente. "Ainda trabalho bastante, mas não tenho que me apressar e levar meus filhos para dormir. Passo de dez a quinze minutos com cada filho na hora de dormir. Gostaria de ter mais tempo para eles, mas hora de dormir é um momento bastante agradável para todos nós. O afeto entre nós cresceu e aquela agitação acabou."

Pontos Importantes a Lembrar

Há diversas maneiras de evitar sobrecarga de horários. Pense em "Qualidade de Tempo" e use uma agenda ou calendário mensal. Em uma consulta de relance, é possível se decidir por um descanso em uma semana particularmente agitada, além de ajudá-la a se organizar.

(cont.)

Pontos Importantes a Lembrar

Leve sua agenda de papel ou eletrônica aonde for (menos a eventos sociais). Marque as datas importantes em vermelho ou ligue o alarme digital. Isso sinaliza a necessidade de programar tempo entre as atividades.

Deixe livre o dia anterior e posterior a viagens, pois isso libera sua agenda e diminui a ansiedade. Divida os dias em três partes: manhã, tarde e noite. Anote os horários dos compromissos na agenda – assim você terá uma melhor visualização e evitará marcar compromissos de mais ou de menos.

Bloqueie a agenda de antemão para reservar tempo para as atividades pessoais. E, mais importante de tudo, descubra em que você emprega seu tempo, analisando a agenda. Você terá controle sobre os horários quando o cronograma refletir sua personalidade e estilo de vida. Vale o esforço.

8

Acabe com o Estresse Violando as Regras

O estresse é responsável por uma infinidade de problemas, desde depressão e dores de cabeça até a diminuição da libido. Na lista dos sintomas do estresse, figuram o acúmulo de tarefas e o tédio.

Nada como combater o estresse com uma saudável "rebeldia" de vez em quando. Por rebeldia, quero dizer algo que representa uma quebra nítida da rotina diária.

Seja você funcionária ou empresária, compense o número de horas extras trabalhadas tirando um dia ou mais de folga para cuidar da saúde mental. Você poderia pegar uma matinê ou aproveitar uma liquidação, desfrutar um dia romântico no meio da semana ou tomar aulas de dança do ventre ou da arte do *strip-tease*.

Depois de entrevistar centenas de mulheres em todos esses anos, cheguei à conclusão de que 80% do estresse deve-se a pressões de tempo auto-induzidas: atrasar-se por não saber organizar o tempo, não se dar tempo suficiente para concluir uma tarefa ou para dedicar-se a interesses pessoais ou, ainda, para ficar com a família e os amigos.

Os outros 20% do estresse são "bons". Os especialistas concordam que o bom estresse – que é causado pela quantidade adequada de desafios – pode aumentar os níveis de energia, a produtividade e a criatividade. O nível ideal de estresse varia de pessoa para pessoa.

Como Empregar o Tempo para Poupá-lo

A mulher tem facilidade em assumir afazeres e compromissos demais. Porém, a sobrecarga de trabalho e estresse afeta o bom funcionamento do corpo, que passa a trabalhar aceleradamente, prejudicando a criatividade. Fisiologicamente falando, o organismo não consegue funcionar a contento em situações de estresse e tensão extremos. É tão inútil trabalhar horas a fio sem descanso quanto sob tensão. Em ambos os casos, é desperdício de tempo e gasto inútil de energia. Com certeza você já deve ter trabalhado com dor de cabeça causada pela tensão e percebido, no dia seguinte, que o trabalho estava longe da perfeição ou que não fora concluído adequadamente.

Nesses casos, teria sido melhor – em termos de tempo, custo e auto-estima profissional – parar um pouco a tarefa e dar uma volta no quarteirão, fazer vinte polichinelos ou voltar a trabalhar à tarde.

Em outras palavras, é preciso tempo pessoal para se empregar menos tempo nas atividades profissionais. A seguir, mais algumas sugestões.

- Quando se sentir sobrecarregada, folgue meio dia ou um dia inteiro. Se conseguir alguém para terminar seu trabalho, a maioria dos empregadores nada tem a objetar. Seja honesta: diga que precisa cuidar da saúde mental. Mas não faça isso com tanta freqüência.

  Dois dias depois de voltar de uma viagem de negócios, Joana pediu um dia de licença. "Eu precisava de tempo para respirar. Estava me sentindo sobrecarregada e perdida. Dormi até as 8:30 da manhã, tomei um bom banho e fiquei em casa. Esse dia recarregou minhas energias."

- Saia do escritório quando se sentir estressada. Permanecer em uma situação de estresse sem alívio só piora a situação. Dê uma volta ou escute uma música relaxante durante dez minutos com os olhos fechados. Pense em coisas agradáveis.

  A médica Susana reserva pelo menos trinta minutos no final do dia para "sentar e "mudar a freqüência" do trabalho para o lar. "Quando abro a porta de casa, tento deixar todas as atividades do consultório fora. Além de médica, sou mãe."

- Se você tem mais energia de manhã, acorde uma hora mais cedo; se for à noite, fique acordada uma hora a mais. Medite, escute música, leia o jornal acompanhada por uma boa xícara de chá ou café, dê uma caminhada ou faça algo só por *você* e que reduza o estresse.

Janete acorda às 5:30 da manhã para poder ler o jornal e tomar uma xícara de café antes de acordar o resto da família. Ela também aproveita essa hora para ler uma passagem de reflexão. "Essa hora é a minha preferida, porque me dá um ponto de referência para o resto do dia. Ela me dá fé de que o que planejo fazer vale a pena e tem uma finalidade."

A corretora de imóveis Gil marca dois dias seguidos ao acaso para o que ela chama de "dias de *spa*". "Tanto posso ficar em casa quanto ir a um *spa*. Para mim, esses dias ajudam a aliviar o estresse e, quando acabam, não vejo a hora de voltar ao trabalho: o foco e a motivação estão de volta."

Estresse de Longo e de Curto Prazo

A fisiologia humana é tal que, face ao perigo, os níveis hormonais se alteram para lutar ou fugir em questão de minutos. Manter-se nesse estado por longos períodos de tempo é perigoso, pois pode sobrecarregar o sistema imunológico, levando-o à falência.

Pesquisadores e especialistas médicos acreditam que a falência do sistema imunológico é responsável por diversos tipos de doenças: certos tipos de câncer, problemas gastrintestinais, irritações da pele, vírus recorrentes, artrite, enxaquecas etc.

Por tudo isso, é muito mais simples, saudável e barato dar-se um tempo e reverter as situações que provocam estresse.

Sei que a necessidade de continuar o trabalho é mais forte, mesmo sabendo que a produtividade está decaindo. Agora, por exemplo, enquanto escrevo esse capítulo, sinto um impulso para continuar a escrever – embora minhas costas estejam doendo e o resfriado, piorando. Como deixar o trabalho para amanhã quando quero ignorar as mensagens do meu corpo e continuar?

Digo a mim mesma: "Pare o que está fazendo, você está trabalhando demais. *Pare!*" (Funciona, juro!)

Eliminadores de estresse tradicionais

Os eliminadores de estresse são atividades destinadas a baixar o nível de estresse. Os mais tradicionais são:

- Tomar um banho quente.

- Olhar vitrines ou passear no *shopping*.
- Fazer exercícios.

Tomar um banho quente

Quase todas as noites, diminuo as luzes do banheiro, tranco a porta do quarto e do banheiro, acendo uma vela perfumada e tomo um banho quente com sais de Epsom[16]. Mesmo pequenos, meus filhos já sabiam que, nessa hora, não podiam me incomodar. Esses banhos duram vinte minutos e afundo o corpo na banheira até o pescoço. Conscientemente, afasto tudo o que aconteceu de negativo naquele dia e me esforço para não pensar em nada especial. É o prenúncio de uma noite tranqüila e bem dormida.

Olhar vitrines

Carla fica em casa tomando conta dos três filhos. Perguntei a ela como fazia para diminuir o estresse. "Meu marido vem almoçar em casa e eu saio para passear. Adoro olhar a decoração e a combinação de cores das vitrines das lojas, além de ficar por dentro das últimas tendências da moda. É como ler uma revista de moda em três dimensões. Quando meu marido não vem almoçar em casa, contrato uma babá por duas horas."

Exercícios

Janete trabalha sentada quase o dia inteiro. O estresse do sedentarismo mais a supervisão de vinte e cinco pessoas no departamento têm seu preço. Para diminuir a tensão, ela dá uma volta no prédio diversas vezes por dia. "Virou piada. Quando tem alguém querendo falar comigo pelo telefone e não estou, minha secretária diz que estou 'dando uma volta no prédio'. Comecei por acaso. Eu e uma colega tínhamos um tempinho na hora do almoço antes de voltar para o trabalho e decidimos dar uma volta no prédio. Lembro que foi tão bom que continuei. Agora coloco meu par de tênis e desço as escadas várias vezes por dia."

Eliminadores de estresse criativos

Além dos tradicionais, veja os eliminadores de estresse da lista a seguir. Cada sugestão envolve uma atividade mais mental que física e exige criatividade ou mudança de atitude.

---

[16] **N. da T.**: Sulfato de magnésio heptaidratado.

- Mude a situação.
- Deixa pra lá!
- Aprenda a viver com o que não consegue mudar.
- Reserve um tempo para divertir-se.
- Confie na sua intuição e nas decisões que tomar.
- Reserve os fins de semana para repor as energias e cultivar boas lembranças.
- Seja paciente.
- Viva o presente.
- Evite rotular.
- Mantenha-se positiva.
- Crie e mantenha tradições.
- Examine suas escolhas.
- Relaxe pouco a pouco.

Mude a situação

Na maioria das vezes, você não tem poder para tomar decisões que mudarão a política da empresa, seus colegas ou qualquer outra coisa. Entretanto, em certas situações, há essa possibilidade por meio da criação ou fundamentação de idéias. Não é fácil promover mudanças, mas o segredo é ter paciência e persistência.

Eleonora trabalhou dois anos no departamento de contabilidade de uma firma de engenharia. Havia um procedimento que ela considerava especialmente estressante: "Falei para o chefe da contabilidade que estávamos retrocedendo ao usar determinado formulário, mas a empresa não deu a mínima. Então, resolvi fazer algo. Revisei o formulário com minhas especificações e o devolvi. O chefe da contabilidade perguntou: 'Que diabos é isso?' Depois de mostrar-lhe como funcionava, ele disse que poderíamos usá-lo se todos concordassem." Com um sorriso, ela emendou: "Duas semanas depois, todo o mundo estava usando o formulário E (E de Eleonora)".

Deixa pra lá!

Esquecer os pensamentos negativos não é fácil para ninguém. Laura, Mulher em Transição, sofria quando tinha de deixar a casa bagunçada de manhã. "É impossível levar as crianças para a escola, estar no trabalho às 8 da manhã e deixar a casa arrumada. Todas as manhãs, fico nervosa com as crianças no caminho para a escola. Chego no escritório de mau humor. Finalmente, resolvi deixar a casa pra lá. Agora, as crianças dão uma arrumada enquanto faço o jantar. Estamos muito mais felizes", sorri Laura. "Aprendi que meus filhos e meu marido não ligam se a casa está desarrumada; eu sim. Ainda continuo boa mãe e esposa, mesmo com a pia cheia de pratos e as roupas lavadas em cima do sofá da sala."

Aprenda a viver com o que não consegue mudar

Às vezes não há nada a fazer para mudar ou alterar uma situação. Nancy cuida dos quatro filhos o dia todo. Tem artrite reumatóide e nunca sabe quando os ombros ou as articulações da perna vão doer. Ela gostaria de trabalhar fora, mas não sabe exatamente o que fazer. Como o marido quase nunca está em casa, todas as responsabilidades com os filhos recaem sobre ela. "Nem posso imaginar uma situação diferente, porque estou muito ocupada com meus afazeres. Mas vou voltar a estudar quando o bebê estiver na pré-escola. Vou assistir a todas as aulas para decidir qual área quero seguir. Sei que não posso fazer nenhuma mudança agora, mas isso não quer dizer que não possa planejar o futuro."

Reserve um tempo para divertir-se

A Dona de Casa Tradicional acha que deve se divertir com a família, mas não ter um tempo em benefício próprio. A Mulher em Transição não tem tempo para isso entre o trabalho e as responsabilidades familiares.

A Conquistadora sente a necessidade de sempre estar fazendo algo e esse algo precisa ter um objetivo. Para ela, o tempo "improdutivo" é desperdício.

A Dona de Casa Tradicional precisa reservar um tempo para si quando os filhos estão na escola ou dormindo: tomar um banho relaxante, ler, mexer no jardim (se gostar) ou qualquer outra coisa que a acalme. A Mulher em Transição deve se convencer de que merece um tempo só para ela. Quando está menos estressada, a família inteira também está. A Conquistadora deve perceber que, ao reservar um tempo para relaxar e repor as energias, ela se tornará mais produtiva a longo prazo. Sua criatividade flui melhor quando ela está tranqüila. Precisa entender que relaxar não é perda de tempo e incorporar esse fato a seu sistema de crenças.

Confie na sua intuição e nas decisões que tomar

A intuição é um dos atributos mais fortes da mulher e o juiz da maioria das boas decisões que toma. Nunca confie nas escolhas alheias se sentir que não servem para você. A Dra. Jon Kabat-Zinn, autora de *Full Catastrophe Living*, afirma:

"Confie na sua intuição e autoridade, mesmo que tenha cometido erros ao longo do caminho. A partir daí, irá se habituar a olhar dentro de si mesma para buscar orientação. Se você acha que algo está errado, respeite seus sentimentos."

Reserve os fins de semana para repor as energias e cultivar boas lembranças

A revista *Life*[17] conduziu uma ampla pesquisa sobre o fim de semana dos americanos. Os jovens adultos (entre 18 e 24 anos) ficavam cansados (51%) na segunda-feira, ao passo que os adultos acima dos 50 anos sentiam-se renovados (51%). A pesquisa por telefone foi feita em março de 2005 e dá uma idéia de como os fins de semana dos americanos passaram a ser dedicados a compras, afazeres domésticos e atividades familiares. O que você faz?

Para as Donas de Casa Tradicionais, os finais de semana servem para reunir a família. Todavia, a não ser para os aficionados, assistir a jogos de futebol não é uma atividade relaxante. Para espairecer, Nancy procura fazer um piquenique com a família no sábado ou domingo. "Gosto de ver as crianças brincando no parque. Como estou fora, não preciso me preocupar com a arrumação da casa. É um dia muito especial para mim e as crianças."

Para as Mulheres em Transição, os finais de semana servem para fazer compras. Agora que Janete passou a usar os fins de semana para fazer tratamentos de rejuvenescimento, o sábado é dela. "Durmo até 8 da manhã, depois molho as plantas ou leio o jornal. Meus filhos podem chamar seus amiguinhos para ir em casa aos sábados depois de meio-dia ou então podem ir à casa deles. A única regra é que precisam se virar com a condução: a motorista está de folga aos sábados."

Para as Mulheres Conquistadoras, os fins de semana servem para trabalhar mais. O truque é fazê-las relaxar e mostrar como isso é bom para a mente e o corpo.

Eu trabalhava sete dias por semana, cinco dias fazendo marketing e relações públicas, e dois escrevendo. Seja como for, eram sete dias por

---

[17] **N. da T.:** A Time Inc. anunciou que a lendária revista americana *Life,* de 1936, ganhou versão *on-line*: www.life.com.

semana. Minha justificativa para esse trabalho mental e físico intenso eram os prazos para o término do livro. Como resultado das maratonas de finais de semana, notei que minha criatividade diminuía às segundas-feiras, exatamente meu "dia de criar", além de não me sentir fisicamente relaxada.

Agora não trabalho sextas à noite nem aos sábados. Durmo bem e saio para tomar café da manhã *sozinha,* leio o jornal e chego em casa uma hora e meia depois, me sentindo totalmente renovada.

Seja paciente

Tudo acontece a seu tempo. A maioria das coisas da vida ocorrem com tempo, persistência e foco. Nossa sociedade agitada, aliada aos avanços tecnológicos – fax, modems, computadores e impressoras mais rápidos e celulares –, provoca mais estresse e impede que aprendamos a ser pacientes. Perder peso corretamente é demorado. Depois de um tempo de prática de musculação é que os músculos começam a se definir.

A impaciência me levou a aumentar o dia de trabalho, marcando reuniões às 7 da manhã. Minha carga diária de trabalho era de 11 horas. Comecei a sentir que esse ritmo estava abalando minha imunidade. Essa suspeita ficou patente quando tive uma labirintite que afetou meu equilíbrio, provocando tonturas. Passei a achar que tinha câncer no cérebro. Meu corpo dava sinais claros de que a impaciência era um mal. Mesmo depois de decidir dormir mais, caminhar aos domingos e marcar apenas um café da manhã com clientes por semana, demoraram três semanas para que os resultados aparecessem.

De acordo com Jon Kabat-Zinn: "Ser paciente é estar totalmente aberta a cada momento, aceitando-o por inteiro, sabendo que, como a borboleta, tudo se abrirá na devida hora".

Viva o presente

O único momento que se tem *de verdade* é *agora*. É importante estarmos conscientes do que acontece à nossa volta a cada momento. Enquanto escrevo essas palavras, percebo o verde luxuriante lá fora, minha família com saúde e a casa suja que chamo de lar. Sei lá por que, o prazo que tenho a cumprir não me parece tão urgente ou importante.

Ann vivia a mil por hora no que se refere a trabalho. Ficava mais de uma semana fora todo mês, viajando a trabalho, esforçava-se para que o segundo casamento desse certo e planejava abrir um negócio no futuro.

Quando fazíamos visitas juntas para tratar da preparação de seminários, procurávamos terminar logo o trabalho para conversar sobre planos futuros.

Pouco depois de ter me contado uma idéia sobre um novo negócio, ela foi hospitalizada com diagnóstico de câncer no fígado. Ela era uma daquelas pessoas positivas que viajavam para fazer tratamento e continuavam a planejar o futuro. Nove meses depois, ela me deixou boas lembranças e às netas, duas casinhas de boneca feitas por ela. Sua empresa contratou três pessoas para fazer o mesmo trabalho que Ann fazia sozinha. Sempre penso nela e me pergunto se ela teria começado esse negócio se pudesse prever o futuro.

Em outras palavras, o futuro é incerto, o passado terminou e a única certeza que temos é o presente. Esse conceito ajuda a manter as prioridades no lugar e a ficar consciente do que a cerca e do que é realmente importante hoje.

Nas palavras sábias de Jon Kabat-Zinn: "Consciência, intuição e saúde serão aprimoradas se prestar atenção a todos os momentos da vida, respeitando-os".

Evite rotular

É muito fácil rotular a si mesma, aos outros e aos atos como bons ou maus. Essa atitude é auto-destrutiva. "Fico o dia inteiro julgando tudo como bom ou mau. Se perco um processo no trabalho, foi tudo mal", conta Tereza. "Comecei a perceber o que dizia a mim mesma... e fiquei impressionada. Quase tudo para mim era negativo, do comportamento da minha menina de dois anos às roupas do meu namorado em reuniões sociais. Estou me esforçando para julgar menos. Além de diminuir minha tensão, isso melhorou o relacionamento com minha filha e com meu namorado."

Mantenha-se positiva

É mais fácil falar do que se manter positiva em situações de estresse e urgência. É preciso esforço consciente para pensar positivamente.

A médica Susana diz: "Tenho três opções para lidar com uma situação que escapa de meu controle: posso ficar aborrecida, sorrir ou sair fora. Na maioria das vezes, opto pelo sorriso. Para falar a verdade, exige menos esforço".

Crie e mantenha tradições

Descobri que tanto os adultos quanto as crianças adoram e valorizam as tradições. Elas são uma espécie de ritual que nos dá segurança e proteção.

Em um mundo cada vez mais caótico, proporcionam o conforto de saber que podemos "contar" com o peru e a árvore no Natal, candelabros no Menorah em Hanukkah etc.

Uma Conquistadora diz: "Todo verão, eu e meus filhos já adultos ficamos no Havaí uma semana. É a oportunidade de estarmos todos juntos e apreciarmos a companhia uns dos outros".

Durante mais de vinte anos, minha família ia a um acampamento de verão. E, se não fôssemos, meus filhos teriam nos "abandonado". Hoje, no verão, nos encontramos no Lago Tahoe.

Examine suas escolhas

Vejamos algumas das opções de Laura com relação ao trabalho e à limpeza da casa. "Examinei todas as opções. Podia ficar com a casa limpa, mas sem um tostão. Podia contratar uma empregada, mas a casa ficaria limpa apenas por um ou dois dias (tentei isso durante quatro anos). Podia arrumar um serviço de meio período, mas era impossível achar um que pagasse bem. Ou podia ir trabalhar em algo que gostasse e ignorar a casa bagunçada ao sair de manhã. Depois de refletir sobre todas essas opções, escolhi a última".

Relaxe pouco a pouco

Durante dez a vinte minutos por dia, relaxe os músculos. Por exemplo, comece com as mãos: aperte-as bem por alguns segundos, solte-as e relaxe; faça o mesmo com os pés, pernas, costas, estômago, peito, ombros, pescoço, cabeça e músculos da face. Depois de tensionar e relaxar os músculos progressivamente, você ficará bastante relaxada e sem estresse.

Dicas baratas para você se recuperar

O ditado "Antes prevenir que remediar" cabe muito bem à mulher que trabalha. A prevenção economiza tempo e dinheiro.

Você deve ter notado um tema comum nas dicas para diminuir o estresse, que é: arranje tempo para você. No meio de toda a agitação do dia-a-dia, faça algo que a lembre que você é muito mais do que uma máquina; restabeleça-se como ser humano. Ou seja, tome uma atitude que a libere para fazer o que gosta ou para se dar um luxo. Ter tempo para se restabelecer não significa, necessariamente, gastar dinheiro. E, como já discutimos, o pouco que aplicar será um bom investimento em termos de saúde e produtividade.

A lista a seguir dá dicas para se restabelecer. Para mim, as ações abaixo são "obrigatórias" em termos de economia e de bem-estar pessoal.

- Mande limpar a casa pelo menos uma vez por mês. Contrate uma diarista, um serviço de limpeza ou uma babá. Veja as prioridades que seu orçamento permite (se pensar no seu salário, é mais barato do que contratar você mesma para fazer serviço).
- Chame um jardineiro pelo menos uma vez por mês. É mais barato que ter de ir ao médico por causa de dores nas costas. De novo, o jardineiro pode ser um adolescente ou amigo que precisa de dinheiro extra.
- Compre roupas íntimas sensuais de vez em quando – é mais barato que comprar uma roupa nova.
- Divirta-se pelo menos uma hora por semana. É mais barato que tirar licença-doença.
- Compre um batom novo. É mais barato que um estojo de maquiagem.
- Compre um par de brincos ou um lenço de seda. É mais barato que uma roupa ou um par de sapatos.
- Compre um condicionador de cabelo. Leva menos tempo fazer condicionamento em casa que cortar o cabelo e esperar crescer.
- Coma alimentos saudáveis. Leva o mesmo tempo comer alimentos saudáveis ou tranqueiras – a diferença está em fazer uma escolha consciente.
- Durma bem. Geralmente, leva-se o dobro do tempo para fazer algo quando se está cansada.
- Faça uma massagem.
- Faça algo que seja criativo e divertido.
- Faça atividade física.
- Experimente cozinhar só para se divertir. Conheço muitas mulheres que adoram ficar na cozinha quando têm tempo.
- Não faça nada.
- Fique com seus filhos.
- Assista a comédias.
- Leia livros que a inspirem ou motivem. Leia romances.
- Veja filmes que a inspirem.
- Faça sexo saudável e com amor.
- Viva um dia por vez e com *otimismo*. É mais barato que ficar presa em casa com uma enxaqueca.

- Cuide-se e seja gentil consigo mesma, trate-se como gostaria que os outros a tratassem. Respeito gera respeito.

Pontos Importantes a Lembrar

Boa parte do estresse é causada por pressões de tempo auto-impostas, resultantes do mau planejamento. Parte da eficácia da administração de tempo consiste em perceber que, se você tiver tempo para si mesma, conseguirá executar seus afazeres mais depressa. Ouça os sinais do corpo e reaja a eles. Para diminuir o estresse, mude a situação, se possível; abandone os pensamentos negativos; aprenda a viver com o que não pode mudar; aprenda a ter tempo para se divertir; confie na intuição e nas decisões tomadas; os fins de semana servem para se recuperar e construir boas lembranças; seja paciente; viva o *agora*; evite rotular; mantenha-se positiva; crie e mantenha tradições; faça opções; relaxe progressivamente; e realize seus caprichos com regularidade.

9

Crise e Desafio: Oportunidades de Crescimento

Não existe vida sem crises e desafios; nossa *reação* é que faz a diferença. Ao ter uma atitude positiva em vez de negativa, até as catástrofes e empreitadas mais assustadoras podem ser, em geral, atenuadas por um impulso vital em nova direção.

Crises, erros e desorientação não são fatais. Na verdade, serão até positivos se nossa reação for construtiva. O segredo é nos mantermos flexíveis, ou seja, não nos deixar paralisar ou abater por reveses passageiros. Para isso, devemos distinguir o problema a partir da percepção que temos dele. Esse capítulo sugere idéias, mudanças de atitude e técnicas para transformar o que parecia negativo em positivo.

Como se Recuperar dos Erros

Confusões comuns e transitórias como marcar dois compromissos no mesmo horário, perder um vôo, manchar a roupa em um momento decisivo, esquecer o nome de alguém importante, magoar alguém sem querer e lidar com rejeições insignificantes podem ter um final sem crise. Os enganos e confusões diários podem se transformar em experiências e oportunidades de aprendizado.

Babi tem um consultório de aconselhamento de casais bastante movimentado. "Uma vez marquei o mesmo horário para marido e mulher que estavam se divorciando. Eles ainda estavam bastante vulneráveis e magoados. Pedi mil desculpas pela minha falta de consideração. Começamos a rir na recepção. Acredite se quiser, mas meu 'erro' foi um momento decisivo para eles na terapia. Pararam de se ver como 'monstros'."

Como Babi, Cristina também tirou proveito de um erro. "Saí para almoçar com um novo cliente e sua namorada. Duas pessoas, em momentos diferentes, vieram me cumprimentar à mesa. Eu as apresentei ao meu cliente, mas esqueci o nome da namorada dele nas duas vezes. Desculpei-me e rimos. Uso essa situação embaraçosa como forma de iniciar a conversa com meu cliente. Ligo para ele e digo: 'Oi, é a Cristina. Como é mesmo seu nome?' Até hoje não consigo me lembrar do nome dela."

Enfrente as mancadas

Errar é humano! De fato, posso garantir que você terá que pagar impostos, cometer erros e que um dia vai morrer.

A maioria das situações pode ser consertada depois de um engano. Mas, se o erro persiste, aí causamos mal: quando não enfrentamos o erro ou não tentamos corrigi-lo.

Peça desculpas, mas não se sinta em dívida o resto da vida. Há um provérbio judeu que diz: "Não desperdice o bom tormento".

Cada tipo de mulher reage de uma forma diferente a seus erros. A Dona de Casa Tradicional sente-se particularmente chateada com eles, pois ela acredita que deveria saber mais das coisas ou, então, acha que a mulher que trabalha fora jamais cometeria esse mesmo erro. A Mulher em Transição, por sua vez, sente-se culpada pelos erros e acha que, se não estivesse tão dividida entre tantas funções, não os cometeria. A Conquistadora vai adiante, sem tomar fôlego entre uma atividade e outra. Ela sabe que erros acontecem e os corrige.

Nade com a maré

Todas as mulheres devem aprender a nadar com a maré quando erram. Em vez de perceber o erro como uma catástrofe monstruosa, aceite-o e siga em frente. É comum as mulheres lutarem contra os erros e considerá-los fracassos. Janete diz: "Eu sei que corro demais e que no caminho vou cometer alguns erros... pequenos e grandes. Preciso encarar meus erros não como falhas, mas como crescimento... é claro que, às vezes, isso é difícil".

O escritor Nelson Boswell disse: "A diferença entre a grandeza e a mediocridade geralmente está no modo como um indivíduo enxerga um erro".

Minha amiga Sarah tem propensão a desfiar a meia ou manchar a roupa em momentos decisivos. "Eu me sinto supermal com isso. Acho que todo o mundo está me olhando e pensando: 'Nossa, que relaxada!' Eu tenho uma carreira de destaque e preciso estar bem apresentável sempre... Não tenho roupas extras para deixar no escritório. De qualquer jeito, teria de trocar de sapatos, meias, o que for. Mas arrumei um jeito de resolver o problema sem gastar muito nem precisar de espaço: compro broches e prendo-os sobre as manchas. Tenho um monte: pequenos e grandes, folheados a ouro ou prata. Rio por dentro quando alguém faz um comentário sobre os broches e como estou bem". Sarah realmente dá um novo significado ao conceito de estar na moda!

É o destino

Carl Jung cunhou o termo "sincronicidade" quando coisas inexplicáveis acontecem aparentemente sem causa ou efeito, mas há uma ligação misteriosa entre elas e juntas adquirem um significado. Quando esses acasos acontecem, muitas vezes explicamos como sorte ou acaso.

Acredito que isso surge por graça, um poder maior, e é um Momento Mágico. Faça uma experiência divertida durante duas semanas. Pense que tudo o que lhe aconteceu no dia não foi acidental. Respeite seus palpites. Siga seus impulsos, preste atenção na letra de uma música, nos filmes que quer assistir. Preste atenção a tudo o que lhe chega nesse período de quinze dias. Fique receptiva e atenta a tudo o que a vida lhe traz.

Minha amiga Tereza é uma profissional ocupada e quebrou um braço quando descia uma rampa molhada. Acontece que, quando foi ao médico, descobriu que tinha um processo avançado de osteoporose para sua idade. Foi por "acaso" que ela quebrou o braço?

Ivone, outra amiga, queria vender a casa que estava alugada. Por acaso, estava lá conversando com o inquilino, quando uma mulher tocou a campainha e perguntou se a casa estava à venda. Não havia nenhuma placa, pois o corretor a tinha deixado no quintal. No dia seguinte, Ivone redigia o contrato de venda para aquela mulher.

Você está agindo, quando...

- As coisas começam a acontecer naturalmente e você sente a energia fluindo pelo corpo.

- Tem tempo para refletir e planejar *antes* de começar o dia.
- Passa uma hora por dia só para você. Esta pode ser dividida em intervalos de dez ou vinte minutos durante o dia.
- Consegue trabalhar em equipe e delegar.
- Não tenta reinventar a roda.
- Seus valores, emoções e atitudes estão em sincronia com seu estilo de vida.
- Percebe que é necessário apenas uma pessoa – você – para fazer a diferença para muitos.
- Respeita sua energia física por meio de doses saudáveis de sono e exercício.
- Entende que a hora mais importante é agora – porque é tudo o que você tem realmente.
- Sabe que a vida é um presente que vale a pena abrir.
- Percebe que a melhor jogada é ir sempre em frente.

Como nos Libertar das Percepções Equivocadas

Enfrentar uma crise ou um desafio pode tomar toda nossa energia. Todavia, costumamos drená-la com preocupações, nervosismo, impaciência ou evitando os problemas. Para evitar desperdício de energia, incorpore essas idéias à sua forma de pensar:

- Pense no tempo como um conceito relativo.
- Evite o "deveria".
- Aja apesar de sua percepção da situação.

Pense no tempo como um conceito relativo

O tempo, ou pelo menos a noção de tempo, é relativo e somente passa a ter significado com o pensamento. Kátia, corretora de valores, discute como esse conceito afeta sua percepção temporal. "Nas férias, o tempo gira em torno de sonecas e 'o que vamos fazer para o jantar?'. Eu fico obcecada por comida nas férias, mas não tenho essa necessidade quando estou trabalhando."

"Quando leio um romance, perco toda a noção de tempo, mas quando tenho um prazo, parece que meu coração bate com o tique-taque do relógio. Não acredito como o tempo passa devagar quando estou esperando uma resposta ou como anda rápido quando estou trabalhando em um projeto."

Quando você está na recepção de um consultório ou esperando um cliente, o tempo assume um valor percebido. Consideramos essas situações como desperdício de tempo que traz estresse à vida. Se pudermos lembrar que o tempo em si não tem valor, podemos evitar o desperdício de energia ao reagirmos emocionalmente às nossas percepções.

Evite o "deveria"

Se pudessem, as mulheres deixariam o "deveria" ou "não deveria" governar seu comportamento. A Dona de Casa Tradicional acha que "deveria" preparar refeições caseiras, já que não "trabalha" e tem tempo "livre". A Mulher em Transição acha que tem muito o que fazer, mas "deveria" ser mãe e esposa mais atenciosa. A Conquistadora acredita que, para alcançar seus objetivos, "deveria" estar mais envolvida com o trabalho e com os afazeres do lar.

Esse comportamento também desperdiça energia. Se um objetivo não é importante para *você*, não se deixe intimidar por ele. Não permita que os valores alheios, ou sua percepção deles, determine o uso de seus recursos.

Aja apesar de sua percepção da situação

Esse passo é a segunda parte para libertar-se do "deveria". Imagine que você percebeu que tem sido assombrada pelo "deveria" e, também, que esse "deveria" está ligado a um objetivo desejado, mas que parece fora de seu alcance. O segredo, nesse ponto, é agir, apesar de perceber a tarefa como algo impossível.

Esse conceito é parte da nova terapia "Orientada para a Nova Ação", desenvolvida pelos terapeutas japoneses Mirita e Naikan. Eles afirmam que agir apesar das percepções sobre uma situação nos permite alcançar nossos objetivos. Uma conversa típica com um terapeuta dessa linha seria mais ou menos assim:

— Eu deveria trabalhar mais nos relatórios.
— Não, basta trabalhar.
— Preciso me comprometer a ficar mais tempo com minha família e meus amigos.
— Não, basta ficar com eles.
— Deveria ser capaz de organizar melhor minha vida.
— Não, basta se organizar.

Você entendeu a mensagem. Os terapeutas japoneses sugerem que, por meio da disciplina e de uma abordagem pragmática da vida, uma pessoa pode entrar em contato com seus sentimentos mais profundos e alcançar seus objetivos.

Como Entender nosso Comportamento

O modo como percebemos as pressões de tempo é produto de nossos valores, tanto individuais quanto sociais. Por estarem profundamente arraigados em nosso passado e cultura, eles são difíceis de serem localizados. Em outras palavras, é difícil entender por que reagimos de certa maneira a um problema. Assim que entendemos o funcionamento de nossa mente, é mais fácil abandonar condutas improdutivas e tentar novos modos de agir que poderão funcionar.

Para ajudar as mulheres a entender suas reações a crises e desafios, sugiro uma análise do que chamo de abordagem sentimento/comportamento. Divida uma folha de papel em duas colunas e escreva, no alto da coluna da esquerda, *Sentimentos*, e na da direita, *Comportamento*. Linda, recepcionista do restaurante de um *resort*, experimentou essa análise que a fez descobrir por que não conseguia passar mais tempo com seus filhos adolescentes.

"Descobri que não tinha tempo de ficar com meus filhos porque, na coluna *Sentimentos*, escrevi: 'Eles estão sempre falando de si mesmos e, quando comento algo que me aconteceu, mostram desinteresse'. Eu me sinto menosprezada em casa."

Na coluna *Comportamento*, Linda escreveu: "Não me importo em fazer hora extra. Eu me sinto melhor trabalhando porque as pessoas me ouvem. Sou alguém".

Linda reconheceu e aceitou seu comportamento. Começou a dedicar tempo para conversar e passar momentos agradáveis com cada um dos filhos uma vez por dia. Descobriu que, quando lhes dava plena atenção, eles faziam o mesmo por ela. "Agora percebo por que os evitava. Nossos papos, hoje, são ótimos."

Geni gostaria de arrumar um emprego com mais responsabilidade, porém falta a todas as entrevistas de emprego. Ela conseguiu duas entrevistas, mas declinou ambas. Analisou seu comportamento com a abordagem sentimento/comportamento. Leia o que ela escreveu:

Sentimentos	***Comportamento***
Estou cansada do meu emprego. Acho que ter mais responsabilidade significa ficar mais tempo longe da minha família. Um novo emprego é sinal de que não ficaria nem um pouco com eles.	Sempre acho uma desculpa para não ir às entrevistas de emprego, mesmo sabendo que elas me levariam a um salário maior e me dariam mais oportunidade de usar minhas habilidades.

Pense em uma situação desconfortável que você gostaria de mudar. Escreva o problema no alto da página. Na coluna *Sentimentos*, escreva o que sente sobre a situação. Está nervosa, angustiada, chateada, culpada, temerosa, dividida, rejeitada, abandonada? Na coluna *Comportamento*, escreva seu comportamento real na situação específica: o que realmente faz ou não faz. Talvez queira ficar mais tempo com a família, mas nunca encontra "esse" tempo.

Vai descobrir que a maneira como se sente afeta diretamente seu comportamento.

Viva o presente

Viver o presente em vez do passado ajuda a manter as questões da vida em seu devido lugar. Quando as nossas percepções se mantêm nos limites do choque da realidade, então o conceito de tempo permanece neutro e podemos usar nossa energia de maneira construtiva.

Analise a realidade para manter a perspectiva das coisas

Quando estamos com vontade de ouvir *rock*, ligamos o rádio na estação de *rock*. Quando estamos com vontade de ouvir música clássica, mudamos para a estação adequada. Quando o saudosismo nos "pega", sintonizamos em uma estação que toque músicas da época em que éramos jovens.

Quando estamos em uma crise, precisamos analisar a realidade para mudar o pensamento. Essa análise permite-nos controlar nossa ansiedade e transformar pensamentos negativos em positivos.

Dana tirou o dia para ficar com o pai, que se recuperava de um procedimento médico de rotina. "Quando cheguei ao hospital, estava com pressa, nervosa e frustrada por meu pai ter escolhido bem aquele dia para fazer o exame. No meio da tarde, precisei sair daquele lugar deprimente. Então, me dei conta de como tinha sorte de poder sair de lá quando quisesse, pois não precisava ficar lá por causa de um problema de saúde. Todas as vezes que entro em crise, basta lembrar do ambiente fechado e deprimente do hospital, e rapidinho saio dela."

"Lembro de quando meu caçula teve difteria", conta Cindy, assistente médica. "O médico me disse que as crianças que têm essa doença parecem piores do que estão, mas que assim mesmo ela é perigosa. Nunca escutei algo tão horrível na minha vida. Então, prometi que, se ele melhorasse, jamais levaria nada tão a sério de novo, a não ser casos de vida ou morte. Faz um ano agora e *quase* mantive a promessa."

Em tempos de crise, use as idéias a seguir para fazer uma análise da situação real.

- Pergunte-se: qual é a pior coisa que pode acontecer? Se a resposta não for questão de vida ou morte, "mude de sintonia". Esse truque faz com que se atenha ao presente, ao aqui e agora.
- Pense rapidamente em duas bênçãos da vida. Quando sentir o sorriso em sua face, sabe que mudou de sintonia.
- Pergunte-se: "Com o tempo as coisas vão melhorar?" Se a resposta for positiva, mude de sintonia. Até a maior das tragédias um dia acaba.
- Se a "crise" ajudá-la a se sentir humilde, mude de sintonia. Golda Meir, a quarta primeira-ministra de Israel, disse: "Não seja humilde, você não é tão importante".

Planeje a Vida como um Todo

Se observar um relógio, verá que é dividido em doze partes grandes e sessenta pequenas. É a visão dessas partes que torna as mulheres obcecadas pelo tempo. Essa obsessão causa estresse. Lembre-se: o todo é maior que a soma das badaladas.

Em vez de considerar o tempo em incrementos – quinze minutos, por exemplo –, veja-o como um todo: uma vida inteira. Quando se tem só meia hora para fazer compras, a tarefa se torna estressante. Caso essa tarefa não seja executada como parte da vida, como um todo, ela assume uma perspectiva completamente diferente.

A médica Susan Helper diz: "Só tenho algumas horas no dia. Tenho de repartir essas horas preciosas entre minha profissão, família e amigos. Se examinasse a cada dia tudo o que tenho que fazer, ficaria desesperada. Tento manter a vida equilibrada, sem me preocupar se vou conseguir fazer tudo hoje, porque, nesse esquema, o dia deveria ter mais que vinte quatro horas".

Perguntei a Susan o que faria se tivesse de ir ao hospital visitar um paciente e o filho pedisse para ela ler uma história. "Óbvio que tenho de visitar meu paciente, e não porque ele seja mais importante que meu filho, mas porque ele precisa de mim imediatamente. Acho importante as crianças saberem que não podem decidir quando querem ou não estar com os pais. É realista ensiná-las que não se pode ter tudo o que se quer o tempo inteiro e que elas também têm de abrir mão de alguma coisa de vez em quando."

"É importante planejar a vida como um todo em vez de planejar cada tique-taque do relógio. A questão primordial é saber o que se quer da vida – o que você quer conquistar como um todo?" Susan quer ser uma excelente médica e desfrutar das outras áreas da vida: casamento, família, amigos. Ver o todo lhe permite dar a devida dimensão às suas atividades. Isso vale para você: ter o estilo de vida que *quiser* em vez de cumprir seus afazeres.

Duas técnicas ajudam a ver o tempo e a vida como um todo:

1. Pergunte-se: É absolutamente necessário fazer isso *agora*?
2. Faça uma lista dos afazeres diários.

Pergunte se isso é absolutamente necessário agora

Lara é dona de uma pequena empresa. Além da empresa, tem de cuidar da família. "Alguns dias, minha lista de afazeres é tão grande que fico deprimida. Começo motivada, mas geralmente não consigo fazer tudo no mesmo dia. Fico me perguntando se *tenho* de fazer isso agora ou se pode esperar até mais tarde ou o dia seguinte, talvez. Ainda consigo fazer muita coisa, mas nem tudo o que quero. Aprendi a distinguir entre o que é possível fazer *agora* e o que posso fazer depois."

Faça uma lista de afazeres diários

Para tanto, pegue uma ou duas folhas de papel, um *palm* ou um computador. No alto da folha, escreva o dia e a data. Na margem esquerda superior, sob a data, escreva "Ligações a fazer". Inclua números de telefone *na frente* dos nomes. Uma das coisas que nos impedem de fazer ou retornar ligações rapidamente é ter de procurar os números dos telefones.

Um pouco abaixo, escreva "Coisas a fazer". Aí, relacione todas as tarefas a cumprir no trabalho, em casa ou para si mesma. Ponha um prazo ao lado da tarefa para ter uma idéia da urgência.

Mais abaixo, escreva "Lugares para ir". Liste os destinos em ordem. Mas seja flexível: o número cinco hoje pode ser o número um amanhã. O número quatro pode ser o número dois, porque fica mais perto da última parada do que imaginava.

Ela vai ficar assim:

Lista Diária de Afazeres

Quarta-feira, 10 de março de 2010

Ligações ou e-mails:

324-4687 – J.Drake/Oilfield Services/atualização seminário
323-4241 – Carla Clipes/manutenção do escritório
Cynthia: cynthya@hotwires.com

Coisas para fazer:

HOJE – artigo fax clientes
HOJE – resumo reunião
13-mar – Proposta Dr. Shipley
14-mar – Reunião no escritório e apresentação
9-abr – Coletar informação e enviar p/ participantes seminário
Pesquisa Internet – relatórios sobre tendências

Quarta-feira, 10 de março de 2010

Lugares para ir:

1 – lavanderia
2 – correio
3 – pegar filme para a brochura do advogado
4 – deixar cesta no cliente do João

Quando concluir uma tarefa, faça uma cruz no traço que precede cada uma delas. Esse método manterá sua lista organizada e limpa e é mais rápido que rabiscar. Para encontrar as tarefas terminadas, é só procurar o traço. Se estiver usando o computador, remova os itens terminados.

Nesse ponto, pergunte-se se é absolutamente necessário fazer essa tarefa agora. Se puder ter controle dessas "partes" do dia, estará cada vez mais perto do que quer da vida.

Considere esses afazeres como veículos que a levarão aonde quer chegar, mas não como destinos em si. Não se consegue nada com tanta rapidez.

Aprecie essas atividades como forma de atingir seus objetivos, exatamente como as paisagens e as delícias saboreadas a caminho do local onde passará as férias. Assim que chegar a seu destino, já pode pensar em outro para as férias do ano seguinte; em outras palavras, estabeleça um objetivo por vez. Curta a paisagem!

Como Manter-se Flexível

Para se manter mentalmente flexível, não se force a nada! Mesmo que não tenha terminado seus afazeres como planejou, não se atormente. "Cometo a maioria dos erros quando me sinto pressionada pelo tempo", diz Sarah, que faz transcrições médicas. "Os médicos para quem trabalho preferem receber os arquivos um dia depois, mas sem erros. A única hora em que isso não funciona é quando eles precisam estar no tribunal, o que significa apenas 5% das vezes. Passava 95% do tempo trabalhando feito louca e cometia muitos erros. Agora trabalho nos processos judiciais primeiro, deixando o resto para depois. Que diferença!"

É bom lembrar que não há problema em mudar de foco no meio de um projeto. "É cansativo coletar as informações fiscais para o contador todos os anos. É como arrancar um dente", diz Jane. "Vou até onde minha paciência agüenta, e depois faço outra coisa. É bom para não enlouquecer."

Uma dica para manter a flexibilidade mental é dar uma volta para clarear as idéias. "Minhas melhores idéias acontecem quando estou sozinha caminhando perto de casa", diz Janet. "As idéias surgem do nada. Quase sempre tenho novas idéias para lidar com um problema antigo."

A flexibilidade mental lhe permite não se imobilizar diante do tamanho da crise ou do desafio. Janet, atualmente diretora de serviços administrativos de uma divisão escolar, enfrentou um grande desafio quando decidiu voltar a estudar para tirar seu diploma universitário. O marido, policial, tinha um horário flexível. "Minha vida não podia girar em torno do meu marido. Se fosse assim, teria uma boa desculpa para não voltar a estudar." Janet tem dois filhos. O que superficialmente parecia uma tarefa hercúlea tornou-se uma lição de flexibilidade. "Eu e meus filhos, a menina com sete anos e o menino com quatorze na época, fazíamos, às vezes, refeições na cantina da faculdade, outras, lá fora, no *campus*, quando levava sanduíches de casa. Meu filho passava as noites na biblioteca, onde havia equipamento de áudio, e fazia sua lição de casa. Minha filha de 7 anos às vezes acompanhava o irmão ou ia até a sala de aula onde eu me encontrava. Quantas noites minha filha dormiu nos meus braços enquanto eu assistia às aulas e fazia anotações. Chegávamos em casa por volta das nove da noite. Tomávamos banho, arrumávamos a casa... Optei entre ser boa aluna e ter a casa limpa... as roupas ficavam no sofá prontas para serem dobradas. Ia para cama às dez da noite."

"Tive que abrir mão do sono para fazer o que precisava. Condicionei-me a acordar às três da manhã para estudar até as cinco, quando me preparava para ir trabalhar e acordar as crianças para ir à escola."

Janet agora é bacharel em pedagogia e recursos humanos. Quando lhe perguntei como ela conseguiu, ela refletiu: "Tive de aprender a ser flexível e não me incomodar com coisas insignificantes. Acreditava em uma força maior que me protegia – eu *tinha* essa força! Tirar o diploma valeu o esforço. Precisava fazer isso. Acredito que a educação me dá opções... Sem elas, não tenho nada... Tinha um emprego estável e seguro antes, mas precisava fazer isso."

Janet confessa que "existem mulheres que têm medo da conquista. Já sei o que acontece quando não se vai atrás do que se quer, quando não se é maleável com o tempo e com a vida. Sempre digo que nunca vou deixar isso acontecer comigo. Já vi muita amargura e estagnação, causadas principalmente porque as mulheres não tiram proveito do que está acontecendo com elas naquele momento".

Pontos Importantes a Lembrar

A vida traz crises e desafios. Nossa reação a eles determina a qualidade de nossos dias e de nossa vida. Crises e desafios trazem oportunidade.

(cont.)

Pontos Importantes a Lembrar

Quando decidir o que precisa fazer, mantenha-se flexível e olhe o quadro todo. Aprecie o processo de alcançar seu objetivo na vida.

Decida o que é absolutamente necessário fazer *agora*. Quando há um problema que você percebe como uma crise, faça uma análise da realidade para ter a dimensão exata dela e procure tirar proveito do que está acontecendo, o máximo que puder.

10

Lar, Doce Lar, Ltda. (os Prós e os Contras de se Trabalhar em Casa)

Toc-toc!

"Quem é?"

Não importa. Se você trabalha em casa, qualquer interrupção é uma perda de tempo. A administração do tempo apresenta desafios peculiares para a mulher que trabalha em casa. As vizinhas alegremente requisitam seus serviços (afinal, você fica em casa), os amigos pressupõem que seu horário "flexível" justifica ligações e visitas durante seu expediente e as pilhas de louça na pia pedem para ser lavadas.

Bastam alguns princípios sobre a administração do trabalho em casa para você ter um dia produtivo com menos horas de trabalho que o normal. É possível bloquear a lista infindável de interrupções e distrações que costumam ocorrer em casa.

Os DEZ Maiores Desperdícios de Tempo

Quando solicitadas a relacionar os dez maiores desperdícios de tempo no escritório em casa, as mulheres entrevistadas responderam com a lista abaixo, que enumera os itens em ordem decrescente:

1. a necessidade de limpar a casa
2. telefonemas e visitantes
3. a necessidade de checar o *e-mail*

4. a necessidade de lavar ou passar roupa
5. a necessidade de "beliscar"
6. a falta de informação
7. o sentimento de isolamento
8. as incumbências externas
9. vestir-se para visitar um cliente
10. tempo gasto com "pequenas" atividades

Vamos analisar um a um os itens listados anteriormente e discutir como lidar com eles. Aproveite essas idéias para criar sua própria maneira de lidar com esses problemas. Como tudo nesse livro, escolha a melhor alternativa para seu caso.

A necessidade de limpar a casa

Antes de começar a trabalhar no escritório de casa, a mulher acha que *precisa* limpar a casa. Para a Dona de Casa Tradicional, o trabalho vem depois. Portanto, a casa precisa estar limpa antes de começar o "serviço": trabalho em casa, pagar contas, seu *hobby* etc.

A Mulher em Transição que trabalha em casa também acha que esta precisa estar limpa e arrumada. Sua renda é suplementar; o verdadeiro trabalho é o lar e a família. O fato de gostar da profissão, na maioria dos casos, tem um papel secundário.

A Conquistadora que trabalha em casa não vê a hora de começar. Mas, sendo a perfeccionista que é, a necessidade de deixar a casa limpa e organizada fica na sua cabeça, mesmo que seja capaz de ignorar esse fato.

Susan McKee, especialista em relações públicas, disse: "Resolvi que teria a casa limpa e arrumada. Percebi, claro, que trabalhando o dia inteiro não teria como dar conta das duas coisas. Então, resolvi que iria manter a casa arrumada enquanto dava duro no trabalho até ganhar dinheiro suficiente para contratar alguém que a mantivesse limpa."

Para as mulheres que trabalham, casa limpa é uma coisa e arrumada, outra. Jenny, que trabalha em casa, diz: "Uma casa limpa é impecável: as pias e os espelhos do banheiro brilham, a roupa está passada e em dia. Uma casa arrumada é quando se recolhe o que está pelo chão, as camas estão mais ou menos feitas, os pratos estão bem arrumados na pia, as roupas sujas estão arrumadas em diferentes pilhas, prontas para serem lavadas".

A empregada doméstica: uma grande idéia

A maioria das entrevistadas prefere ter a casa limpa, mas aceita se esta estiver arrumada. A Dona de Casa Tradicional e a Mulher em Transição sempre pensam em contratar uma diarista uma ou duas vezes por mês, mas poucas fazem isso. A Conquistadora tem uma diarista uma vez por semana. Nos outros dias, ela mesma faz a limpeza.

Gostaria de sugerir modos para conseguir ajuda com a casa, não importa seu salário. Essa ajuda pode vir de uma vizinha com quem combine uma troca de favores uma vez por semana ou por mês, de uma adolescente que ganhe o salário mínimo, de uma criança com mais idade ou uma tia e/ou, em alguns casos, uma empregada doméstica.

Tina, uma Dona de Casa Tradicional, trabalha vinte horas por semana. Quando trabalha, não consegue fazer o básico na casa. Descobriu que sua vizinha gosta de fazer limpeza, mas odeia ir ao supermercado. Então, combinaram o seguinte: Tina faz as compras para a casa dela e da vizinha aos sábados e esta limpa sua casa três horas por semana. Esse esquema funciona para as duas.

Tenho uma amiga que contrata um serviço de limpeza três vezes por ano para limpar a casa e lavar os vidros. Há, entretanto, outras maneiras de resolver essa questão.

Um quarto mais um cômodo

Cindy é mãe e trabalha em casa. Seus três filhos são responsáveis pela limpeza e arrumação de seus próprios quartos mais um cômodo. Se não fizerem, não podem brincar lá fora, ver televisão ou falar ao telefone. "Eles são responsáveis pela arrumação e limpeza dos seus quartos. Por exemplo, a Claire tem de limpar e arrumar seu quarto, mas, além disso, é sua vez de limpar o banheiro menor. Limpa a pia e o espelho todos os dias, além de dobrar as toalhas no suporte." Quando perguntei a Cindy se esse arranjo a ajuda para trabalhar, ela logo emendou: "É o único jeito, senão não ia conseguir. Sou só uma. Por que o resto da família não pode ajudar?"

Trinta minutos pela manhã

Gal, corretora de seguros, arruma a casa de manhã, antes de começar a fazer ligações de seu escritório. "Levo meia hora para fazer tudo. Se estou em casa, faço outro intervalo ao meio-dia e lavo a louça do dia anterior. Isso não rouba tempo de meu trabalho e é uma boa forma de fazer um intervalo".

Telefonemas e visitantes

Quando se trabalha em casa, é preciso considerar seu trabalho como negócio. Não será tratada como uma pessoa séria e profissional se você mesma não se considerar. O telefone é um dos instrumentos profissionais mais importantes. De fato, o telefone é a linha de comunicação básica entre você e seu cliente, e entre você e mais informações comerciais. Como qualquer tipo de comunicação, a mulher deve tratá-lo com cuidado. A comunicação profissional é fundamental para um bom relacionamento com clientes, fornecedores e funcionários.

Quando se trabalha em casa, também é importante projetar uma imagem profissional ao tratar com os amigos e a família. É preciso que saibam, de uma maneira gentil, mas firme, que o fato de ficar em casa não significa que você esteja disponível. Eles precisam saber qual o horário de seu expediente. Quando interrompida nesse período, peça que liguem ou voltem mais tarde. Compreenda seu papel fundamental na produtividade de seu expediente de trabalho, decidindo quando atender ao telefone ou à porta, como selecionar as chamadas e a quem dar seu número de telefone.

Por favor, uma segunda linha

É importante ter uma linha comercial independente. Pode ser uma segunda linha só para você, ou então use o telefone de casa para fazer ligações e o celular para recebê-las. Dessa maneira, quem chama pode retornar sua ligação sem ouvir o sinal de ocupado ou um "bip". Para manter os custos ao mínimo, a mulher costuma usar o telefone de casa para o trabalho. Ela acha que não tem meios para ter uma segunda linha ou não há necessidade dela. Errado!

Nada mais amador do que um cliente ligar e ser atendido por uma criança ou ouvir a mensagem engraçadinha que você, seu marido ou seus filhos gravaram na secretária eletrônica.

Também é essencial ter uma linha separada para a Internet ou o fax. Recapitulando, não é muito profissional dizer ao cliente para ligar antes de passar o fax ou não poder aceitar ou fazer chamadas porque está na Internet.

Atender ou não atender...

Sue é escritora e nunca dá o telefone de casa. "Descobri, logo após a publicação de meus dois primeiros livros, que as pessoas me ligavam para conversar porque sabiam que eu estava em casa. Nunca tive outra linha porque raramente usava o telefone. Descobri que, se não desse meu telefone, exceto em raras ocasiões, era possível ter controle das chamadas."

Sue tem controle de seu horário de trabalho, não atendendo ao telefone quando precisa se concentrar. Quando pára um pouco, checa o serviço de recados da companhia telefônica para saber quem ligou. "Quando comecei a escrever, achava que deveria atender 'por via das dúvidas'. Agora, nem percebo quando o telefone toca."

Perguntei a Sue se tinha uma secretária eletrônica.

"Não, porque dá para ouvir quem está ligando e daí posso querer falar. Meus amigos íntimos sabem que não podem me ligar entre dez da manhã e sete da noite. Para os outros, uso o correio eletrônico."

Sharon acha que o telefone é essencial à sua empresa prestadora de serviços de secretaria. "Tenho uma vida social ativa e achei que precisava de uma linha só para a empresa. Assim, dá para saber como atender ao telefone: formal ou informalmente. Também vi que essa diferenciação me tornou mais profissional. Não sei se é conseqüência disso, mas minha empresa começou a crescer a partir do momento em que adotei essa prática."

Para a corretora de imóveis Gal, o telefone é o ativo mais importante de sua empresa. "Poderia fazer economia usando uma secretária eletrônica ou deixando que gravassem mensagens em meu celular, mas meu negócio são as pessoas. Particularmente, não gosto de nenhum tipo de secretária eletrônica."

"Investi em um serviço de recados vinte e quatro horas para receber as ligações. Quando estou no escritório, em casa, e não quero interrupções, deixo que o serviço de recados pegue a ligação. Deixo instruções para o serviço quando tenho um trabalho importante. Jamais poderia fazer isso com a secretária eletrônica."

Outra razão para investir nesse tipo de serviços é manter os custos operacionais baixos sem a necessidade de contratar uma secretária em horário integral. Como diz Cindy: "A maioria dos meus clientes acha que tenho uma secretária... parece profissional. Há muita competição aí fora... todo o mundo resolveu ser corretor de imóveis agora. Se posso oferecer um serviço diferenciado e mais profissional, por que não?"

Judy, por outro lado, usa o celular. "Se aprendi algo em todos esses anos é que, para fazer negócio, é preciso estar sempre disponível para falar com os clientes. Não vejo problema em os clientes deixarem recados quando estou conversando ou em uma reunião, mas o fato de estar acessível é importante."

E-quem? E-mail

Se você gosta de distrações durante o expediente, sugiro que verifique o correio eletrônico logo de manhã. Já se prefere não perder o embalo logo nas primeiras horas do dia, verifique o *e-mail* umas duas horas depois de começar a trabalhar. A maioria das minhas clientes resiste a esse conceito. Quando pergunto o que aconteceria se fizessem isso, elas respondem: "Sei lá, nada, mas é que estou acostumada a checar o *e-mail* logo de manhã." A seguir, algumas razões para não checar a caixa de mensagens em primeiro lugar.

- As ansiedades e emergências alheias são transferidas para você.
- É mais demorado do que pensa verificar e responder aos *e-mails*, mesmo que sejam poucos.
- Afasta sua concentração de outros assuntos mais importantes.
- Existe 99,9% de probabilidade de que não vai perder nada se fizer isso duas horas depois.
- Depois das duas primeiras horas, você estará mentalmente preparada para checar e responder os *e-mails*.
- Arquive as mensagens de forma que todas as importantes estejam organizadas.

A necessidade de lavar a roupa

O que você faz quando pilhas de roupas se acumulam na lavanderia depois que arranjou um tempinho para separá-las? E que tal os comentários da família: "Cadê minha camisa, meu uniforme de educação física, minha camiseta?" Afinal de contas, você fica em casa e "deveria" ter tempo de fazer uma coisa tão simples quanto lavar roupa, especialmente se não precisar passar. O que você faz com seu tempo, hein, trabalhadora? Se você ouve isso em casa ou pensa assim, pare com isso! É importante que sua família saiba que você não é uma máquina de lavar roupa. Eis algumas idéias para redistribuir esse serviço.

Serviço de um dia

Impossível? Não se você tiver um sistema bem planejado. Quer dizer, fazer da lavagem de roupa um evento familiar. Cindy bolou um espaço na lavanderia onde cada um dos familiares deve colocar, até as cinco da tarde, todas as peças de roupa que precisa usar no dia seguinte. Caso esqueçam, SINTO MUITO.

"É bom para saber quais peças de roupa tenho de lavar primeiro. Assim não tenho que ficar gritando, pedindo que me dêem as roupas para pôr na máquina nem ficar ouvindo as lamentações matutinas sobre a roupa que eles precisam... As manhãs agora estão muito mais calmas", diz Cindy.

Lavar ou passar roupa

Cindy e Gil lavam uma pilha de roupas logo de manhã, antes de começar a trabalhar no escritório. "Lavo no mínimo quatro cargas de roupa na máquina por dia. A primeira logo de manhã. Na hora do almoço, ponho a roupa lavada na secadora e mais roupas na lavadora. À tarde, no intervalo, repito o ciclo de novo até a hora do jantar. Ponho as pilhas de roupas nos quartos das crianças, que são responsáveis por dobrar, guardar as que não precisam ser passadas e devolver à lavanderia aquelas para passar... É um sistema excelente, contanto que eu não entre no quarto das crianças depois de colocar as roupas lá."

A necessidade de "beliscar"

É comum a necessidade de comer para se distrair durante o horário de trabalho em casa. É uma tendência natural abrir a geladeira ou despensa. Isso é freqüente nas pausas ou quando se adia o início de um projeto.

Frutas, verduras e goma de mascar

Marta é representante farmacêutica e trabalha em casa. Para ela, não há nada de errado em fazer uma boquinha nos dias em que está fora, visitando médicos. Mas, nos dias em que trabalha em casa, ela extrapola. "Comecei comendo tudo o que tinha na despensa: biscoitos, batatinhas, salgadinhos. No final do dia, me sentia péssima. Eu me sentia estufada, apesar de não ter comido nada nutritivo. Agora, compro quilos de gomas de mascar sem açúcar."

Depois dessa fase, as mulheres costumam ganhar quilinhos a mais em alguns lugares estratégicos. Antes de começar a comprar a goma de mascar, em um fim de semana, Marta resolveu experimentar três roupas bacanas. "*Nenhuma* delas serviu... Fiquei horrorizada... as calças não entravam nos quadris... e eu não sou gorda."

Ethel, decoradora de interiores, passou por esse estágio, engordou e decidiu tomar uma atitude. "Meu marido me chama de 'natureba'. Quanto mais eu lia sobre nutrição, mais me sentia saudável e mais cuidava de mim."

Perguntei a Ethel como ela mantinha o peso e evitava beliscar. Ela me disse que come frutas secas ou cereais com baixo teor de açúcar. "Quando estou pensando, sem perceber pego um punhado de passas ou cereal. Como fico com sede depois disso, bebo mais água mineral agora do que antes. A maioria das pausas que faço é para ir ao banheiro."

Catherine, instrutora de leitura, tem uma rotina. "Vou à academia três vezes por semana, de manhã, malho e faço musculação durante uma hora e meia. Volto para casa, tomo banho, me visto, passo maquiagem e trabalho o resto do dia. Também compro caixas de refrigerantes *light*. Tenho preocupação com o peso, portanto só tenho coisas saudáveis na geladeira. Costumo comer um sanduíche de atum no almoço. Para mim, basta."

Sheila, consultora que trabalha em casa, adora comer e tem energia de sobra. "Poderia viver só com frutas e verduras frescas. Como adoro uvas, sempre tenho uma porção no escritório. É melhor que fumar e sempre pego uma quando estou pensando na vida... é uma curtição chupar uvas."

"Se eu não estiver cansada demais à noite, corto cenouras ou abacaxi para comer no dia seguinte. Tenho pacotes de frutas e vegetais frescos. Também gosto de frutas secas, mas só abro um pacote quando não tenho nada na geladeira."

A falta de informação

É raro o escritório em casa que possui uma biblioteca completa de livros de pesquisa. A maioria das mulheres que trabalha acha impossível fazer um bom trabalho sem eles. Poucas têm tempo e dinheiro para começar a formar uma biblioteca. O que fazer?

A biblioteca como escritório

A biblioteca pode se tornar uma espécie de escritório fora de casa. Há centenas de livros de pesquisa e dúzias de artigos de jornais e revistas à mão, sem falar na distância do telefone e da geladeira. Para Linda, redatora *freelance*, a biblioteca é seu escritório permanente. "Não pago aluguel e, com o dinheiro economizado, compro artigos de papelaria. Há farto material de pesquisa à disposição. Um *notebook* ligado à Internet – e basta".

Muitas bibliotecas disponibilizam todos os equipamentos essenciais: computador, telefone público, material de pesquisa, funcionários capacitados, além de paz, silêncio e distância dos sons familiares.

Outra fonte importante de pesquisa é a Internet. Quando se encontram as fontes de pesquisa para o setor em que você trabalha, a Internet é de grande valor. Entretanto, às vezes, a Internet não basta. Dani, Mulher em Transição, escritora profissional e editora, faz boa parte das pesquisas pela Internet, mas explica: "Ainda tenho de ir à biblioteca da universidade para fazer alguns trabalhos. Nada como uma boa biblioteca."

O sentimento de isolamento

Trabalhar em casa é solitário. Ninguém para conversar, motivar ou trocar idéias. As pausas são basicamente para beliscar, limpar a casa ou telefonar. Passar semanas assim é muito solitário.

Medidas para diminuir a solidão

- Duas ou três vezes por semana, vá tomar café da manhã em algum lugar. Leve trabalho, leia o jornal ou planeje suas tarefas diárias. Cercar-se de pessoas logo cedo é bom para se motivar.
- Durante uma pausa, ligue para um amigo para dizer alô. Mas só por dez minutos. Ligar para os amigos quando dá vontade é uma maneira excelente de manter o contato.
- Não almoce na mesa do escritório. Vá ao parque, para outro cômodo da casa ou combine de almoçar com alguém. Se já trabalhou fora, deve preferir comer em restaurantes.

Crie uma rede de contatos

Trabalhar em casa exige que se mantenha em contato com a concorrência e colegas do ramo, tanto em nível local quanto nacional. Também requer que você troque informações importantes e tome boas decisões. O que acontece se sua equipe for do "eu sozinho"?

Para fazer bons negócios e lutar contra o sentimento debilitante de isolamento, comum a quem trabalha sozinho, é preciso criar uma rede de contatos. Eis algumas dicas para ficar "plugada":

- Junte um grupo de profissionais da mesma área ou de pessoas que também trabalhem em casa.
- Participe religiosamente das reuniões de classe ou associações nacionais ou estaduais.

- Filie-se e participe das reuniões da câmara de comércio.
- Fique por dentro dos acontecimentos da comunidade; ofereça seus conhecimentos em trabalhos voluntários.
- Duas vezes por semana, convide pessoas queridas e com quem possa se abrir para um almoço ou café da manhã, para conversar e dividir preocupações e dúvidas.
- Publique um boletim informativo no jornal local, duas vezes por ano, para que saibam que você existe.
- Converse *on-line* com colegas do mesmo ramo.
- Duas vezes por ano, faça conferências via telefone com colegas para trocar idéias.

As incumbências externas

Já que a responsabilidade pelos entes queridos sempre recai sobre a mulher, sua agenda é lotada de incumbências externas, desde pegar a filha no balé, levar os sapatos ao sapateiro, até comprar fio dental para o aparelho das crianças, leite para o café da manhã, cartões para amigos ou clientes.

Para diminuir o tempo que você passa longe da mesa de trabalho, faça listas de tarefas e antecipe-se.

Faça uma lista do que tem para fazer na rua

Qual é o roteiro mais comum? No supermercado, é a seção de laticínios, hortifrútis ou de higiene e limpeza? Na farmácia, a seção de analgésicos? Na papelaria, a seção de cartões? Na loja de departamentos, a seção de presentes? Ou costuma ir à biblioteca para ler as enciclopédias? Essa lista vai lhe dar uma idéia dos roteiros mais comuns, permitindo que você economize tempo.

Se seu roteiro normal inclui os locais mencionados abaixo, execute a ação recomendada.

Seção de laticínios: Mande entregar em casa leite, ovos, suco de laranja e outros produtos que sempre acabam logo. Não é tão caro se comparar com o quanto vai economizar de combustível, tempo e estresse. De fato, o serviço de entrega sai muito mais barato se você levar tudo isso em conta.

Seção de hortifrútis: Se a sua família gosta de frutas e verduras frescas, compre as que duram mais. Por exemplo, bananas, frutas vermelhas, maçã, couve-flor, brócolis, cenoura, salsão, abobrinha.

Papelaria: Dar-se ao trabalho de enviar cartões não só é uma questão de consideração, mas também rende frutos. Vou atender logo o pedido de uma pessoa que teve a consideração e o apreço de me enviar um cartão.

Uma maneira de diminuir as idas à papelaria é começar sua própria coleção de cartões, com maior ênfase nas áreas que são importantes à sua vida ou à fase em que se encontra. Seus amigos estão se casando, tendo filhos, se divorciando, mudando de profissão, sendo promovidos, ficando doentes ou viajando? Lembre-se de que essas ocasiões ajudam a cultivar sua rede de contatos em nível profissional, doméstico e pessoal e, dessa forma, você economizará tempo e energia quando precisar de ajuda.

Mandar cartões virtuais é legal, mas tenha em mente que não há nada mais especial do que uma nota manuscrita. A engenheira Pâmela diz: "Fico no computador o dia inteiro e mando cartões virtuais nas datas especiais. Sempre recebo cartões manuscritos de um de meus amigos, o que me faz sentir especial, embora adore receber cartões pela Internet".

Para se lembrar de aniversários em geral, tenha uma agenda separada da diária. Já que essas datas acontecem uma vez por ano, compre uma agenda sem dia ou ano, só mês e data. É fácil fazer uma:

Junho:
1 – Carlos Rocha
2 – José Silva
3 – Laura Santos

Um estoque de cartões significa economia de tempo. A agenda de aniversários vai ajudá-la a lembrar as datas importantes todos os anos. Seus amigos, clientes e a família ficarão impressionados.

Farmácia: Se for à farmácia, compre envelopes ou caixas de analgésicos e de remédios para gripe. Sugiro que sempre tenha vitamina C em casa, tanto na forma de pílulas como de laranjas.

Lojas de presentes: Compre presentes nas liquidações. Com a agenda de aniversários em mãos, é possível economizar tempo e dinheiro na escolha do presente ideal. Em geral, a mulher que trabalha tem de se contentar com as sobras, porque não teve tempo de programar as compras. Além disso, o presente sai caro, porque foi de última hora. Um lembrete: tenha sempre um estoque de papel de presentes no armário.

Outra forma de comprar é pela Internet. Teresa é professora de ginástica e faz todas as compras *on-line*. Quando surfa na Internet, sempre acha novas lojas. "Comprei todos os presentes de Natal em novembro e tudo pela Internet", diz Teresa com um sorriso.

A necessidade de estar bem vestida para visitar um cliente

O que acontece quando você está trabalhando no computador e um cliente liga querendo vê-la imediatamente? Sua voz denuncia sua falta de entusiasmo porque não planejava fazer nenhuma visita. Seu traje de trabalho é um robe e o cabelo está um horror. Do outro lado da linha, o cliente não pode lhe ver (graças a Deus) e interpreta sua falta de disposição como "tem alguma coisa errada". Veja algumas alternativas.

Acorde e se produza

É importante para quem trabalha em casa acordar, tomar banho e se preparar para o trabalho. Em outras palavras, passar batom, arrumar bem o cabelo (passe um *spray* se quiser) e vestir-se com roupa de trabalho. Essa preparação cumpre três funções importantes. Primeiro, você sente que está trabalhando; portanto, o faz com mais eficiência. Segundo, em questão de minutos está pronta para visitar um cliente ou ir a qualquer outro lugar. Terceiro, vestir-se bem e se sentir bonita faz milagres por sua auto-estima. Quando você está de pijamas e com o cabelo desarrumado, não basta muito para sentir-se feia, gorda ou indesejável.

Tempo gasto com "pequenas" atividades

É aquele em que, sem pensar, você faz umas coisinhas aqui e ali e quando vai ver, passou trinta minutos ou horas. As mulheres são mestres nessa arte de fazer coisas automaticamente. Em geral, dizemos "é rapidinho". Achar que isso é rápido significa ter um conceito totalmente novo da noção de rapidez. Quais são esses desperdícios de tempo?

- Fazer uma ligação a mais de manhã para conversar com uma amiga.
- Checar o *e-mail* "em um minuto" – uma contradição.
- Arrumar rapidinho a cama dos filhos e a casa.
- Organizar papéis e arquivos durante o horário em que você tem mais energia.
- Verificar correspondências.

Pontos Importantes a Lembrar

Trabalhar em casa apresenta desafios especiais. As dez interrupções mais comuns são a necessidade de arrumar a casa, os telefonemas ou as visitas, a necessidade de checar o *e-mail*, de lavar e passar a roupa, de comer, não ter material de pesquisa, sentir-se isolada, as incumbências externas, a necessidade de estar bem-vestida para visitar um cliente e o tempo gasto em "pequenas" atividades.

Quando bater a necessidade de limpar a casa, lembre-se: tanto faz uma casa arrumada ou limpa. O telefone e o *e-mail* são seus melhores amigos, contanto que você controle as ligações e a caixa de entrada. Limite o número de visitas pessoais. Transforme a lavagem da roupa em um evento familiar. Vá em frente e belisque – mas coma frutas e verduras. Use a biblioteca como escritório nos dias em que precisa pesquisar. Para contrabalançar o sentimento de solidão, tome o café da manhã fora; nas pausas, saia de casa; desenvolva uma rede de amigos e colegas e preste atenção ao tempo gasto em "pequenas" atividades.

Faça uma lista das principais incumbências externas. Faça estoque do que precisa e encontre maneiras de diminuir as viagens, inclusive comprando *on-line*. Vista-se profissionalmente todos os dias de trabalho.

Trate-se com seriedade, e os outros também o farão. Sua atitude mostra aos clientes e fornecedores que você é profissional e que está à disposição deles.

11

Organize a Mesa de Trabalho para Refletir suas Prioridades

Melhor deixar a cargo dos cartunistas e amadores o mito sobre a correlação entre genialidade e desorganização. A realidade nua e crua é que a mulher que é obrigada a trabalhar, cuidar dos filhos e do marido não pode desperdiçar minutos preciosos à procura de um memorando esquecido ou uma carta de amor fora do lugar.

Tanto em casa quanto no escritório, o espaço de trabalho reflete seu nível de profissionalismo e este acaba tendo um impacto em todas as áreas de seu desempenho.

Limpar a mesa é o primeiro passo para manter um escritório que a ajudará a trabalhar com eficiência.

Limpar a Mesa – e Mantê-la Limpa

Como regra, sua mesa deve estar sempre organizada. Mas, a cada duas ou três semanas, o trabalho aumenta. Os papéis se acumulam e, quando você vê, instalou-se a bagunça.

Sugiro às minhas clientes que empilhem os papéis ainda não arquivados sob a mesa ou em uma parte da estante. Outra forma é comprar uma cesta bem bonita para colocar os papéis. Gosto de enfatizar que é necessário investir em pastas, organizadores e etiquetas para manter seu escritório sob controle físico e emocional, mesmo quando não há tempo para arquivar ou jogar fora. Essa organização transitória manterá a papelada e você em ordem. Os faxes e *e-mails* que forem chegando também podem ir para a mesma pilha de papéis: assim sua mesa fica organizada enquanto você trabalha. Bastam vinte minutos, entre compromissos, para juntar toda a papelada e empilhá-la no chão, em uma prateleira ou colocá-la em uma caixa para arquivar depois. Lina, Conquistadora e nutricionista, diz, de brincadeira: "Se não fossem os papéis e os arquivos, eu seria uma pessoa organizada".

Não importa onde guarde a papelada, o segredo é organizá-la do seu jeito. A professora Audrey diz: "Tenho que ler um material imenso todos os dias. Comecei a juntar os papéis em duas pilhas sobre a mesa. Uma é de coisas da escola e a outra, de memorandos. Meu objetivo é ler pelo menos a metade de cada pilha por dia. Estou conseguindo".

Elaine é secretária de quatro pessoas e tem uma pilha enorme de papéis sobre a mesa, que estão em ordem de urgência. "A pilha fica do lado direito da mesa. Quando os corretores chegam para me dar mais trabalho, podem ver o progresso. Pararam com o 'preciso disso urgente'. Agora só me pedem urgência quando é verdade. Senão, coloco debaixo da pilha e, pelo tamanho dela, eles têm idéia de quando vão ser atendidos."

Kim trabalha em uma gráfica. "Tenho duas listas sobre a mesa. Uma é para serviços urgentes e a outra, para os normais. Sempre vinha gente dizendo que precisava do serviço 'para ontem'. Tudo era urgente. Conclusão: não conseguia achar nada na minha mesa. Começamos a cobrar uma taxa extra por urgência e descobrimos que mais de 80% das pessoas não precisam de nada tão urgente. Os 20% restantes pagam a taxa extra pela urgência. Agora minha mesa está em ordem e meus clientes, mais felizes."

Organize a mesa de trabalho

Materiais de escritório ficam em cima da mesa: peso de papel, caixa de clipes, grampeador, porta-lápis e caneta, relógio, telefone e um ou dois *bibelôs*. O computador pode ficar em cima da mesa, mas é importante deixar parte dela livre para trabalhar. Muitas clientes preferem deixar o computador em uma mesa lateral com o fax e a impressora. A mesa principal fica com aparência mais arrumada e os papéis e coisas que as distraem do "trabalho a ser feito" ficam à mão, mas não "na cara" delas. O resto fica em qualquer outro lugar, inclusive fotos.

É ótimo ter fotos porque nos fazem sentir bem, mas desviam nossa atenção do trabalho. Os relacionamentos familiares nunca fazem parte da rotina. Ou vão muito bem ou mal. Se você ficar olhando uma foto quando as coisas vão muito bem ou muito mal, vai se desconcentrar.

Defino a palavra arrumação como a capacidade de ver uma mesa limpa quando se entra ou sai do escritório. Isso proporciona um sentimento enorme de satisfação, conclusão e organização, permitindo o pensamento criativo, aberto.

Uma técnica para desobstruir a mesa é o sistema de arquivo "três-F". O sistema usa três pastas de papelão que ficam em cima da mesa ou na mesa lateral, de fácil alcance.

O sistema de arquivo "três-F"

Cada F desse sistema significa o horário de uma tarefa:

- fazer de manhã
- fazer à tarde
- fazer imediatamente

Para cada prazo tenho uma pasta e arquivo os papéis relativos a cada um no lugar apropriado.

A pilha do "fazer de manhã" precisa ser concluída antes do almoço. Na maioria dos casos, essa papelada precisa de assinatura, revisão ou de uma resposta. Esse trabalho deve ser feito de manhã para que outros continuem o processo.

A pilha do "fazer à tarde" precisa ser concluída depois do almoço. De novo, na maioria dos casos, o trabalho requer pouco tempo e esforço. Mas, exatamente por isso, a tendência é adiar e aí começa o problema. Os adiamentos se acumulam – e geram frustração aos outros.

A pilha do "fazer imediatamente" deve ser terminada assim que recebida. Essa pilha pode manter-se pequena, se as outras duas estiverem em dia e relaciona-se a coisas urgentes resultantes de atrasos ou adiamentos.

Agora que a superfície da mesa está limpa, vamos dar uma olhada nas gavetas.

Organize as gavetas

Sua mesa deve ter pelo menos três gavetas: uma central e duas laterais. Transforme cada uma delas em um arquivo organizado.

Gaveta central

Coloque nela lápis e canetas extras, régua, selos, listas telefônicas, telefones da escola etc. Mantenha aí uma agenda telefônica. Uso pastas com etiquetas para organizar a papelada.

Gavetas laterais

Use uma delas para guardar artigos de papelaria, envelopes, tesoura, trocados, maquiagem, lenço de papel e blocos de notas. Na outra, guarde os arquivos ativos, ou seja, do trabalho diário. Se colocar as coisas sempre no mesmo lugar, fica mais fácil achar. E com isso você não se distrai com coisas desnecessárias.

Use o espaço sob a mesa

Uso esse espaço não só para liberar a mesa, mas também para guardar tudo o que preciso levar para casa: correspondência, minha bolsa e qualquer outro item. Isso ajuda a lembrar de levar coisas para casa.

Além disso, mantenho minha lista diária de afazeres sob a mesa por dois motivos: primeiro, ao abaixar, promovo a circulação na parte superior do corpo; e segundo, vejo o que preciso facilmente, sem ter de abrir e fechar gavetas.

Também deixo uma garrafa de água debaixo da mesa, para me lembrar de tomar e me hidratar. Além de evitar molhar os papéis, tenho de abaixar para pegá-la.

Aconselho que *não* tenha uma cesta de lixo sob a mesa ou em qualquer outro lugar. Se você gosta de comer frutas, a cesta de lixo vai deixar o escritório com cheiro de casca de banana e restos de maçã.

Quando percebo que estou distraída, levanto e jogo o lixo do escritório. Ficar sentada na mesma posição durante várias horas compromete as costas, ombros, punhos e pernas.

Nos dias em que estou impaciente, nas pausas, arremesso os papéis na lata de lixo da cozinha do andar. Cada "cesta" vale dois pontos. Já conheci vários vizinhos de escritório assim. De fato, até conheci um cliente. Um dia, estava "jogando" e comecei a conversar com um homem que estava esperando o contador. Em um minuto, estávamos trocando cartões. Dois meses depois, ele se tornou meu cliente. Moral da história: algumas "cestas" valem mais pontos que outras!

Agora que já desenvolveu alguns hábitos que transformaram sua mesa de trabalho em um modelo de organização, aí vai mais um para fazê-la começar o dia com o pé direito.

Prepare-se para o dia seguinte

Limpe diariamente sua mesa antes de sair do escritório. Depois, coloque no centro dela tudo que precisa fazer no dia seguinte. É bom para manter o foco nas coisas que devem ser feitas assim que entrar no escritório.

Manter o foco é importante para a mulher que trabalha. Pelo fato de desempenharmos várias funções, é fácil desviarmos a atenção do que estamos fazendo. Chamo de interferência tudo o que tira a concentração. Colocando no centro da mesa a tarefa prioritária, você evita distrações: entra em cena a *persona* profissional.

Tenha um "Quartinho nos Fundos"

Não é necessariamente obrigatório, mas é útil ter um espaço fora do escritório. Esse "quartinho dos fundos" vai ajudá-la a manter o local de trabalho mais organizado e, portanto, aumentar sua produtividade. Mantenha nesse local o arquivo morto, material de pesquisa, projetos antigos e outra papelada antiga, mas importante. A copiadora também pode ficar lá.

Mesmo que seu escritório não tenha um "quartinho dos fundos", é possível ter um espaço desses. Se não tiver paredes para dividir as duas áreas, use móveis. Uma estante, um sofá ou vasos grandes de plantas servem para delimitar esse espaço. O mais importante é que o arquivo morto fique longe da vista. É preciso diminuir a interferência mental.

Use as estantes como arquivo

A estante é ótima para guardar livros, revistas, artigos e boletins informativos. Guarde artigos e boletins em pastas etiquetadas e arquive por assunto. Sarah, Mulher em Transição, diz: "Leio bastante. Guardo revistas e tiro cópias de artigos que possam me ajudar em meu trabalho, meus relacionamentos ou quando quero decidir para onde vou viajar. Comecei uma boa biblioteca."

À medida que for guardando artigos ou endereços, prenda um papelzinho na página e escreva por que quer guardá-los. Isso economiza tempo: não precisa folhear a revista, o livro ou ler o artigo inteiro para saber. Escreva algo simples: "Fazer uma cópia e arquivar em administração", "Fazer uma cópia e mandar para Fulana" ou "Pedir mais informações".

A tecnologia mais uma vez facilita a nossa vida: você pode digitalizar os artigos que deseja guardar e arquivar no computador. Crie pastas específicas para cada assunto, ponha etiquetas e guarde-as em arquivos para poder acessar rapidamente.

Como Fazer uma Limpeza Semanal

Isso é um dever. Seja o sistema que for, nem sempre há tempo de arquivar o material no lugar adequado. De novo, empilhe os papéis, pastas, anúncios ou qualquer outro material. A melhor hora para arquivar essa papelada é à tarde, se você tiver mais energia pela manhã, ou de manhã, se tiver mais disposição à tarde. Mas lembre-se de duas coisas: nada de arquivar às segundas de manhã, pois isso vai diminuir seu ritmo, e nem às sextas à tarde, porque sua cabeça está no fim de semana e você não vai conseguir. Fora esses dias, mão na massa!

Procure não Exagerar

Até agora, você organizou sua mesa de trabalho e criou um espaço para maximizar sua eficiência. No entanto, não se deixe levar pelo desejo de organização. As únicas vezes em que sua mesa deve ficar completamente limpa são no primeiro e no último dia de trabalho. Fora isso, sempre mantenha os seguintes itens sobre a mesa:

1. seu ponto de referência
2. o trabalho em andamento
3. um relógio

Um ponto de referência é um objeto que lhe proporciona um sentimento de segurança. Ele estabelece para você um ambiente familiar onde você pode se sentir livre para criar, explorar e trabalhar. Se tiver mais de um ponto de referência, tudo bem: mas nada de fotos de família ou de amigos.

O ponto de referência de Anna, ou *objeto de estimação*, era um unicórnio de cristal. "Uma vez, a mulher da limpeza tirou-o do lugar e meu dia foi péssimo. Ele fica sempre perto do telefone, bem à vista. Sei que é superstição, mas que posso fazer?"

O trabalho em andamento deve ficar sempre sobre a mesa. Se tiver três projetos importantes, deixe dois de lado ou sob a mesa. E, como já disse anteriormente, coloque a pasta ativa no centro da mesa, quando for embora.

É preciso saber que horas são para atender aos compromissos, acompanhar o andamento do trabalho e dar à mente e ao corpo uma pausa para o almoço. Portanto, tenha sempre um relógio sobre a mesa. Se não tiver prazo para terminar um trabalho, tire-o da vista, se quiser.

Pontos Importantes a Lembrar

Manter a mesa e o arquivo limpos e organizados é super importante para trabalhar com eficiência. Use a mesa como arquivo: cada gaveta tem sua função. O espaço sob a mesa, um determinado lugar na estante ou uma mesinha lateral também podem servir para organizar.

A limpeza semanal é essencial para manter o escritório arrumado e a papelada no lugar. Mas não limpe a mesa totalmente. Deixe objetos que tragam segurança, mantenham a concentração e que a lembrem de horários e prazos.

Seja criativa. Crie o próprio sistema de arquivamento que lhe proporcione eficiência, praticidade, estabilidade e concentração.

12

ACHO QUE É UM TALVEZ DEFINITIVO (UM GUIA RÁPIDO PARA A TOMADA DE DECISÕES)

As decisões que uma mulher deve tomar parecem às vezes ganhar dimensões exageradas em virtude dos vários papéis que desempenha. Por exemplo, uma decisão profissional pode atingir trabalhadores do escalão superior e inferior; além disso, por ser ela provavelmente a responsável pelos cuidados com os filhos e o lar, essa mesma decisão pode ter efeito imediato na família. Seu tempo pessoal também será afetado, e a interação entre trabalho, família e si mesma deve encontrar novo equilíbrio. A mulher que trabalha fora sabe quão importantes são suas decisões e, para ela, tomá-las parece ser freqüentemente um fardo muito pesado.

As mulheres, em geral, têm dois problemas para tomar decisões. O primeiro tem a ver com as decisões em si. Temos o hábito de escolher o que é seguro, ou seja, nas nossas decisões costumamos privilegiar o *status quo*. Nesse capítulo, veremos como, resistindo à mudança na tomada de decisão, perdemos tempo e nos enganamos. O segundo problema é a indecisão. Disfarçada de adiamento, reconsideração ou o que o economista Pareto[18]

---

[18] **N. da T.**: Vilfredo Pareto (1848-1923), político, sociólogo e economista italiano, a partir de seus estudos, desenvolveu a Lei de Pareto (também conhecida como princípio 80-20), segundo a qual, para muitos fenômenos, 80% das conseqüências advêm de 20% das causas.

chamou de "paralisia da análise", a indecisão é um hábito que se deve combater. Ao estudar seus padrões de tomada de decisão, você pode se tornar uma mulher decidida. Esse capítulo vai lhe mostrar como.

Resista ao Impulso de Resistência à Mudança

A maioria das mulheres não gosta de mudanças. A Dona de Casa Tradicional gosta da sua vida. Os hábitos e padrões rotineiros lhe dão um senso de segurança. Ela acha que, se mudar as coisas, vai prejudicar alguém da família. Suas frases freqüentes são: "Vou voltar a trabalhar [estudar] quando meus filhos entrarem na escola"; "Não posso tomar aulas de dança porque são à noite e não quero deixar meu marido sozinho em casa"; "Vou cuidar de mim quando meus filhos forem morar sozinhos – vou ter a vida que quiser"; e "Vou começar a viajar quando meu marido se aposentar".

Anna, que viaja metade do ano com o marido aposentado, diz: "Fiquei em casa e criei três filhos. Durante o dia só fazia o que queria quando meu marido e meus filhos estavam fora. Tinha um quarto em casa para fazer meu trabalho de arte. Se soubesse o que sei agora, teria alugado um estúdio e trabalhado todos os dias".

Como esta, a Mulher em Transição também costuma adiar tudo o que se refere à mudança. Ela está muito ocupada para isso: "Não tenho tempo para mais nada além de criar os filhos e trabalhar. Nem morta eu marcaria mais um compromisso, reunião ou assumiria mais uma obrigação".

Susan, que é *controller* de uma empresa de médio porte, diz: "Meus hábitos eram tão arraigados que meu carro podia ir aos lugares sozinho, sem mim. Tinha hora para tudo e nem pensava em mudar".

A Conquistadora não se importa em mudar o *status quo* da administração do trabalho e suas prioridades, contanto que não precise reaprender nada. Ela sabe que pode fazer mais se continuar com seus métodos antigos. Porém, são esses os melhores?

A mudança traz riscos, é verdade, mas também traz novidade, frescor e uma nova perspectiva. Racionalmente, sabemos que coisas importantes podem surgir com a mudança. Emocionalmente, porém, lutamos contra ela e somente a aceitamos se não tivermos opção.

Susan, a *controller*, foi obrigada a fazer mudanças quando foi diagnosticada com esclerose múltipla. "Tudo mudou", diz ela. "Volto para casa na hora do almoço para descansar. As crianças vão para um centro de treinamento à tarde para aprenderem a usar o computador. Meu marido e as crianças lavam a louça à noite e contratamos uma diarista duas vezes por mês, algo que sempre quis. Não sei por que teve de acontecer algo tão drástico para minha vida mudar para melhor, mas foi o que aconteceu."

Shirley sempre assumiu mais compromissos do que podia porque não sabia dizer não. "Não queria que ninguém ficasse chateado comigo. Sempre tive grandes expectativas com relação a mim mesma. Algumas vezes, estava tão cansada que não conseguia dormir." A vida dela mudou quando foi despedida. "Montei minha própria empresa, algo que desejava há anos. Agora, só aceito fazer coisas que tenham a ver com minha atividade ou minha família. Pela primeira vez na vida, faço aquilo que quero e não o que deveria. Agora que já sei dizer não, vejo que não é tão difícil assim. Tomar essas decisões fez com que tivesse mais tempo para as duas coisas mais importantes da minha vida: meus filhos e meu trabalho."

A moral de todas essas histórias é: aceite a mudança. No final, a mudança também afetará você, então por que não efetuá-la do seu jeito? Quanto mais rápido você promover mudanças, mais rápido desfrutará seus benefícios, que sempre incluem uma nova perspectiva e entusiasmo pela vida. Desenvolver a capacidade de mudar significa desenvolver a capacidade de assumir o controle da vida.

Dicas de como desenvolver uma personalidade receptiva à mudança

Cultivar uma atitude positiva em relação à mudança vale para todas as áreas da vida. É fazer coisas que a tornarão menos segura e autoconfiante, expondo-a a novas perspectivas e conhecimentos. As dicas a seguir descrevem algumas atividades úteis que a ajudarão não só a enfrentar as mudanças sem hesitação, mas também a promovê-las.

- Analise seu estilo de vida pessoal. Se você não está usando o tempo em consonância com suas prioridades, provavelmente está muito tensa para aceitar a mudança. Use o tempo de acordo com as prioridades. O peso do estresse deverá diminuir e você se tornará mais maleável.
- Estabeleça uma meta e premie-se quando alcançá-la. Conquistar um objetivo mostrará seu poder e isso a fará acreditar que é capaz de lidar com as mudanças que virão.
- Discuta seus medos e preocupações com um amigo de confiança, padre, pastor, rabino ou um terapeuta. Os medos e as preocupações não parecem

tão graves quando você os verbaliza. Você irá perceber que tem mais capacidade de enfrentar todos os aspectos da vida – inclusive as mudanças – do que pensava.

- Experimente mudar os horários. O simples fato de fazer as coisas em ordem diferente ou em um novo local ajuda a exercitar a flexibilidade. Se você sempre vai à academia de manhã, por exemplo, mude para a tarde. Pode ser que não se habitue no começo, mas experimente durante um mês. Um longo período de testes vai lhe mostrar se esse novo arranjo tem benefícios inesperados. No trabalho, experimente mudar os horários das reuniões. Se elas são feitas sempre de manhã, mude para ver como funciona. Não caia na armadilha do "Não posso. Só tenho esse horário".
- Traga novas amizades para seu convívio. Para se manter sempre aberta a novas perspectivas, converse com o maior número de pessoas possível. Cerque-se de pessoas que tenham idéias novas. Isso inclui a participação em grupos de trabalho para que se exponha a diferentes pontos de vista.

Agora que você viu os benefícios de manter-se aberta às mudanças, duvido que queira pensar de outra forma. Muitas mulheres, entretanto, ficam paralisadas. Não aceitam nem fazem mudanças porque não conseguem tomar decisões. Daqui para a frente, iremos analisar os fatores psicológicos que estimulam a tomada de decisões. No final, há uma seção para que avalie seus hábitos nesse aspecto.

Entenda os Padrões de Tomada de Decisão

Como você deve supor, as motivações emocionais na tomada de decisões coincidem com os três estilos de vida pessoais. Nem todas as mulheres – nem mesmo as que têm o mesmo estilo de vida – lidam com as emoções da mesma maneira. Portanto, há vários padrões diferentes de tomada de decisão.

Motivações emocionais

Um dos principais motivadores para a tomada de decisões é o medo. O medo que a mulher sente tem forte correlação com seu estilo de vida.

Um dos maiores medos da Dona de Casa Tradicional é o fracasso. Ela se considera um fracasso se as necessidades domésticas e familiares não forem atendidas. Ela parte do princípio de que sua vida consiste em prover o apoio emocional necessário à família.

Na minha experiência, o maior medo da Mulher em Transição é o sucesso. Se passar muito tempo trabalhando, ela não só pode ser promovida, como também ter menos tempo para ficar com o marido e os filhos. Da mesma forma, ela não quer se envolver muito com o trabalho, porque também quer estar disponível para o casamento, filhos ou viagens.

A Conquistadora tem muito medo da rejeição, especialmente no ambiente de trabalho. O medo da rejeição dos colegas, clientes e da chefia a estimula a se sobressair. Ela leva essa necessidade de perfeição tanto aos relacionamentos quanto à profissão. Se as coisas não forem perfeitas, ela prefere dar o fora. O casamento e a perfeição não andam de mãos dadas; portanto, dos três tipos de mulher discutidos nesse livro, é entre as Conquistadoras a maior porcentagem de divórcios.

Padrões de decisão

Em meu trabalho com as mulheres, distingui seis tipos de tomadoras de decisão:

- a analista
- a coletora de informações
- a que assume riscos
- a traumatizada
- a indecisa
- a que "deixa pra depois"

Cada um desses tipos de mulher traz uma perspectiva psicológica distinta ao processo de tomada de decisão, e o estilo de cada uma tem impacto no tempo e na qualidade da decisão tomada.

Nas seções a seguir, tente encontrar o seu tipo. Se perceber que está à mercê dos perigos do seu estilo de tomada de decisão, faça as alterações recomendadas.

A analista

Essa mulher precisa observar todos os aspectos de uma questão. Até certo ponto, isso é bom. Porém, chega uma hora em que uma análise mais profunda é perda de tempo e contraproducente.

Perspectiva psicológica: a analista teme tomar a decisão errada porque pensa que isso a faria parecer burra ou tola.

Implicação no tempo: por passar muito tempo refletindo sobre a mesma informação, seu estilo de tomada de decisão desperdiça tempo.

Ação positiva: tome uma decisão baseada na informação e na experiência pessoal. Se a decisão poderia ser melhor, aceite o fato e a corrija. Aprendemos com nossos erros, mas somente os verdadeiros líderes os aceitam e corrigem com orgulho.

A coletora de informações

A mulher dessa categoria se preocupa em reunir mais e mais informações. Nem chega à fase da análise, quanto mais de decisão.

Perspectiva psicológica: para ela, a especialização é muito importante. Acha que, se perder uma nova descoberta ou questão, não será considerada uma especialista. Perderá o *status* e decepcionará os colegas.

Implicação no tempo: por priorizar a coleta de informação sobre a tomada de decisão, esse estilo desperdiça tempo.

Ação positiva: colete informações de sete fontes, no máximo. Descobri que esse número é suficiente para detectar tendências. Depois de revisar essas fontes, tome a decisão!

A que assume riscos

A tomada de decisão desse tipo de mulher baseia-se em partes iguais de informação e de experiência própria ou intuição. Para ela, informação demais é redundante e perda de tempo. Ela tem instrumentos suficientes para a tomada de decisão.

Perspectiva psicológica: não tem medo de assumir riscos.

Implicação no tempo: não há perda de tempo nesse estilo.

Ação positiva: se a decisão for negativa, mude-a!

A traumatizada

Após tomar a decisão, essa mulher fica atormentada. Para ela, tomar decisões não é demorado, mas as queixas e reclamações posteriores consomem energia e tempo.

Perspectiva psicológica: ela duvida de sua capacidade de tomar boas decisões.

Implicação no tempo: a traumatizada perde tempo se preocupando ao invés de atingir suas metas.

Ação positiva: faça uma lista de suas principais decisões e anote seus resultados. Estes foram mais positivos ou mais negativos? É provável que a maioria tenha sido positiva, o que fará com que tenha confiança em sua capacidade de tomar decisões.

A indecisa

Para ela, é dolorosamente difícil tomar decisões. Para cada razão que encontra para tomar uma decisão, há outra que a demove e não consegue priorizá-las. Seu comentário constante é "por outro lado..."

Perspectiva psicológica: o medo de cometer um erro é predominante.

Implicação no tempo: esse estilo é o que desperdiça mais tempo.

Ação positiva: faça uma lista das vantagens e desvantagens. Dê uma nota de um a dez a cada uma delas por ordem de importância. A decisão se tornará mais clara.

A que "deixa pra depois"

Essa mulher espera a "hora certa" para tomar decisões. Ela diz: "Qualquer hora vou decidir". O resultado é que será forçada a tomar a decisão por falta de tempo, diminuindo, portanto, seu senso de responsabilidade. Ela raramente toma qualquer iniciativa na vida. Deixa que a maioria das coisas "aconteçam".

Perspectiva psicológica: a procrastinadora tem dificuldade em aceitar responsabilidades e se sente facilmente sobrecarregada.

Implicação no tempo: o fato de esperar até o último minuto é, em si, um desperdício de tempo. Suas decisões provavelmente são tão mal pensadas que gasta mais tempo em reformulá-las ou reimplementá-las.

Ação positiva: mude seu pensamento. Uma escolha forçada não é escolha.

Vença a Indecisão

Assim que perceber que as decisões não precisam ser perfeitas, você estará livre da ansiedade paralisante que leva à indecisão. Na realidade, os erros cometidos na tomada de decisões podem se tornar o motor para novas decisões no futuro. Para explicar isso, sempre conto o que Frank Sinatra disse sobre pintura:

> Veja bem, o genial sobre a pintura é que a maioria das telas não fica boa, o que é um retrato da realidade. Quando você

começa a pintar, e não consegue, sente-se péssima. Mas continua a pintar. Daí, os erros não incomodam mais. Você simplesmente diz: "Da próxima vez, vai ficar melhor". Isso é o que acontece na vida. Por isso eu não mudaria nada; porque cometi erros, mas eles me ensinaram a viver."

Pontos Importantes a Lembrar

Costumamos ter dois problemas ao tomar decisões. Primeiro, tendemos a tomar decisões "seguras", que minimizam a mudança. Em segundo lugar, somos indecisas. Para aproveitar o tempo e a vida ao máximo, precisamos aprender a aceitar a mudança, o que é muito benéfico. Ao entender os padrões de tomada de decisão, venceremos a indecisão.

Às vezes, tomamos decisões baseadas no medo. Via de regra, a Dona de Casa Tradicional teme o fracasso; a Mulher em Transição, o sucesso; e a Conquistadora, a rejeição. E, em virtude do medo, elas desperdiçam tempo com a indecisão.

Leva-se anos para "aperfeiçoar" o padrão de tomada de decisões. Se você decidiu mudar esse padrão, mãos à obra.

13

A Palavra Escrita

Mesmo a mais brilhante e inteligente de nós deve admitir, às vezes, que até um toco de lápis vale mais do que confiar na memória. Tomar nota e manter um diário são dois instrumentos valiosos para quem trabalha. E se você tem aversão à palavra escrita, um alerta: *cuidado*.

À medida que avaliamos nossas habilidades para administrar o tempo, quase sempre descobrimos uma surpreendente discrepância entre o modo como achamos que o usamos e como realmente o fazemos. Marcar o tempo que gastamos em cada atividade nos dá uma rápida idéia se o estamos desperdiçando e dissipará a crença de que "não tenho nem um minutinho!".

Nesse capítulo, você vai aprender como usar diversas tabelas – inicial, de registro de tempo, de atividades – e a agenda para descobrir o que precisa fazer e como está usando o tempo, para organizar suas iniciativas e manter-se motivada. Também aprenderá como usar listas para aumentar sua eficiência profissional e doméstica.

Use uma Tabela Inicial

A mente é um computador fascinante. É compacta, portátil, e tem uma lista exaustiva de programas. Para a manutenção preventiva do seu "computador mental" é preciso anotar pensamentos, sentimentos e idéias importantes, e manter-se positiva. A tabela permite que você faça tudo isso.

Para tanto, pegue um bloco e escreva um parágrafo de uma página, de preferência, sobre o que deseja realizar no dia de hoje e por que é importante que seja feito hoje. Essa informação deve ser dividida entre profissional, doméstica e pessoal. A tabela servirá para organizar as prioridades em cada área e prepará-la mentalmente para o dia. Você pode usar o computador, mas existe algo de poderoso em anotar tudo no papel.

Analise o que escreveu para pensar no dia de forma organizada. Poderá descobrir que o que pensava ser importante fazer no dia de hoje na verdade não é. Ou que anotar tarefas no papel diminui o estresse, mesmo que você ainda não tenha feito nada. Essa tabela serve para combinar o consciente com o inconsciente. Escrever idéias transforma as preocupações ou a procrastinação em *ação*.

Toni, Mulher em Transição, sentia-se sobrecarregada. "Minha tia viria me visitar no fim de semana. Eu tinha um trabalho para entregar, diversos compromissos com clientes, meus filhos em férias escolares e um jantar para dez pessoas no dia seguinte. E, graças à lei de Murphy, a diarista chegou duas horas atrasada."

"Escrevi o que achava que precisava fazer e também como me sentia. Isso aliviou meu estresse. Depois de analisar o que escrevi, decidi o seguinte: terminaria o trabalho enquanto faria um condicionamento no cabelo, faria uma caminhada de vinte minutos, depois lavaria e secaria o cabelo enquanto analisaria a pasta de três clientes, levaria as crianças e minha tia ao supermercado no meio da tarde e começaria a preparar o jantar às três e meia."

"Sei lá como, deu tudo certo. Às dez da noite, dormi sentada enquanto conversava com a minha tia."

O próximo passo, depois de preparar essa tabela, é transferir as prioridades do dia para a tabela do tempo gasto.

Use a Tabela do Tempo Gasto

Transfira as primeiras duas prioridades em cada categoria – atividades profissionais, domésticas e pessoais – para uma nova tabela chamada "Registro de Tempo". A tabela inicial pode agora ser arremessada na cesta de lixo ou arquivada em uma pasta como diário.

Inclua nessa nova tabela o que espera do dia, mas de forma positiva. Por exemplo, há poucos dias me sentia desestimulada no trabalho e em casa. Nessa tabela, transformei a tristeza e o sentimento negativo em uma afirmação positiva: "Opto por ficar com quem gosta de mim pelo que sou: tenho muito a oferecer".

Escreva essa afirmação positiva no alto da página, à esquerda.

Jana, Conquistadora, trabalha na área de serviço de atendimento a clientes. Sua tabela inicial dá o tom do dia. "As duas coisas mais importantes a fazer no trabalho hoje são: convocar a imprensa para um evento na empresa e preencher os relatórios de atividades para dois outros clientes."

Veja como ficou a tabela dela:

TABELA DE TEMPO GASTO

Quarta-feira, 15 de maio

Afirmação positiva: As coisas sempre se arranjam – seja positiva

Trabalho	*Tempo gasto*	*Conclusão*
Prioridade: convocar a imprensa Prioridade: preparar os relatórios de atividades para 2 clientes		
Casa	*Tempo gasto*	*Conclusão*
Prioridade: lavar duas cargas de roupa na máquina Prioridade: colocar a mesa para o almoço de domingo		
Pessoal	*Tempo gasto*	*Conclusão*
Prioridade: tomar um banho relaxante para aliviar a tensão nos ombros Prioridade: ler		

Como se vê, o registro começa com uma afirmação positiva; permite-lhe marcar e estabelecer as prioridades daquele dia e examinar o tempo gasto nas atividades profissionais, domésticas e pessoais. Mostra exatamente por que não lhe sobra nem um minuto de folga, se for o caso. Você notará a formação dos padrões de estilo de vida e, além disso, verificará de onde surge a pressão de tempo: do trabalho, da casa ou das atividades pessoais. Ao entender onde está o estresse, é possível saber onde e como focar as mudanças.

Ao estudar os padrões de estilo de vida a partir dessa tabela, Jana descobriu que concluía os projetos domésticos com mais freqüência que os profissionais, o que lhe permitiu perceber onde focar a pressão de tempo.

Cathy, Dona de Casa Tradicional, analisou seu diário e descobriu que passava tempo demais no hospital onde fazia trabalho voluntário. "Para mim é muito bom trabalhar como voluntária no hospital. Depois de analisar o registro, percebi por que não tinha tempo para mais nada. Passava vinte e cinco horas por semana no hospital. Quando chegava em casa, não tinha mais pique para nada, nem para cozinhar pratos fáceis e saudáveis. Estava com anemia e precisava mudar meus padrões alimentares, incluindo alimentos ricos em ferro."

Depois de observar sua tabela, Lauren, Mulher em Transição, descobriu que trabalhava muito e não tinha tempo nem para a família nem para si mesma. "Comecei a trabalhar em um emprego com picos sazonais, durante os quais tinha de trabalhar até tarde. Depois de sete meses seguidos nesse 'pico sazonal', eu sabia que estava acontecendo algo errado. Após uma longa conversa com meu chefe, ele resolveu contratar um temporário para fazer o trabalho extra. Agora, só trabalho até tarde em março e dezembro, e tenho mais tempo para a família e para mim."

Use a Tabela de Atividades

Construí uma tabela para organizar eventos, rever os relatórios de acompanhamento e verificar sua conclusão. Essa tabela é diferente da do tempo gasto, pois relaciona todas as atividades que precisam ser completadas para atingir as prioridades descritas.

No diário de Jana, por exemplo, as duas prioridades no trabalho eram convidar a imprensa e preparar os relatórios de atividade de dois clientes. A tabela de atividades listaria todas as tarefas necessárias à conclusão de suas prioridades. Ou seja, relacionaria os nomes e números do pessoal de imprensa e qualquer outra informação necessária para concluir a tarefa.

Veja como ficaria:

Tabela de Atividades

- 325-8990 Canal 29
- 845-7905 Canal 22
- 888-7854 Rádio 1620
- *E-mail* Mel, Silvia e Roberto
- 777-4567 Mercury Alert
- 753-4445 Bistro Hotel – Cliente 1
- Itinerário impresso e enviado por fax – Cliente 1
- Carta-resumo para Jason – Cliente 1
- Confirmar camarotes carnaval – Cliente 2
- Distribuir comunicado à imprensa – Cliente 2

Quando conclui uma tarefa, ela simplesmente faz uma marcação. A lista de atividades divide as prioridades em atividades simples, diminuindo o estresse decorrente da preocupação de esquecer algo, e proporciona um sentimento de missão cumprida.

Essa tabela também pode ser feita no computador. Relacione as tarefas a serem completadas no dia. Sugiro que use um programa de "gestão de relacionamento com clientes" como o ACT[19] para manter seu banco de dados atualizado com nomes, endereços físicos e eletrônicos, telefones etc. Também recomendo manter minimizado o banco de dados no computador, para encontrar um telefone em um clique.

A revista *Self* pediu-me que fizesse uma análise do tempo de Julie Herendeen, uma Conquistadora que é gerente de produtos da Netscape.

[19] Empresa americana de softwares: www.act.com.

Depois de analisar sua tabela de tempo, ela disse: "Passava tempo demais no trabalho e no *e-mail*. Quando chegava em casa, não conseguia dormir, não tinha tempo de ligar para meus pais e, definitivamente, não tinha tempo de conhecer outras pessoas solteiras. Em retrospecto, vejo que era uma trabalhadora compulsiva". A primeira coisa que pedi para Julie não fazer era checar o *e-mail* antes de dormir. O computador de casa estava ligado ao do trabalho. Então, resolvemos que, duas noites por semana, Julie jantaria com amigos e teria uma vida social – marcou essas datas na agenda. Também acrescentamos um dia no final de semana para se divertir, dormir ou fazer qualquer coisa que não fosse trabalho. Julie agora tem tempo para ligar para a avó de noventa anos. Como diz Julie: "Ela é meu exemplo e me disse para 'não deixar muitas coisas de lado'".

REVISE E REFORMULE SUA AGENDA

Verifique sua agenda mensal e remarque compromissos, se necessário. Essa revisão diária é necessária por conta do inesperado, pelo fato de uma tarefa levar mais tempo para ser concluída do que o previsto e assim por diante.

Assim que você se decidir sobre uma prioridade, estime o tempo necessário para completá-la e acrescente mais meia hora. Esse tempo adicional lhe permite concluir sua tarefa sem pressa, iniciar uma nova e também refletir sobre o que fazer caso surja um problema.

Sandy, uma Conquistadora, diz: "Todo dia, ligava para os clientes dizendo que estava quinze minutos atrasada. Agora, deixo um espaço de quinze minutos entre os compromissos, reuniões e projetos. Não me atraso tanto. Às vezes, quando estou atrasada, aviso a pessoa que está me esperando com bastante antecedência".

Verifique sua agenda diversas vezes por dia, se necessário, e remarque reuniões ou compromissos para poder terminar suas tarefas prioritárias. Um dia, Jackie, Mulher em Transição, precisava terminar um orçamento para o gerente do departamento. "Olhei minha agenda de manhã e percebi que, para terminar o orçamento, precisava mudar algumas reuniões que tinha marcado com semanas de antecedência. Porém, o orçamento tinha prioridade e cancelei as reuniões. Descobri que as pessoas não se aborreceram com o cancelamento, mas mantenho os compromissos mais importantes", diz Jackie.

Use Listas

Você já sabe como é útil a lista do supermercado. Que tal estender o uso de listas para aumentar sua eficiência em todos os campos? Veja as seguintes:

- listas de satisfação dos clientes
- listas de arquivo de clientes
- listas para os outros
- listas contínuas
- listas de incumbências externas
- listas de presentes
- listas de filmes
- listas de fins de semana e férias

Listas de satisfação dos clientes

Esse tipo de lista é ótimo para conhecer seu cliente e prevenir mal-entendidos antes que os problemas ocorram. Se já existe um problema, a lista ajuda a resolvê-lo e deixar o cliente satisfeito.

Faça uma lista para cada cliente. Parece trabalhoso, mas, uma vez feita, ela ajudará a colher dividendos sociais e financeiros.

Um cliente satisfeito com seus serviços é leal. Manter-se em contato é uma forma de manter a comunicação, melhorar as relações e prevenir problemas.

Listas de arquivo de clientes

Insira uma folha em cada arquivo de cliente. Mesmo que não esteja pensando em trabalhar essa conta, relacione tudo o que precisa fazer para ela. Assim que escrever, não terá de perder tempo lembrando. Um benefício adicional: elimina o estresse de esquecer o que precisa ser feito.

Listas para os outros

Relaciono tudo o que minha secretária deve fazer diariamente. Quando ela termina um serviço, tica o número da tarefa concluída. Deleguei tarefas, mas mantive o controle e a cobrança de resultados. Às vezes, preparo a relação e a envio por *e-mail*, mas percebi que estava roubando tempo precioso da secretária enviando um *e-mail* para cada tarefa. Agora, uso menos o *e-mail* e relembro cada novo item que quero que ela faça. Simplesmente enumero os itens e ela responde cada um deles, também via *e-mail*. Esse método permite que cada uma de nós tenha a informação, sem ficar ligando por qualquer coisa.

Por que não fazer uma relação de tarefas para a empregada doméstica? Venha ela uma vez por semana, por mês ou nunca (precisamos ter uma conversinha), faça uma lista do que precisa ser feito em casa. Uma vez, fui pegar um lápis que caiu sob o assento do sofá. Além do lápis, achei um grão de pipoca murcho! Passar o aspirador no sofá passou a ser um item na lista de afazeres domésticos. Acrescente mais itens à lista conforme for descobrindo coisas a serem feitas na casa. A lista sempre está aumentando, juro!

Listas contínuas

Esse é um tipo de lista que sempre está aumentando. Por exemplo, um varejista pode usá-la para pedidos especiais. Em vez de fazer vários pedidos por dia, ele pode acrescentá-los ao formulário especial à medida que forem chegando e processá-los uma ou duas vezes por semana.

Listas de afazeres externos

Essa lista deve ser contínua. Relacione o que precisa fazer na rua e acrescente itens à medida que for lembrando. Em vez de sair todos os dias, acumule as tarefas em um ou dois dias da semana.

Você vai descobrir que pode fazer várias coisas em um lugar só. A lei do 80-20 diz que 80% das compras podem ser feitas em 20% de lojas. Ou seja, com uma lista de compra de dez itens, as chances são de que oito podem ser feitas em dois lugares diferentes. Fazendo compras em lotes, você economizará tempo.

E que tal pensar em usar os serviços de entrega? Se a taxa de entrega for baixa, vale a pena.

Faça uma lista separada do que precisa fazer aos sábados, para não interferir na escola ou no trabalho. Por exemplo, levar as crianças para cortar o cabelo, comprar roupas ou fertilizante para o jardim. Vá adicionando itens durante a semana.

Listas de presentes

Manter uma relação dos familiares, amigos e colegas que "têm tudo" ajuda. Quando estiver com eles, se mencionarem que gostariam de ganhar algo, anote nesse bloco de notas intitulado "Presente". Quando chegar a ocasião especial, você tem o presente ideal: algo que realmente queriam ganhar.

Listas de filmes

É noite de sábado e você quer alugar um filme, mas parece que já viu todos. Faça uma relação dos filmes que não assistiu no cinema ou anote as sugestões de alguém. Não perca tempo nem fique frustrada da próxima vez que for à locadora.

Listas de passeios

Faça uma relação de locais para férias ou fins de semana. Quando ler sobre um lugar interessante para visitar, anote. Inclua nome de hotéis, telefones e endereços. Uma vez por mês, minha amiga Susan leva os filhos para conhecer cidades que distam duzentos quilômetros da sua casa. Sua lista está sempre atualizada e a família adora essas mini-férias. A última viagem teve teatro e quermesse com maçãs do amor e pintura facial.

Use Blocos de Anotações

Onde escrever essas listas? Sugiro um bloco A4 de rascunho com pauta. Faço uso deles há mais de dez anos. Sugiro a meus clientes que levem vários quando forem a conferências, seminários e *workshops*.

Vênus, Conquistadora, tem um spa. Ela alugou um *stand* em uma conferência destinada ao público feminino. "Mais de mil e duzentas mulheres assistiram à conferência. Levei vários blocos e anotei em cada um deles: 'Maquiagem', 'Donativos à Sociedade Protetora dos Animais' e 'Namorados e Maridos: endereços'. Recebi centenas de dicas."

Carla, Mulher em Transição, anota tudo. "Costumava fazer anotações nos bloquinhos distribuídos em seminários. A partir daí, descobri os blocos de rascunho. Anoto muita coisa em cada folha. Mas ainda não preenchi um bloco inteiro em um seminário."

Cíntia, Conquistadora na casa dos vinte anos, não sai de casa sem o computador de bolso. "Um dos melhores investimentos que fiz foi comprar esse computador para tomar notas nas minhas sessões de treinamento e incluir os cartões de visita que vou recebendo. Isso deve economizar muitas horas durante a semana", diz ela.

Pontos Importantes a Lembrar

Escreva em um bloco ou no computador tudo o que precisa fazer: não confie na memória. Essas listas economizam tempo e diminuem o estresse. Comece o dia escrevendo o que precisa fazer hoje e por quê. Essa lista vai ajudá-la a definir as duas prioridades do dia no campo profissional, doméstico e pessoal.

Anote o tempo gasto nas atividades para ajudar a completar as prioridades. Escreva a data, uma afirmação positiva que reflita o que está acontecendo na sua vida, duas prioridades profissionais, domésticas e pessoais e as horas despendidas nelas. Acompanhe até a conclusão da atividade. Analise a lista para determinar em que áreas você está completando as tarefas. Isso ajudará você a mudar seu estilo de vida, se necessário.

A lista de tarefas organiza e acusa o seu cumprimento. Impede o adiamento e elimina a sobrecarga.

Use a agenda mensal para planejar cada dia. Mude compromissos e reuniões, se necessário, para acomodar as prioridades.

Economize tempo e alivie a tensão. Anote tudo!

14

O Telefone, o Celular e o *E-mail*: Os Melhores – e os Piores – Amigos da Mulher

De todas as invenções legadas por Alexandre Graham Bell, o telefone talvez seja o que fez mais escravos. Telefones computadorizados e celulares com discagem automática e outros recursos dificilmente compensam os hábitos que só destroem os cronogramas planejados.

Para a maioria de nós, as chamadas recebidas é que devem ser controladas. Obviamente, uma secretária competente é a melhor solução para cuidar tanto das ligações triviais quanto das importantes. Mas para quem não pode se dar ao luxo de contratar uma assistente, há táticas que podem eliminar o número de horas perdidas com telefonemas.

Entenda os Mitos do Telefone

Três mitos sobre o telefone impedem a eficiência das mulheres em geral. O primeiro tem a ver com a necessidade de atendê-lo, o segundo com a avaliação de quanto tempo se leva para atendê-lo e o terceiro, a mania de se levar o celular a todos os lugares para se estar sempre "ligado".

Mito 1: Minha função é estar sempre disponível para os clientes

"Toda vez que sento para fazer algo, o telefone toca e lá se vai minha concentração", lamenta uma corretora da Bolsa ocupadíssima. "Sinto a necessidade de atender a todas as ligações que chegam." Esse comentário é freqüente. "Estou aqui para atender meus clientes, portanto preciso atender o telefone."

Claro que é preciso se comunicar com os clientes. Mas pensar que é preciso ficar sempre disponível, além de irrealista, leva à má gestão do tempo. E, como veremos adiante neste capítulo, o melhor meio de se comunicar pode não ser pelo telefone.

Não se martirize com a necessidade aparente de estar sempre disponível. O fato é que os clientes não esperam que esteja sempre à disposição. Afinal de contas, quantas vezes você consegue falar com o médico ou dentista na primeira tentativa? Quase sempre eles ligam de volta. E é exatamente isso que seu cliente precisa entender. Contanto que você ligue de volta, no mesmo dia, a maioria ficará satisfeita. De fato, quando retorna a ligação, as pessoas em geral compreendem que você está ocupada e falam rapidamente.

Ruth, representante de vendas, não atende a chamadas entre três e quatro da tarde ou sete e nove da noite. Quando está no escritório nessas horas, a secretária atende e explica que ela retornará a ligação. Em casa, ela deixa ligada a secretária eletrônica. "Meu problema", diz ela, "é que não consigo terminar a papelada se me interrompem constantemente. Erro muito."

Se você é uma Dona de Casa Tradicional que trabalha em casa, libertar-se da necessidade aparente de atender ao telefone é tão prático quanto para a mulher que trabalha fora. Não é possível estar à disposição vinte e quatro horas por dia, nem mesmo da família e dos amigos. Contanto que as pessoas tenham como saber que o recado delas foi dado e que você vai ligar de volta, não há por que objetar.

Mito 2: Atender ao telefone leva apenas um minuto

Pense no tempo que leva para voltar a se concentrar. Quando se começa um trabalho, é preciso tempo para se aquecer e fazer fluir as idéias. Um telefonema interrompe totalmente esse processo. Ao desligar o telefone, esse processo deve ser reiniciado. Todo escritor sabe que as primeiras páginas nunca fluem tão facilmente quanto as finais. Uma interrupção significa uma meia hora para se concentrar de novo. Se você valoriza o fluxo de pensamento e o tempo, não atenda ao telefone!

Mito 3: Os celulares economizam tempo

Para mim, o celular fez surgir a mania de pensar que é preciso estar disponível vinte quatro horas por dia, sete dias por semana, além da tentação de querer saber quem está chamando cada vez que ele toca. Essa pressão traz estresse desnecessário, excesso de compromissos, perda de concentração no trabalho e ao volante e, ainda, um alheamento social. O mito do celular está presente em todos os estilos de vida e gerações.

Estresse desnecessário: por causa dessa mania, as pessoas esperam que se esteja sempre às ordens, atendendo ao telefone assim que ele toca. O som do celular tocando freqüentemente também é um fator estressante. A corretora de imóveis Naomi diz: "Às vezes, o som do celular me deixa maluca e não consigo me concentrar".

Excesso de obrigações: Deni, consultora, diz: "Por causa do celular, digo a meus clientes que vou ligar de volta em seguida se estou ocupada ou na outra linha. Só que isso me força a retornar todas as ligações e continuar o que estava fazendo".

Perda de concentração no trabalho: de novo, toda vez que permitir que o telefone a controle, além da desconcentração há também a interferência na qualidade do trabalho em virtude da perda potencial de foco e de constantes interrupções.

Quanto a dirigir e falar ao celular, não me oponho a uma proibição de falar ao celular ao volante. Jerry conta que "quase tive um acidente horrível porque a motorista estava ao celular e duvido que estivesse prestando atenção ao trajeto".

Alheamento social: toda vez que vou a um restaurante ou café e observo, em um grupo, alguém falar ao celular enquanto os acompanhantes ficam calados, interpreto essa atitude como alheamento social.

Maneiras de controlar o uso do celular

1. Deixe-o desligado até estar preparada para responder às chamadas e checar a caixa de mensagens.
2. Retorne todas as ligações em grupo e decida a melhor hora para fazê-lo.
3. Desligue o celular quando estiver dirigindo.
4. Desligue o celular quando estiver com a família, amigos, em uma reunião, no teatro, cinema ou restaurante.
5. Desabitue-se de usar o celular a trabalho quando estiver dirigindo ou em qualquer uma das situações acima.

Pouco a pouco, estou me desabituando do uso do celular. Descobri que dependia demais dele. Faço chamadas que poderiam muito bem ser feitas do escritório ou de um telefone fixo. Estou tentando usar o celular só quando em trânsito. Pode parecer obsoleto, mas, desde a "demissão" do celular, aumentei a concentração e meu foco, e a necessidade de ligar do carro é apenas um hábito. Como consegui?

1. Deixo o celular desligado a maior parte do tempo. Checo os recados quatro vezes por dia.
2. Retorno 50% dos recados deixados no celular de um telefone fixo.
3. Evito ligar para meus filhos quando estou ao volante.
4. Evito ligar para clientes no carro. Assim presto mais atenção às nossas conversas telefônicas e sempre tomo notas em vez de confiar na memória.
5. Desligo o celular em restaurantes e cafés: nessa hora quero relaxar.

Construir Vínculos

Agora que aprendemos maneiras de nos proteger das indesejáveis interrupções telefônicas, vamos ver como fazer melhor uso do telefone. Como já disse, o objetivo é uma comunicação de qualidade, não o acesso constante.

Por que conversar?

Pense nas ligações que faz e recebe. A maioria é para conversar ou para obter informações específicas como, por exemplo, o nome da pessoa, do projeto, uma confirmação ou algo mais?

Os líderes do ramo de serviços de correio de voz dizem que metade de todas as ligações comerciais contém informação unidirecional. Pessoalmente, acho que a porcentagem de informação unidirecional é muito mais alta, por volta de 75%. Ou seja, uma pessoa diz algo a outra. Na maioria dos casos, os dois interlocutores nem precisam conversar: um deles simplesmente transmite uma informação.

Desperdiçamos tempo porque nos atemos à idéia de que devemos falar diretamente com certa pessoa. Se o principal objetivo é transmitir informação, é possível fazê-lo com criatividade. Você pode preparar uma mensagem com a informação e deixá-la na secretária eletrônica, no serviço de correio de voz ou enviar um *e-mail*. A informação pode ser transmitida à secretária ou a terceiros (isso só funciona se estes souberem com quem quer falar e o que deseja transmitir ou precisa; sempre informe sua secretária se está esperando uma ligação específica).

Se sua necessidade é apenas receber informação, avise a pessoa como ela pode fazê-lo. Na mensagem, diga qual a melhor hora para falar com você e para quando precisa da informação.

Escolha a melhor hora para retornar a ligação

A que hora do dia está menos disposta a conversar ou papear ao telefone? Geralmente, antes do almoço e ao final do expediente. Portanto, descobri que a melhor hora para ligar de volta e ter um diálogo rápido e produtivo é das 11:30 da manhã até meio-dia e das 4:15 às 5:00 da tarde.

Faça as ligações em bloco

Como sugeri anteriormente, não é necessário estar disponível o tempo todo, contanto que retorne as ligações no mesmo dia. Quando puder telefonar, otimize o tempo retornando o maior número possível de ligações de uma só vez. Chamo a isso de ligações em bloco. Escolha, como eu, ligar entre 11 da manhã e meio-dia e entre 4:15 e 5:00 da tarde: nessas horas, as pessoas querem falar rápido. Mas é preciso planejamento para telefonar para locais em diferentes fusos horários.

Outro período produtivo para as ligações em bloco é ao meio-dia. Fico no escritório duas vezes por semana até 12:30 só para telefonar. Vai se surpreender com o número de pessoas que está no escritório nesse horário. Muitas só para não serem perturbadas enquanto trabalham. Querem falar rápido para poder voltar a trabalhar.

Lembre-se de que essas ligações não precisam ser feitas do seu escritório. Use momentos de folga para fazer ligações de onde você estiver. Por exemplo, eu prendo com clipes recados na minha agenda, que levo aonde for, menos a eventos sociais. Sempre deixo dois clipes na agenda só para prender papeizinhos com recados: os mais urgentes por cima e o resto por ordem de prioridade.

Ligo de volta enquanto espero a lavagem do carro (meu tempo vale mais que o custo). Também faço e retorno ligações do carro, antes do almoço. Fazendo essas ligações em bloco no mesmo dia, as mulheres mostram profissionalismo e diminuem o estresse.

Responder *e-mails* em bloco

Telefone e *e-mails* estão na mesma categoria: controle das comunicações. Em vez de responder um *e-mail* por vez, estabeleça períodos do dia para checar a caixa de entrada e outros para responder aos *e-mails*. É tudo o que você precisa fazer com a comunicação telefônica, seja fixa ou móvel.

Evite os desencontros telefônicos

Esse é um jogo em que duas pessoas ficam ligando uma para a outra e nunca conseguem se falar. Deixam uma série de recados e o resultado é uma perda de tempo e, em alguns casos, a perda de uma venda, o estouro de um prazo ou um grande mal-entendido.

A corretora de imóveis Sheila diz: "Quando comecei nesse ramo, sempre corria atrás das pessoas. Depois de perder alguns clientes, criei um método. Agora deixo com a secretária da empresa ou no serviço de correio de voz meu telefone e os horários em que posso ser encontrada. Ligo para o escritório, pelo menos de hora em hora, para saber se há ligações e, principalmente, se tenho contratos para serem assinados. Nunca se sabe o que pode acontecer".

A seção seguinte apresenta dicas de como evitar esses desencontros.

O melhor horário para ligar

Normalmente, temos uma rotina normal de trabalho: estamos no escritório entre 8 e 9 horas da manhã ou entre 1:30 e 2:45 da tarde. Os clientes também têm sua rotina. Pergunte qual o melhor horário para entrar em contato com eles e marque em sua agenda telefônica.

Duas tentativas e uma carta por correio

Liana trabalha em tempo integral e administra trinta e três aluguéis. Quando não consegue encontrar os clientes, usa a tática de entrar em contato duas vezes e mandar uma carta por correio. "Quando ligo para uma pessoa duas vezes ou envio dois *e-mails* e não recebo resposta, mando uma carta por correio. Normalmente, a pessoa recebe no dia seguinte. Na carta, escrevo o que preciso e que a informação deve ser enviada ao meu escritório... Com isso, evito ficar nervosa e, além do mais, tenho uma prova documentada se precisar. Não tenho tempo de ficar correndo atrás das pessoas."

Não se esqueça de que, em alguns casos, mandar um fax tem melhores resultados do que uma carta por correio ou um telefonema, contanto que a informação não seja confidencial.

Use o telefone de casa

Quando não consigo falar com uma pessoa, deixo um recado com meu número de casa e o horário específico para retornar a ligação. Faço isso para não interromper nosso jantar ou para não acordar ninguém.

O mesmo vale para meu interlocutor. Levo o número do telefone de casa e ligo entre 7 e 9 da noite e quase sempre às segundas, já que é o dia que dou início à maioria dos projetos.

E-mail e *telefone*

Se você não tiver resposta ao seu *e-mail* depois de certo tempo ou mandou mais de um *e-mail* sem resposta, ligue. Está cada vez mais difícil entrar em contato por *e-mail*, devido aos *firewall*, programas de segurança e controle de *spam*.

Faça parte da lista de contatos

Quando começo a trabalhar com um novo cliente, imediatamente trocamos nossos *e-mails* e colocamos o endereço eletrônico na lista de contatos. Caso contrário, seu *e-mail* será automaticamente rejeitado. Há vários serviços de controle de *spam* disponíveis e gratuitos.

Faça uma visita

Minhas clientes também têm os clientes delas: pode ser a proprietária de um salão de beleza, uma advogada, corretora de Bolsa, corretora de imóveis etc. É bastante difícil falar com elas por telefone. Assim, se estou nas redondezas e tenho cinco a dez minutos de folga (aproximadamente o tempo que dura um telefonema), vou visitá-las. É sempre bom estar em contato, mesmo que elas tenham uma agenda lotada.

Deixe recados com outros

As mães precisam se dar conta de que os filhos podem anotar recados. Não só podem acabar com os desencontros, mas, como uma secretária, criar uma impressão positiva para você e sua empresa. Todas as crianças deveriam saber como atender ao telefone com responsabilidade.

Não caia no erro de pensar que os clientes não vão ligar para sua casa. Como diz Sheila: "Faço tantas coisas para tantas pessoas que nunca sei para qual número – casa, celular ou escritório – elas vão ligar. As pessoas não têm culpa porque, às vezes, estou em casa durante o dia (almoçando ou cuidando do filho doente)". Perguntei com que idade ela achava as crianças capazes de anotar recados direito. "Assim que aprendem letras e números", diz. "Ensino a repetir nomes e telefones por via das dúvidas. Sou dessas pessoas que ficam muito chateadas quando recebem uma informação incorreta. Fazer as crianças repetir os números dos telefones diminui o problema."

Marque reuniões regulares

Conheço uma especialista em marketing que trabalha com dois *designers* gráficos. Era tão difícil conseguir falar com eles pelo telefone que ela resolveu marcar reuniões semanais. Ela diz: "Tenho que pular miudinho com meus clientes – é por isso que me contrataram. Essas reuniões semanais evitam os desencontros telefônicos." Não use o *e-mail* em substituição às reuniões em pessoa. Nada como a energia e sinergia criadas ao se reunir para pensar e criar.

A representante de vendas Tina e seu principal fornecedor decidiram jogar tênis juntos uma vez por semana. Depois, tomando chá gelado, conversam sobre negócios. Essa oportunidade permite que encomendem mais estoques, alterem políticas da empresa, conversem sobre problemas e, basicamente, relaxem. "Meu principal fornecedor fica na cidade dois dias por semana. O tempo que passamos juntos me permite conseguir bons preços e informações atualizadas sobre nosso negócio aqui e em outros locais. Suspeito que seja por isso que nossa relação seja tão boa e, nesse ramo, há grande diferença entre ganhar bem ou não."

Deixe o endereço eletrônico nas mensagens de voz

Meu conselho é que passe a deixar seu endereço eletrônico ao final da gravação, de forma que quem chama tenha a opção de entrar em contato via *e-mail.* Caso esteja recebendo muita correspondência indesejável, esqueça essa idéia. Porém, na maioria dos casos, a pessoa gosta da idéia, o que impede desencontros. Sinceramente, prefiro o *e-mail* ao telefone pela economia de tempo, pois o retorno é imediato e reduz a conversa mole.

Teleconferência

Que excelente maneira de manter contato sem sair do escritório ou de casa. Valéria, representante de vendas de uma editora, diz: "Antes de a empresa começar a fazer teleconferências semanais, perdia muito tempo indo e voltando de reuniões".

Dia sem Telefone

Por favor, não comece a ficar ofegante. Só estou propondo que planeje um dia por semana para ficar longe do telefone. Nesse dia de concentração, só use o telefone para ligar a alguém quando o assunto for trabalho ou uma emergência! É bom "espairecer" duas vezes por dia: uma no final da manhã, antes do almoço, para ouvir suas mensagens e retornar ligações, e outra ao final do dia. Aproveite também para checar seus *e-mails* ao mesmo tempo, para não se tornar refém das emergências alheias: só responda aos *e-mails* urgentes.

Hoje, com a expansão do uso de secretárias eletrônicas, não há problema em não atender o telefone. Anos atrás, não era considerado muito profissional deixar a secretária eletrônica capturar as mensagens, mas hoje é quase preferível, se não for esperado! A profissional de marketing Jamile diz: "Não acredito como minha vida mudou depois que implantei o 'dia de concentração' uma vez por semana. Não fico tão estressada durante a semana porque *sei* que tenho um dia para executar o trabalho. Na verdade, não vejo a hora de chegarem as quartas-feiras (o dia marcado). Algumas vezes, não consigo ficar o dia inteiro sem telefone, mas faço questão de três a quatro horas".

Ensine a Secretária a Lidar com Interferências

Essa seção é para a sortuda que tem uma secretária ou usa um serviço de recados.

O segredo para tirar o melhor proveito de uma secretária é manter contato com ela diversas vezes ao dia. Alerte-a sobre os telefonemas que deseja receber, quando pode ser contatada no escritório e o que dizer quando você não se encontra disponível.

Lembre-se de que a secretária é quem recebe suas chamadas – o que diz e seu tom de voz são extremamente importantes. Todas as chamadas devem ser recebidas com simpatia e competência. O sentimento gerado por sua secretária tem influência direta sobre sua imagem pessoal e profissional.

Estabeleça esses três importantes procedimentos com sua secretária:

1. Se alguém tentou ligar várias vezes, peça desculpas pelo inconveniente. Nesse ponto, a secretária deve dizer ao interlocutor que seu recado será o primeiro da fila e acompanhar o andamento chamando sua atenção. Ofereça também o endereço de *e-mail* no caso de a pessoa querer usar

esse meio de comunicação. Entretanto, isso deve ser usado apenas para clientes específicos.

2. Nunca pergunte o nome de quem está ligando e coloque em espera: pode ferir susceptibilidades caso a chamada não seja completada imediatamente.
3. Sempre use frases positivas. Jamais diga: "Não, ela não está no escritório", mas sim: "Hoje ela está em uma conferência. Posso ajudar em algo?" Ou então: "Ela só virá ao escritório depois do meio-dia, mas posso contatá-la em caso de emergência." Outras possibilidades: "Ela está fora até quinta-feira, mas liga duas vezes por dia para checar os recados" ou "Ela estará de volta às 2:30 da tarde". Para o interlocutor, essas declarações positivas soam como um oferecimento de ajuda.

Duas outras regras da conduta telefônica são importantes tanto para você quanto para sua secretária:

1. Sempre sorria ao atender o telefone.
2. Identifique-se. Pergunte como pode ajudar o interlocutor.

A mesma abordagem deve ser usada com a secretária eletrônica ou correio de voz. Sorria, seja positiva, pergunte como pode ajudar, acompanhe e mantenha-se em contato. Como com a secretária, é preciso verificar sempre sua secretária eletrônica e o correio de voz.

Tecnologia É Bom... Certo?

Temos muita sorte em viver na era da tecnologia ao nosso alcance. Entretanto, ela pode se tornar uma faca de dois gumes. Se de um lado economiza horas e reduz estresse, de outro provoca tensão excessiva, complicando a vida e entrando onde não é chamada: nosso espaço, família e tranqüilidade. Vamos rever os prós e contras de algumas dessas tecnologias para saber usá-las.

Celulares

Lado positivo:

- Entrar em contato com a família e clientes em questão de minutos.
- É leve para carregar.
- Diversas funções em um único aparelho.

- Talvez seja mais barato que uma linha fixa.
- É possível mandar mensagens de texto em caso de falha.

Desafio:

- Estar sempre disponível e violar a privacidade (falamos disso neste capítulo).

Solução:

- Como já discutimos anteriormente, controle o uso do celular.

Computador de bolso ou PDA – *Personal Digital Assistant*

Lado positivo:

- Conveniência de dispor nomes, endereços, telefones, *e-mails* e outras facilidades.
- Leve para viajar.
- É telefone e computador ao mesmo tempo.
- Captar e escrever informação que está fresca na memória.
- Não é necessário redigitar os dados no computador.

Desafio:

- Caso perca o PDA, todas as informações se vão, a menos que tenha um sistema de sincronização com o PC.
- É preciso usar senha e criptografar as mensagens, pois o PDA tem problemas de segurança.
- A tecnologia sempre pode falhar.
- A agenda interna não permite visão mais ampla.
- Pode ser caro.

Solução:

- Sincronize o PDA ao PC.
- Aplique ao PDA os mesmos princípios de gestão de tempo que você usa com o telefone e o *e-mail*.

Pesquisa pela Internet

Lado positivo:

- Economiza tempo, dinheiro e estresse.
- Pesquisar em casa ou no escritório.
- Riqueza de informações.

Desafio:

- Acúmulo de informações.

- É preciso saber pesquisar.
- Algumas informações não estão disponíveis.
- É preciso tempo para fazer as buscas.

Solução:

- É importante manter o material de pesquisa organizado em arquivos etiquetados, com ou sem papel.
- Marque os *sites* favoritos de pesquisa.
- Planeje tempo suficiente para ir à biblioteca quando fizer pesquisas *on-line* – não ponha todos os ovos na mesma cesta. Denise, escritora e editora, diz: "Adoro pesquisar na Internet, mas ainda tenho de ir à biblioteca da universidade mais do que eu gostaria".

Pontos Importantes a Lembrar

O telefone pode economizar seu tempo, contanto que você o controle. Tudo bem não estar disponível para ligações vinte e quatro horas por dia; sua responsabilidade é informar àqueles que querem falar com você e responder aos recados no mesmo dia.

Lembre-se de que não precisa necessariamente falar com alguém para receber uma informação. Informe seus contatos sobre como e quando deixar um recado para você. Se quem precisa passar a informação for você, descubra qual a melhor hora para fazê-lo e que meio usar para isso.

Para responder às mensagens com eficiência, faça as chamadas e responda aos *e-mails* em conjunto quando e onde quiser. Para evitar desencontros, tanto ao telefone quanto via *e-mail*, mande sua mensagem por *e-mail* ou fax e, depois de duas tentativas, use o telefone de casa, faça visitas ou marque reuniões regulares.

A impressão deixada pelo contato telefônico é importante. Certifique-se de que quem atender ao telefone – seja adulto ou criança – transmita uma atitude calorosa e positiva e saiba anotar os recados direitinho.

Lembre-se, o telefone e o *e-mail* existem para sua conveniência. Use-os com bom senso e serão seus melhores aliados.

15

A Gentil Arte de Delegar

Nenhum homem é uma ilha e nenhuma mulher consegue fazer tudo sozinha. Não importa o tamanho da sua empresa ou sua posição em uma organização, é importante saber como e quando delegar responsabilidades para poder crescer e alcançar o sucesso.

Saber delegar pode dobrar a produtividade da mulher, não importa a posição em que estiver na carreira. É preciso separar as tarefas que envolvem política das que envolvem a efetiva operação do negócio. E lembrar que delegar atinge tanto o alto quanto o baixo escalão.

A necessidade de delegar também vale para o ambiente doméstico, permitindo que a mulher passe mais tempo com seus "representantes".

A Necessidade de Controle

A maioria das mulheres tem uma necessidade obsessiva de controlar cada aspecto das atividades profissionais, domésticas e pessoais, que é derivada do medo e da culpa.

Elimine o medo

A Dona de Casa Tradicional acha que precisa controlar tudo o que acontece, principalmente no lar, ou será a causadora da desunião familiar. A Mulher em Transição continua tentando dar uma de malabarista e, se der um passo em falso, teme perder tudo: trabalho e família. Para a Conquistadora, caso perca o controle do trabalho, em especial, erros acontecerão, abalando sua credibilidade.

Abandone a culpa

As mulheres em geral exigem muito de si mesmas por causa da culpa de não serem perfeitas nem capazes de fazer tudo. Então, procuram se desdobrar: tentam controlar tudo para fazer os outros felizes.

O cartum *Cathy* mostra como a culpa de trabalhar fora fez Cathy redobrar os esforços para se tornar a perfeita dona de cachorro – mesmo que sua preocupação estivesse longe de se justificar. Cathy chega do trabalho e descobre que sua cadela, Electra, destruiu a casa.

> — Electra! O que aconteceu aqui? As cartas picadas... os travesseiros em frangalhos... metade do sapato enterrado na planta!
>
> — Puxa, Electra... Fiquei muito tempo fora hoje! Você ficou chateada e sozinha! Pensou que eu não ia voltar, né? Fez coisa errada, ficou com medo e fez coisa pior! Tudo minha culpa! Não devia ter ficado tanto tempo fora! Vou te fazer um jantar especial! Pegar todos os seus brinquedinhos, tá? Perdão, meu bebezinho lindinho, meu docinho de coco!!
>
> CULPA: A melhor amiga do cão.

A reação de Cathy parece exagerada, mas é ela tão diferente da reação feminina causada pela culpa? Veja alguns casos.

Claire, Dona de Casa Tradicional, conta: “Como tinha um emprego de meio período, achava que precisava fazer tudo. Meus filhos estavam ocupados com a lição de casa e meu marido trabalhava bastante o dia inteiro. Eu parecia uma boba tentando manter a casa limpa e a roupa lavada. Então, um belo dia, meu menino de onze anos pediu para eu brincar de bola com ele e eu disse que tinha de lavar a roupa. Ele disse: ‘Mamãe, por que você passa mais tempo lavando roupa do que brincando comigo?’ Isso me deu um estalo e descobri como resolver o problema. Agora, meus filhos de onze e treze anos me ajudam a lavar e passar roupa e assim posso ficar mais tempo com eles – inclusive o tempo que passamos juntos lavando a roupa. Antes, eu achava que estava fazendo meus filhos felizes”.

Linda, Mulher em Transição, voltou a trabalhar depois do nascimento do primeiro filho. Trabalhou meio período por um tempo, mas precisava de dois ordenados para manter a casa. "Odiava ter de deixar meu bebê na época. Na hora do almoço, corria de volta para casa e depois ao final do expediente. Não queria perder seus primeiros passos, nada do que ele fizesse pela primeira vez. Fiquei doente com uma série de resfriados que se arrastaram por oito semanas. Meu médico disse que tinha duas alternativas: sair do emprego ou me acalmar. Continuei a trabalhar porque não tinha opção. No fim, deixei meu filho com minha cunhada e sabe de uma coisa? Vi todas as coisas que ele fez pela primeira vez."

A Conquistadora Lana fazia de tudo em sua pequena empresa, inclusive atividades que poderiam ser delegadas, como datilografia, contabilidade e arquivo. "Fazia tudo porque sabia e era mais rápido. O único problema era que o trabalho estava se acumulando. Não tive mais escolha senão contratar um funcionário. Só depois de quatro temporários achei uma boa funcionária. Ainda trabalho mais rápido que ela, mas agora termino o trabalho com muito menos estresse."

Um pensamento alarmante, mas verdadeiro: a vida continua sem a gente!

Cultive o hábito de delegar

Se os exemplos acima fizeram-na perceber sua obsessão por controle, é hora de desenvolver o hábito de delegar. Para tanto, siga estes quatro passos:

1. decida quais tarefas gostaria de fazer
2. priorize suas tarefas
3. revise as prioridades
4. peça ajuda

Decida o que gostaria de fazer

Para saber o que gostaria de fazer, pense em todas as suas atividades. Pense nisso enquanto faz sua caminhada, corrida ou qualquer exercício, é muito bom. Depois de refletir sobre o assunto, pegue lápis e papel.

Divida uma folha de papel em três categorias, uma para cada atividade: profissional, doméstica e pessoal. À medida que for revisando cada tarefa, pergunte-se: essa atividade me levanta, me dá energia? Se a resposta for afirmativa, então você gosta dela. Marque com caneta verde.

Depois, decida quais tarefas lhe são indiferentes: marque em amarelo. As tarefas que não marcar são as que, além de não gostar, tiram sua energia; marque-as com caneta vermelha.

Lembre-se de que há uma diferença entre uma atividade que não gosta e outra que suga sua energia. Não gosto de lavar louça, por exemplo, mas ela não tira minha energia. Além de detestar passar roupa, acho essa tarefa cansativa e irritante. Arquivar também tira minha energia tanto quanto fazer certos tipos de compra.

Obviamente, as tarefas marcadas em vermelho são fortes candidatas a serem delegadas.

Priorize as tarefas

Decida quais tarefas – no trabalho, em casa e na vida pessoal – lhe são prioritárias. Se uma ou mais pessoas podem desempenhá-las tão bem quanto você e no tempo disponível, pense nisso.

Sheila, que trabalha como gerente administrativa em uma firma de advocacia, era responsável pela contabilidade, relações públicas, entrevistas e outras coisas mais. "Os sócios e eu fizemos uma reunião para decidir o que cada um deveria fazer para que a firma desse lucro e quais as tarefas que poderiam ser delegadas. Decidimos que eu faria os cheques e as entrevistas por telefone, delegando a correspondência externa e os pedidos de compra. É um processo doloroso, porque odeio ter de entregar o controle a quem não dá tanto valor quanto eu. Resolvemos fazer essas reuniões uma vez por mês. Tenho certeza de que vou abrir mão de mais responsabilidades, pouco a pouco."

Revise as prioridades

A prioridade de uma atividade pode mudar da manhã para a tarde. Por exemplo, se está demorando para terminar uma tarefa e outra precisa ser concluída até o dia seguinte, talvez seja necessário deixar a tarefa em mãos e dar início à outra com prazo. Mary, uma Conquistadora, tinha três prioridades em um mesmo dia: criar estratégias orçamentárias para dois clientes diferentes e fazer uma apresentação a outro. "Não percebi que gastei muito tempo em um dos orçamentos. Eram duas horas e ainda não tinha terminado a proposta. Como tinha uma reunião bem cedo com o cliente novo, deixei de lado os orçamentos até terminar a apresentação. Terminei um dos orçamentos no final da tarde e o outro depois da reunião da manhã."

Qual a relação entre estabelecer prioridades e delegar tarefas? Lembra-se da Lana, que tinha uma pequena empresa e sempre adiava a contratação de pessoas porque achava que era mais rápida?

É provável que você, como Lana, seja capaz de dar conta da atividade em menos tempo. Além disso, é demorado delegar e explicar o serviço. Se a tarefa for prioritária – com prazo apertado – faz mais sentido do ponto de vista da administração de tempo você se incumbir dela. Procure outra tarefa em sua lista para delegar.

Peça ajuda

As mulheres, em geral, têm dificuldade em pedir ajuda. Achamos que deve haver algo errado conosco se tivermos de delegar. Afinal de contas, somos mulheres; temos de cuidar de *tudo*.

Por que isso acontece? Depois de várias entrevistas informais, descobri cinco razões básicas:

1. Medo de parecer incompetente.
2. Aversão a infringir o tempo alheio.
3. Medo de rejeição.
4. Crença de que uma atividade requer conhecimento e experiência específicos.
5. Envolvimento do ego na tarefa.

Antes de passar à discussão de formas de pedir ajuda no trabalho e em casa, vamos dar uma olhada em cada uma das razões acima.

Medo de parecer incompetente

A mulher acha que pedir ajuda denota a falta de controle da vida profissional, familiar e pessoal. Ter ou não controle não é a questão, mas sim a sensibilidade às opiniões alheias sobre sua capacidade de dar conta de tudo.

Aversão a infringir o tempo alheio

Eis outro caso em que a mulher mostra sua sensibilidade à reação alheia. Ela pode refrear a necessidade de pedir ajuda por medo de que o outro aceite ajudá-la mesmo não querendo. A mulher, por experiências passadas, conhece esse comportamento melhor que qualquer um. Com certeza, você já deve ter aceitado fazer algo que tomaria seu tempo, quando você desejaria dizer não.

Medo de rejeição

O medo da rejeição pode explicar por que a mulher não gosta de falar com desconhecidos ao telefone. Preferimos ligar para pessoas conhecidas, a quem fomos apresentadas anteriormente. Costumamos evitar comportamentos que nos fazem temer conseqüências negativas. Portanto, deixamos de pedir ajuda por medo de levar um não.

Necessidade de conhecimento específico

A mulher envolve-se de corpo e alma nas atividades profissionais, domésticas e pessoais e sabe, por experiência e esforço, o que funciona ou não. Por confiar nesse conhecimento, freqüentemente deixa de usar o tempo com mais eficiência. É preciso que essa mulher aprenda a não se incomodar com a maneira como o outro faz a tarefa a ele delegada, contanto que o resultado final seja o mesmo.

Envolvimento do ego

Uma determinada atividade pode personificar feminilidade, fertilidade ou qualquer outra característica intrínseca à mulher. Por isso é difícil abandoná-la. Carla, Mulher em Transição, adorava fazer o lanche dos filhos. "Fazia questão de que os sanduíches tivessem alface e de que levassem frutas frescas e suco de frutas na lancheira. Mas, com os horários do meu novo emprego, ficou impossível. Meu marido, então, assumiu essa obrigação e não acho que os lanches dos meus filhos sejam tão nutritivos."

Fazer o Possível

Descoberta a liberdade de pedir ajuda, agora poderá criar novas maneiras de organizar e administrar suas responsabilidades. Veja as abordagens criativas desenvolvidas por Sydney e Karen. Sydney é representante de vendas de uma grande empresa. "Odeio fazer ligações para confirmar visitas. Peço para minha secretária fazê-las para mim. Em contrapartida, reviso suas cartas. O esquema funciona bem para nós duas."

Karen, Conquistadora, começou a reunir a família para dobrar a roupa lavada às segundas e quintas depois do jantar. "Nós todos sentamos no chão e, enquanto dobramos as roupas, fazemos jogos de palavras. Até que a gente se diverte. Meu caçula, responsável por juntar os pares de meia, perguntou se podíamos fazer essa brincadeira aos sábados."

Como Desfrutar os Benefícios

Você já deve ter descoberto os benefícios adicionais de aprender a delegar. Durante o processo de separação das tarefas que sugam sua energia, você também descobriu quais delas lhe dão energia. Use esse conhecimento para se revitalizar quando estiver estressada.

Geni, que escreve artigos de não-ficção, explica como usa uma de suas atividades de energização. "Quando estou sem inspiração ou não tenho vontade de escrever, vou ao jardim e arranco o mato ou podo as ervas. Isso me dá novo estímulo."

Karen, que transcreve relatórios médicos, dá voltas no prédio da empresa. "Dou quatro ou cinco voltas por dia. Antes de começar a caminhar, costumava arrumar gavetas, clipes de papel e outras coisas fúteis. Passava um tempão fazendo isso. Andar também me ajuda a emagrecer, pois bebo mais água."

Susan, Dona de Casa Tradicional, toca piano quando precisa espairecer. "Não sou boa pianista, mas consigo tocar as músicas mais conhecidas. Basta tocar piano para esquecer as preocupações."

Kathleen, Mulher em Transição, conta: "Comecei a fazer caminhadas com a família, inclusive com o cachorro, depois do jantar. Limpamos a mesa, mas só lavamos a louça depois de voltar da caminhada. É ótimo para botar o papo em dia com a família depois do dia inteiro fora."

Como Prevenir as Recaídas

A obsessão por controle nos é tão arraigada que nos arriscamos a esquecer de pedir ajuda. Existem três sintomas principais que podem nos alertar de que estamos nos sobrecarregando. São eles: o adiamento de tarefas, o sentimento de desgaste e a depressão.

Adiamento

Todas nós já fizemos isso: adiar. Além de impedir que se faça o que deve ser feito, adiar traz o sentimento de sobrecarga. Adiamos as tarefas e a pilha vai aumentando. Esse sentimento é paralisante e impede a conclusão das obrigações.

Desgaste

A palavra desgaste significa dano causado pelo mau uso. Se você está se desgastando por não pedir ajuda, está sem energia. A imobilidade toma conta do corpo e a mente fica preguiçosa. Fica difícil estabelecer prioridades.

Depressão

A depressão caracteriza-se pela falta de energia e pelo sentimento de que nada vale a pena. Este causa inatividade e mau humor, potencializando a depressão. O deprimido não vê significado no trabalho e na vida. Se a depressão for crônica, é preciso procurar aconselhamento médico, psicológico ou religioso. O aconselhamento auxilia o deprimido a fazer mudanças que refletirão suas prioridades e, com isso, trazer novo alento à vida.

Entretanto, se a procrastinação, o desgaste e a depressão forem simples sintomas de sobrecarga, você pode delegar o máximo, o que lhe possibilitará fazer algo *por você mesma.*

A lista a seguir mostra quinze idéias para se motivar.

1. Tirar uma manhã de folga.
2. Ir ao cabeleireiro no sábado.
3. Avisar que não vai fazer jantar nem lavar a louça durante duas ou três noites.
4. Aconchegar-se com um bom livro e uma xícara de chá de ervas.
5. Sair à noite para divertir-se com uma amiga.
6. Fazer duas horas de almoço de vez em quando.
7. Retocar a maquiagem.
8. Dizer não a mais responsabilidades.
9. Fazer limpeza de pele.
10. Tomar um longo banho relaxante à luz de velas aromáticas.
11. Sair uma hora mais cedo do trabalho: avise a família que vai chegar em casa depois das oito e faça algo divertido.
12. Passar o fim de semana inteiro fazendo o que gosta: nada de limpeza ou compras.
13. Contratar alguém para limpar, passar roupa ou fazer compras duas vezes por mês.
14. Verificar a agenda e remarcar compromissos em um dia ou semana mais cheios.

15. Economizar uns trocados durante seis meses e, com o dinheiro, fazer uma viagem curta.

Você *merece* uma ou mais dessas atividades relaxantes. Se não se cuidar, como poderá esperar que os outros cuidem de você? Lembre-se: o adiamento de tarefas, o desgaste e a depressão custam mais tempo e dinheiro a longo prazo do que qualquer uma das idéias acima.

Pontos Importantes a Lembrar

A mulher precisa abandonar a necessidade obsessiva de controle. A Dona de Casa Tradicional acha que precisa controlar porque teme perder a família, a Mulher em Transição porque teme perder tudo e a Conquistadora porque teme perder a credibilidade.

Para saber quais tarefas delegar no trabalho e no lar, relacione todas as suas atividades e descubra quais promovem ou sugam sua energia, revise as prioridades e peça ajuda.

Cuidado com os três sintomas da sobrecarga de trabalho: deixar as coisas para depois, o desgaste e a depressão. Para preveni-los, delegue atividades e faça algo de que goste. Não importa quanto custe, mas faça.

Você não só merece uma vida com menos estresse, como a prevenção da sobrecarga de trabalho é menos cara – em termos financeiros e mentais – do que a cura dos sintomas que pode causar.

16

Uma Palavra "Longa": Esperar

Congestionamentos, consultórios, ensaios de balé, treinos de futebol, sala de espera e ficar esperando na linha. O que todas essas atividades têm em comum? A necessidade de esperar. Para administrar o tempo com eficiência, é preciso aprender a usar esses valiosos períodos de espera. Esperar não significa perder tempo.

A mulher dificilmente aproveita esses períodos atípicos de tempo, por falta de ferramentas ou de informações fundamentais. Esqueceu o endereço, uma folha de papel ou o tamanho de roupa da tia Sílvia, por exemplo. Neste capítulo, veremos como organizar o porta-malas do carro de forma que você tenha tudo o que precisa à mão, além de apresentar idéias para que descubra que o tempo de espera pode ser produtivo.

Use o Carro como um Escritório e Cozinha sobre Rodas

Susan é contadora, trabalha o dia inteiro e tem dois filhos, um dos quais trabalha em comerciais. Susan leva duas horas de viagem para cada teste, retorno e gravação. O porta-malas do carro é tão importante quanto o motor, segundo ela. "Pego meu filho na escola e lá vamos nós. Diversas vezes, levei um ou dois trajes a mais para ele, dependendo do tipo de teste. Como ele chega sujo da escola, levo um secador de cabelos, cuecas, sapatos, camisas e calças no porta-malas. Ele se veste no banco de trás."

E quando bate a fome? "Sempre levo sucos em embalagens longa vida, barras de cereais e outros alimentos secos no porta-malas. Aprendi na marra a não comprar bebidas em lata. Também levo fitas educacionais, música e histórias. A gente reveza o que vai ouvir nas viagens. Algumas vezes, levo o caçula e ficamos os dois juntos enquanto o outro está gravando. Gosto dessa vida, apesar de meus amigos acharem que eu sou louca. É uma maneira de passar mais tempo com meus filhos."

As três filhas de Vera, gerente de contas, usam aparelho nos dentes. "Sempre uma delas mastiga algo que quebra o aparelho e tenho de levá-la ao dentista. Já esteve em um consultório de ortodontia à tarde? Lotado de crianças. Assim, marco o primeiro horário da manhã, o que, para mim, é excelente, mas mesmo assim tenho de esperar. Geralmente, uso os quarenta e cinco minutos ou uma hora de espera visitando um cliente ou fornecedor das redondezas. Tenho várias xícaras de café da empresa no porta-malas. Nossos clientes adoram porque cada uma tem uma frase diferente."

"Para minha sorte, o escritório de um dos fornecedores fica nas redondezas. Ligo para ele uns dias antes da consulta para combinar uma visita ou deixar outra xícara de café. Acho que é por isso que temos um relacionamento tão bom."

Divida o porta-malas em dois compartimentos. Em um deles, guarde equipamentos de trabalho, como pastas de arquivo, como veremos depois. No outro, guarde gêneros de necessidade para a família. Essa divisão permite manter o porta-malas limpo e organizado.

Crie um arquivo móvel

Aconselho minhas clientes a comprar três pastas-catálogo pequenas. São baratas e podem ser usadas durante anos. Esses arquivos valem ouro. Em uma das pastas, guarde cartões em geral – de agradecimento, de aniversário –, tesouras, fita adesiva, fitas de presente, papel de embrulho, clipes e similares.

A segunda pasta serve para guardar material de leitura. Arquive por ordem de assunto: amor, sexo, carreira, hobby, finanças, educação dos filhos etc.

A terceira pasta deve conter informações como nomes, endereços, telefones e outras sobre clientes, babás, médicos, amigos, diarista, cabeleireiro etc. Mantendo essa pasta no carro, você não precisa voltar para casa ou escritório para pegar um telefone, por exemplo. Essas informações também podem ficar armazenadas no PDA ou no celular.

Porém, ela pode guardar mais do que nomes, endereços, números de telefone e de fax. Use cartões pequenos para cada cliente e anote a data em que fez seu último contato, se em pessoa ou por escrito. Essa informação é útil para checar se enviou um cartão de aniversário, por exemplo. Não confie na memória. Também anote se na última visita levou algo para o cliente. É possível manter-se atualizada com esses contatos, usando um *software* de gerenciamento de clientes, por exemplo.

Anna, gerente de contas de uma papelaria, raramente fica no escritório. "Tenho um arquivo no banco de passageiros e ligo para os clientes no caminho. Até mando informações por fax de outros escritórios. Quando comecei, planejava as ligações antes de sair do escritório. Bom, logo descobri que esse planejamento não adiantava nada. Os clientes não podiam me receber ou eu tinha de re-agendar e não estava com os números de telefone comigo. Agora que criei esse sistema, visito muito mais clientes e ainda tenho um tempinho para mim."

Esse arquivo móvel permite que você faça ligações, passe faxes, escreva ou visite quem quiser, transformando o tempo de espera em algo positivo.

Você também pode usar um computador de bolso, ou PDA: um método fácil de manter o banco de dados atualizado em um equipamento simples e leve.

Aproveite o Tempo de Espera

Com o carro equipado, você está pronta para ser produtiva, esteja onde estiver. Tente essas sugestões da próxima vez.

Escreva notas de agradecimento

Escrever notas de agradecimento quase sempre vai para o final de nossa lista de prioridades; porém, é uma tarefa bem simples e não exige tempo nem raciocínio. Como Nancy tem quatro filhos, passa muito tempo esperando. "Todo o mundo me pergunta como acho tempo para mandar notas de agradecimento. Nem imaginam que passo um terço do dia esperando", lamenta-se ela. "Se espero as meninas na aula de balé e tem uma papelaria perto, vou direto para lá e compro alguns cartões. Esse tempo de espera é o único de paz e tranqüilidade que tenho, além do período em que os bebês estão tirando uma soneca."

Se quiser causar boa impressão em amigos, clientes, fornecedores e babás, envie notas de agradecimento. Não demora muito, principalmente quando se está esperando, e esse esforço dá um bom retorno. Muito pouca gente se dá o trabalho de agradecer os outros por sua ajuda. Mas quando você faz isso, essas pessoas estarão sempre prontas para ajudar, o que significa economia de tempo a longo prazo.

Por exemplo, fiz amizade com a equipe dos ortodontistas dos meus filhos. Como resultado, consigo horários no final da tarde, o que para mim é perfeito. Meus filhos raramente esperam mais de cinco minutos para serem atendidos (os dois dentistas juntos têm mais de três mil pacientes).

No trabalho, fiz amizade com o dono da gráfica. Em conseqüência, recebo os projetos prontos com mais antecedência do que o normal.

Minha sugestão às minhas clientes é que escrevam uma nota de agradecimento por dia. As mulheres trabalhadoras têm mais que uma pessoa para agradecer por dia: a babá, por fazer mais do que devia; a avó, que chegou para ajudar, esperada ou inesperadamente; os entes queridos, que ajudaram pelo caminho; o cliente que indicou nosso nome para uma palestra; o fornecedor, que corrigiu um erro; a imprensa, por aparecer a um evento; o funcionário da gráfica, que imprimiu seu *newsletter* em dois dias; e o cliente que indicou outro.

Para poder escrever notas "no caminho", é preciso ter cartões à mão. Compre cartões bonitos, com páginas internas em branco, e guarde-os no porta-malas. Em segundo lugar, pense em quem agradecer, cumprimentar ou mandar uma nota de apreço, e escreva o nome e o endereço do destinatário no envelope. Em terceiro lugar, ponha esse cartão não escrito sob a aba do envelope. Coloque os cartões na agenda (lembre-se de levá-la aonde for, menos a eventos sociais). Enquanto espera uma ligação ou o almoço, o filho, o médico ou um cliente, preencha o cartão. Coloque-o na caixa do correio no caminho de volta para casa. O envio de cartões é um grande gesto de marketing e de relacionamento com clientes. A reação a uma nota escrita à mão é sempre de surpresa e apreço.

Converse e faça compras

Andrea tem uma loja de roupas femininas. Sempre faz promoção da loja enquanto espera os filhos nos torneios de tênis. "Faz pouco tempo, enquanto esperava meus meninos terminarem a aula de tênis, comecei a conversar com uma mulher ao lado. Ela era bem magra e me disse que tinha dificuldade em encontrar roupas do tamanho dela. Ela esteve na minha loja, mas não encontrou nada que servisse. Bem, tinha alguma coisa errada, porque me especializei em tamanhos pequenos. Desculpei-me por não tê-la servido bem e marquei uma hora. Agora, ela é uma das minhas melhores clientes. E ainda por cima ficamos boas amigas."

Meu marido e eu saímos para jantar fora uma vez por semana em um restaurante do *shopping*. Colocamos nosso nome na lista de espera e, depois, vamos ao supermercado fazer compras.

Compre presentes

As pessoas se casam, têm filhos, recuperam-se de cirurgias, mudam de cidade, ficam mais velhas e comemoram Bar e Bat Mitzvás[20], só para mencionar algumas datas. Esses eventos pedem presentes. Enquanto espera o filho ou o cliente, compre o presente no caminho. Sue diz: "O dia de São Valentim[21] é minha data preferida. Tenho um canto no armário só para guardar presentes. Uma semana antes do dia 14 de fevereiro, embrulho os presentes e os coloco no porta-malas. Assim, não preciso sair correndo para comprar. Como estão no carro, já embrulhados, presenteio as pessoas no dia. Além disso, algumas vezes encomendo doces e biscoitos, e mando entregar."

Os catálogos são uma maneira bastante prática de comprar presentes, com a vantagem de poder dar uma olhada enquanto espera. Fazer as compras com antecedência é muito mais gratificante do que folhear uma revista velha de esportes no consultório do dentista. Não tenho mais que três catálogos. Peço a meu marido e meus filhos que escolham os itens que gostam. Faço minhas compras com dois meses de antecedência. Também escolho presentes para outras famílias e amigos. Nada de filas nas lojas!

Gláucia, corretora da Bolsa, faz compras quando está fora da cidade a negócios ou lazer. "É a única hora em que faço compras. Se vejo algo barato, compro dois ou três de uma vez. Assim, sempre tenho presentes para casamentos, casa nova ou outra ocasiões. Também uso as listas de casamento. Faço o pedido por telefone e dito a mensagem do cartão."

Teresa é *personal trainer* e escritora. Ela faz tudo *on-line*: compras, pagamento de contas, viagens. "A Internet abriu meus horizontes. Minha

---

[20] **N. da T.:** Quando uma criança judia atinge a maturidade (12 anos de idade mais um dia para as meninas e 13 anos e um dia para os meninos), torna-se responsável pelos seus atos, de acordo com a lei judaica. Essa cerimônia é chamada de Bar Mitzvá no caso dos meninos e Bat Mitzvá no caso das meninas.

[21] **N. da T.:** Nos EUA, o Valentine's Day, além de ser o dia dos Namorados, é um dia em que as pessoas costumam mandar cartões e presentes para amigos e entes queridos.

viagem a Paris foi planejada *on-line*. A matrícula da escola da minha filha, históricos médicos, tudo *on-line*. Não falo com uma única alma viva nesse processo", diz Teresa com um sorriso aberto. Ela continua: "Fiz todas as compras do Natal em novembro e a maioria delas pela Internet".

Retorne ligações

O que acontece quando você não fica muito no escritório e tem de retornar dez ligações por dia entre trabalho, transporte dos filhos, compras e limpeza da casa?

Jennifer, que trabalha com telemarketing, passa o dia ao telefone. Ela retorna as ligações usando os telefones de casa após o trabalho. Por exemplo, se um cliente trabalha em casa, ela sabe que pode telefonar para ele à noite. "Se estou esperando um de meus filhos depois do trabalho, ligo e sempre encontro a pessoa com quem quero falar. Para mim, esse arranjo dá certo."

Marta trabalha para uma empresa farmacêutica e visita médicos. "Eles não têm tempo para falar comigo e quase sempre tenho que retornar as ligações durante os intervalos entre os pacientes. Anoto esses horários na minha tabela de vendas e tento ligar."

Pontos Importantes a Lembrar

Esperar pode ser uma experiência positiva para a mulher que trabalha. Faça do porta-malas do carro um escritório-cozinha móvel. Em um compartimento, guarde equipamento profissional; no outro, gêneros de primeira necessidade para a família. Desenvolva um sistema de arquivo móvel com três pastas. Na primeira, guarde cartões, clipes e papel de embrulho. Na segunda, material de leitura por ordem de assunto. Na terceira, nomes, endereços e telefones de clientes ativos e outros importantes. Ou leve o PDA com o banco de dados.

Escreva notas de agradecimento a clientes, fornecedores, conhecidos, amigos e família. Tenha cartões com a parte interna em branco (para escrever à mão) no escritório e no carro. Use o tempo de espera para retornar ligações.

17

SOU DEDICADA: MAS A QUÊ?

A combinação dos talentos, interesses especiais e responsabilidades diárias torna o processo de escolha difícil para a mulher. O que acontece quando alguém pede que a mulher participe da diretoria, dê uma mão à tia da escolinha do filho, auxilie o treinador do time de futebol ou simplesmente prepare o jantar para um amigo que saiu do hospital? Sobrecarga!

As mulheres que trabalham precisam desfrutar de seus talentos sem que isso se torne um peso. Precisam aprender a fazer as melhores opções possíveis no momento e não podem se comprometer com atividades que as afastem de seus interesses especiais. Elas precisam evitar o excesso de responsabilidades.

Veremos, nesse capítulo, como evitar o acúmulo de responsabilidades por meio de escolhas rápidas que coincidam com valores pessoais e mantenham uma atitude positiva.

PENSAR NA ESCOLHA

A vida é um bufê de escolhas: algumas boas, outras não. Antes de examinar técnicas, analise três questões comumente esquecidas pelas mulheres quando têm de fazer uma escolha: liberdade, educação e prioridades.

Conscientize-se de sua liberdade de escolha

A mulher tem liberdade para decidir e escolher. Pode escolher o local de trabalho, a quais interesses se dedicar, e de que cursos participar. É comum esquecer que ela tem essa liberdade e o fato de que, às vezes, a liberdade de escolha significa a liberdade de dizer não.

Escolha a educação

As melhores escolhas são as que trazem conhecimento. Portanto, aproveite cada oportunidade para ampliá-lo. Em algumas localidades, é possível obter um diploma por meio de cursos pela tevê ou Internet. Cursos por correspondência também são uma opção para estudar. Assista a aulas noturnas, discussões informais ou expanda seus horizontes através da pesquisa em bibliotecas, leitura ou conversas com pessoas que, na sua opinião, têm algo a ensinar. Como dizia meu pai: "Ninguém pode lhe tirar a educação, mas só você pode consegui-la".

Estabeleça prioridades

Dizem os psicólogos que as mulheres têm escolhas demais, o que provoca frustração e ansiedade. Para evitá-las, é preciso decidir o que é importante para você agora, fazendo escolhas que embasem o que considera importante. Em suma, você deve estabelecer prioridades. Priorizar tem sido o foco desse livro e é a chave para implementar as técnicas de escolha descritas nesse capítulo.

Faça Escolhas para Evitar o Acúmulo de Responsabilidades

Para controlar o excesso de responsabilidades:

- estabeleça prioridades
- tenha liberdade para re-agendar
- prepare-se

Estabeleça prioridades

O que é importante para você? Pare e faça uma lista. Quando lhe pedirem para fazer algo, verifique se a tarefa está na lista. Diga não a tudo o que não estiver. Lembre-se, contudo, de que as prioridades mudam com a idade. Inclusive as prioridades diárias.

A diretora de marketing Susan diz: "Costumo planejar meu dia, mas mantenho a espontaneidade em primeiro plano. Minha filha é a prioridade zero, e por causa dela preciso abrir mão de algo. Sempre criei minha filha sozinha, pois divorciei-me quando ainda estava grávida. Minha filha me avisou que tinha um recital de violão um dia antes e tive de reorganizar minha agenda para poder assistir. Quando cheguei lá, o recital tinha sido adiado".

"Não é raro ter que marcar jantares com clientes às sete da noite para poder deixar o jantar pronto e o dever de casa feito. Meu tempo pessoal também é prioridade. Minha filha, que está com oito anos, vai dormir às oito da noite. Sempre me perguntam por que tão cedo, principalmente no verão. Respondo que preciso de tranqüilidade e não me sinto egoísta. De vez em quando, deixo a menina com a babá na sexta à tarde e vou buscá-la na segunda de manhã. Gostamos de passar um tempo longe uma da outra. O restante da semana é especial para nós. Abandonei minha carreira no setor imobiliário até ela crescer. Além do mais, adoro meu emprego atual e não sinto necessidade de mudar no momento."

A prioridade de Stephanie é formar-se na faculdade. "Bolei um horário que me permite trabalhar o dia inteiro e voltar à faculdade. Dá para me formar em cinco anos. Se uma atividade não me ajuda na faculdade ou no trabalho, me recuso a fazê-la."

A bibliotecária autônoma Lana também corre atrás de suas prioridades. "O relacionamento conjugal é minha prioridade. Aprendi com os anos que, quando estamos bem, a família inteira fica melhor. Em uma tarde de quarta-feira, meu marido me ligou, durante a época do imposto de renda, querendo saber se eu podia tirar uma folga na quinta. Isso me pegou desprevenida, mas consegui remarcar dois compromissos com clientes (sem lhes dizer a razão). A gente se divertiu um bocado e consegui espairecer."

A médica Sue diz: "Estabeleço *prioridades* todos os dias. Tento limitar as pressões externas, inclusive o número de comitês de que participo. Evito reuniões à noite e pedi demissão como chefe de equipe de um hospital local quando fiquei grávida do meu terceiro filho".

"Adoro minha profissão, mas fiz questão de diminuir o ritmo. Saio do consultório entre 4 e 4:30 da tarde e chego em casa às 6:30, antes do meu marido. Apesar de trabalhar no horário do almoço, trabalho menos do que antes, mas por opção. Foi por acaso, depois do nascimento do meu segundo filho. Estava sempre correndo, ficava nervosa e estressada. Foi muito difícil mudar. Se tenho um paciente muito exigente, encaminho a outro profissional: é melhor para ele."

Susan é judia e contadora de uma delegacia de ensino. Ela faz questão de preparar os jantares às sextas. "Não tenho que levantar mais cedo ou sair antes do expediente para preparar o jantar das sextas. Na quinta à noite, compro o frango, tempero e congelo. Na sexta de manhã, asso o frango congelado, que fica pronto até a hora do jantar. Na quinta à noite, faço a massa do pão e coloco na geladeira. De manhã, tiro a massa do congelador e sovo. Embrulho a massa em um filme plástico e sovo de novo às 4:00 da tarde: as crianças colocam a massa na forma para crescer mais uma vez. Adoro cozinhar e não vou deixar de fazer esses jantares: a casa fica com um cheiro delicioso. E o astral da noite, especial."

Nancy, que tem quatro filhos, sofre de artrite reumatóide e teve de ajustar a vida às suas prioridades. "Senão, ia enlouquecer. Já fiz minha opção e nunca mais vou esperar nada nem ninguém. Sempre esperava para comprar roupas ou para contratar uma babá. Agora, quando meus filhos pedem para jogar palitinho, digo 'sim' em vez de 'depois'. Vou fazer um cruzeiro sozinha porque meu marido não pode ir. Acho que viver passou a ser minha prioridade máxima."

Tenha liberdade para re-agendar

A maioria dos seus clientes, familiares e amigos não vai se chatear se você remarcar uma reunião, compromisso ou atividade. Em geral, o que aborrece as pessoas é não ligar com *antecedência* para remarcar ou cancelar em cima da hora.

Susan teve de remarcar a consulta de vários pacientes por causa de uma emergência no hospital. "Tive de remarcar meus pacientes para a manhã seguinte. A maioria não se importou."

"Tenho tanto serviço", diz Janet, "que, de vez em quando, tenho de remarcar as reuniões de diretoria. Descobri que a maioria das pessoas até gosta de mudar a data, porque também estão com o cronograma atrasado."

Judy trabalha o dia inteiro e faz o impossível para não cancelar uma atividade programada. "Odeio cancelar algo com que me comprometi anteriormente. Aprendi a não usar a palavra *cancelar*. Cancelar é ser 'superficial'. Eu *remarco*. Comecei a fazer isso depois que uma pessoa que eu admirava profissionalmente remarcou minha hora duas vezes."

Prepare-se para trabalhar com eficiência

Se assumiu uma responsabilidade, a melhor maneira de mantê-la dentro dos limites de seu cronograma é trabalhar com eficiência. Ou seja, fazer bem seu trabalho e ter um plano de contingência, caso o inesperado aconteça.

A chefe de equipe, Cândida, mantém os arquivos de clientes. "Inventei um sistema em que cada arquivo tem uma 'tabela de atividade'. É a primeira coisa que se vê ao abrir a pasta. Faço uma relação de tudo o que tenho de fazer para esse cliente e tico os itens já concluídos. Além de ser uma maneira excelente de delegar alguns aspectos do trabalho, ainda mantenho o controle."

"Por causa da minha artrite", conta Nancy, "faço duas ou até quatro receitas de tudo o que preparo. Ontem, por exemplo, não consegui cozinhar. Abri nosso enorme *freezer*, indispensável, e esquentei a comida."

"Sempre faço quatro receitas de panqueca. As crianças tiram a panqueca do *freezer* de manhã e esquentam no microondas. Sei que se alimentaram bem e já estão de saída."

Às vezes, trabalhar com eficiência significa não ter muito trabalho. Uma boa idéia é convidar os amigos para uma refeição em sua casa. Mas encomende pelo menos um prato principal e uma entrada quente. A maioria dos supermercados, hoje em dia, vende comida preparada na hora. Você também pode comprar em rotisserias ou pedir àquela vizinha, que adora cozinhar, para preparar o jantar em troca de um favor como, por exemplo, ficar com os filhos dela em uma noite ou fim de semana. Você vai passar o mínimo de tempo na cozinha e receber elogios pelo jantar delicioso. Dê uns trocados a seu filho ou outra pessoa para fazer a limpeza. Vale o dinheiro gasto.

Administre o Excesso de Responsabilidades

Às vezes, apesar de nosso esforço para evitar o excesso de obrigações, lotamos a agenda e esgotamos nossa energia. E aí? É a hora de fazer novas opções: as melhores, no momento. E também é tempo para ter senso de humor.

Faça a melhor escolha no momento

Você planejou bem o dia, mas viu que estava se atrasando. Tem muito mais coisas para fazer. E aí? Precisa decidir qual cliente visitar, serviço fazer ou de que reunião irá participar *nesse momento*. Deve se perguntar sempre "Qual a coisa mais importante que tenho para fazer *agora*?" e partir para a ação. Remarque ou delegue o restante. Como diz Susan: "O segredo para administrar meu tempo é organização e capacidade de mudar imediatamente. Sempre pensei assim. É sobrevivência, em poucas palavras. Fui criada para ser responsável. Faço escolhas – nem sempre as melhores – mas faço."

"Quando todos os meus três filhos me solicitam ao mesmo tempo, tento suprir as necessidades mais urgentes. Se as outras não forem atendidas, não são e pronto. É a realidade. As crianças têm direito de fazer exigências e eu de dizer sim ou não a elas."

Na correria, durante o processo de reavaliação das prioridades, é provável que descubra que a maioria das atividades que eram importantes no passado deixaram de ter sentido.

Jennifer, por exemplo, sempre fez biscoitos para as festas da classe dos filhos, mesmo quando já não curtia mais. Para ela, esse hábito deixou de ter sentido.

Durante quatro anos, Lori fez reuniões com a equipe às segundas pela manhã. Um dos membros da equipe sugeriu que as reuniões fossem feitas à tarde, para que todos ficassem a par das coisas. "As reuniões da tarde se tornaram muito mais produtivas. Fazia as reuniões pela manhã por puro hábito. Nunca mais marquei reuniões na manhã de segunda, nem com fornecedores. Preciso de tempo para me concentrar no que estou fazendo."

Revise seus afazeres diários no trabalho, em casa e na vida pessoal. Elimine o que não parece mais ser importante.

Mantenha o senso de humor

Para amenizar a raiva, a frustração e a ansiedade que geralmente surgem com o excesso de obrigações, nada como o senso de humor.

Janet cria a filha sozinha e usa o humor para enfrentar as dificuldades. "Todas as noites, minha filha e eu passamos de vinte a trinta minutos lendo uma para a outra. Se ela está brava comigo ou teve um dia difícil, leio algo engraçado para ela. Quando eu tenho um dia duro, peço a ela que leia um livro inspirador ou poesia. O efeito é tranqüilizante e nos mantém unidas."

As "piores" férias, reuniões insuportáveis e situações embaraçosas no trabalho, em casa e pessoais acabam sendo engraçadas à medida que o tempo passa e as contamos aos outros.

A médica Susan conhece o valor do humor. "Sempre tento sorrir e ter senso de humor. Vou dar um exemplo. Fomos convidados para jantar na casa de um casal amigo no Dia de Ação de Graças. Mal sentamos à mesa, recebemos um telefonema. O anfitrião, que é cirurgião, outro convidado também cirurgião e eu, residente, fomos chamados para uma emergência e tivemos de sair. Meu marido acabou jantando sozinho com quatro crianças. Na época, não foi nada engraçado, mas aquele dia virou piada na família."

Jane diz: "Fico tão confusa e sufocada com o caos... Se não tiver tudo sob controle, fico paralisada. Inventei o OOPS – Organizar, Organizar de novo, Preparar-se e Sorrir. Sorrir é provavelmente a parte mais importante".

O humor é o que salva Nancy nos dias difíceis. "Na vida, é preciso ter senso de humor, principalmente quando se tem filhos. Quando estou cheia de tudo, cantarolo uma música havaiana e digo aos meus filhos que estou no Havaí. É minha deixa para avisar que preciso ficar sozinha. Antes, ficava nervosa e gritava. Agora, faço assim e as crianças começam a rir."

Sugestões para Você não Enlouquecer

Esse capítulo já mostrou como fazer do senso de humor uma técnica para lidar com o acúmulo de responsabilidades. Existem outras dicas para fortalecer sua resistência pessoal ao excesso de obrigações. Algumas envolvem o desenvolvimento de uma atitude maleável; outras, o fortalecimento de recursos externos. A lista a seguir resume essas dicas. Note que manter o senso de humor é tão importante que aparece aqui de novo.

- Mantenha uma atitude positiva.
- Durma bem.
- Ria bastante.
- Cerque-se de um sistema de apoio.
- Mantenha a perspectiva.
- Tenha um refúgio tranqüilo.
- Simplifique.

Mantenha uma atitude positiva

Você gasta mais energia para lidar com uma disposição mental negativa do que com uma positiva. Quando a pressão do tempo ocorrer, mantenha-se positiva e faça algo. Minha amiga advogada tira quinze minutos por dia para sentar calmamente com os olhos fechados. "Pessoalmente, penso em coisas positivas: uma viagem marítima, um corpo saudável, um resultado favorável em um julgamento... qualquer coisa que me faça sentir calma e em paz."

Durma bem

Estudos comprovam que uma boa noite de sono ajuda o funcionamento do corpo e da mente. De quantas horas de sono você precisa para se sentir descansada? Eis uma regra: caso sinta-se cansada logo pela manhã, procure dormir oito horas por noite. É uma ótima maneira de dizer não às reuniões noturnas.

Ria bastante

As mulheres que entrevistei que têm domínio sobre sua sanidade riem bastante. Conseguem rir da vida estressante e das situações inacreditáveis em que se colocam. Uma vez, fui a um enterro de um homem de quarenta e cinco anos. O melhor amigo dele contou uma piada sem graça na cerimônia. Cerca de 80% das pessoas riram, enquanto o restante não sabia como reagir. O melhor é que a viúva estava rindo.

Cerque-se de um sistema de apoio

Isso é extremamente importante. Já vi sonhos despedaçados e relacionamentos destruídos porque as mulheres não tinham um sistema de apoio. Cultive os relacionamentos que a façam sentir-se bem, otimista e confiante. Fique bem longe das pessoas que a fazem sentir-se inadequada e negativa. É difícil se essas pessoas forem da família. Mas diga, sem criticar, como os atos delas a magoam. Se não der certo, ouça os conselhos de um religioso ou procure um psicólogo. Você não pode mudar ninguém, mas *pode* mudar seu comportamento e atitude. Essa mudança irá alterar o comportamento e atitudes alheias em relação a você. Seja otimista, persistente e ria bastante. Com essas qualidades, terá mais sorte do que ganhar na loteria.

Mantenha a perspectiva

Quando sentimos a pressão do tempo e as coisas começam a se acumular, mantenha a perspectiva. O que de *pior* pode acontecer? Se a morte não estiver na lista, relaxe. Lembre-se: erros acontecem. O que se faz depois do erro é que importa. Se tiver de remarcar compromissos, faça isso. Se tiverem de levá-lo para o pronto-socorro, terá de alterar a agenda. Por que esperar? Mude agora.

Tenha um refúgio tranqüilo

Toda mulher precisa de um lugar todo seu, onde se sinta a salvo de tudo. Para a maioria, é o lar. Para outras, é um lugar especial. Geórgia comprou um sofá de vime de dois lugares, um abajur e uma mesinha e colocou-os em um canto do quarto de dormir. "É meu cantinho", diz. "Fico lá quando quero pensar, ler ou tirar uma soneca."

Simplifique

Examine no armário suas roupas, sapatos, jaquetas, botas, lenços e tudo o mais. Comece a reduzir e simplificar o guarda-roupa. Você ficará surpresa com o número de trajes diferentes que consegue criar quando se desfaz de várias peças.

A partir daí, simplifique outra área da vida e descarte. Geni, Mulher em Transição, diz: "Eu me comprometi a simplificar e limpar uma área da casa por fim de semana durante um mês. Comecei com o armário, depois com os cosméticos no banheiro, a cozinha e, por fim, as roupas de cama e toalhas. Sinto como se tivesse tirado um peso da minha vida".

PONTOS IMPORTANTES A LEMBRAR

São tantos os seus talentos e interesses especiais que aumentam as chances de acumular responsabilidades. Para manter as obrigações e responsabilidades sob controle, faça somente as tarefas que considera importantes.

Enquanto faz suas atividades diárias, mantenha o senso de humor. Quando as situações tornarem-se particularmente difíceis, procure manter o bom humor. São boas as chances de achar o lado engraçado das coisas no meio dessa loucura.

Lembre-se de remarcar compromissos, e não cancelar. Procure remarcar tão logo perceba que é necessário. Quanto maior a antecedência, melhor o resultado.

Faça o possível no trabalho, em casa e para você.

Quando sentir a pressão do tempo, pergunte-se: "Qual a coisa mais importante que tenho de fazer *neste momento*?" E parta para a ação. Remarque ou delegue tudo o mais. Além disso, se vem fazendo as mesmas coisas há anos, pergunte-se: "Essa tarefa já perdeu o sentido?"

Há sete maneiras básicas de você não enlouquecer: manter uma atitude positiva, dormir bem, rir bastante, cercar-se de um sistema de apoio, manter a perspectiva, criar um refúgio tranqüilo e simplificar.

As prioridades ajudam a viver a vida que deseja. As escolhas mantêm o foco nas prioridades.

18

Reuniões: Como Conduzir e Participar

As reuniões formais são quase sempre produto de rotinas impensadas e se atêm à discussão do óbvio em vez de lidar com questões importantes. Essa ineficácia custa tempo e dinheiro. A mulher deve aprender a tirar proveito de reuniões, tanto na qualidade de condutora como de participante. Isso significa saber preparar e contribuir com reuniões e comunicar-se com clareza. A clareza de comunicação exige o entendimento da linguagem corporal, a própria e a dos outros, além de economizar horas de desculpas, frustrações, esforço inútil e estresse.

Reuniões Curtas

As reuniões são parte essencial da vida empresarial. Entretanto, é importante não passar o dia inteiro nelas. Para prevenir isso, faça reuniões de no máximo cinqüenta e cinco minutos. Se um terapeuta leva cinqüenta e cinco minutos para discutir sentimentos profundos e relacionamentos, por que não podemos fazer mais no mesmo período de tempo?

Um *brainstorm*[22] é a exceção a essa regra, pois suas sessões levam várias horas. Os participantes são encorajados a expor idéias, o que estimula a

[22] **N. da T.:** O *brainstorm*, "tempestade de idéias", é uma técnica desenvolvida para explorar a criatividade do indivíduo. Criada por Alex Osborn, é uma técnica utilizada em publicidade e propaganda, mas que se espalhou para outras áreas.

espontaneidade e a criatividade. Muitas empresas, departamentos, associações e grupos promovem essas dinâmicas uma ou duas vezes por ano em busca de novas idéias, para planejamento e discussão de problemas e desenvolvimento de novos produtos ou procedimentos.

Se o propósito da reunião não for um *brainstorm*, cabe a você, seja como líder ou participante, assegurar sua brevidade e eficácia.

Como líder, controle a reunião

Tire o máximo da reunião que lidera, seguindo as sugestões:

- distribua uma pauta
- marque o início das reuniões em quartos de hora
- planeje começar nos primeiros quinze minutos
- seja pontual
- não espere mais de dez minutos pelos participantes

Distribua uma pauta

A pauta deve incluir a data e a hora da reunião agendada, seu objetivo, o tópico de discussão e um espaço em branco para anotações. Toda reunião deve ter uma pauta, que deve ser distribuída com antecedência para que os participantes possam coletar informações ou refletir a respeito.

A pauta é parte ativa da reunião. Não só é importante segui-la, mas interagir tanto como líder quanto como participante. Se uma idéia surgir, escreva. Se não concordar com o que está sendo discutido, escreva o que acha ou sua sugestão para modificações.

Mantenha cópias limpas das pautas em um arquivo de três furos para fácil referência e prestação de contas. Com isso, fica preparada para conduzir futuras reuniões ou para tirar cópias para quem não pôde comparecer.

Mary, consultora de negócios, sempre usa a pauta. "Nem sonho em visitar um cliente sem uma pauta. Assim, além de informar o objetivo da reunião, tenho controle e posso conduzi-la melhor, caso se disperse. Sempre digo 'Vamos passar para o próximo item'. Já fiz reuniões onde escrevi *brainstorm* na 'pauta'. A mensagem é clara e rápida."

Dê início às reuniões em quartos de hora

Comece as reuniões às 8:15 da manhã (para os participantes que tiverem mais energia de manhã) ou 3:45 da tarde (se for à tarde). Dar início às 8:15 permite que você dê andamento sem perder tempo esperando até as 8:30. Dar início às 3:45 significa que os participantes terão tempo suficiente após a reunião para voltar às suas mesas e prepararem-se para o dia seguinte. A gerente administrativa Sandy diz: "Gosto de reuniões às 3:45 da tarde. Nunca passamos das 4:30 e todas as dúvidas são respondidas. Ainda dá tempo de voltar para a mesa e fazer algumas ligações".

Seja pontual

Comece a reunião na hora, mesmo que nem todos os participantes tenham chegado. Há mulheres que não se sentem à vontade para começar a reunião com apenas metade dos participantes presentes. Esse constrangimento acontece nas primeiras vezes, mas depois é provável que todos os participantes estejam presentes na hora. Ninguém gosta de entrar em uma sala quando está atrasado.

Não espere mais de dez minutos pelos participantes

Se marcou uma reunião e ninguém aparece, espere dez minutos – só isso. Isso demonstra que você é pontual, respeita o seu tempo e quer que os outros façam o mesmo. Repito, isso acontece apenas uma vez.

Se a reunião for em um restaurante, peça à recepcionista que diga aos atrasados que você saiu depois de esperar dez minutos após a hora marcada.

Liza Jo, representante de vendas, usa essa regra dos dez minutos. "Não quero saber nem quem é. Se atrasam mais de dez minutos para me encontrar, já era. Se ligam para dizer que estão atrasados, ou espero dez minutos mais ou remarco o compromisso. Pode parecer grosseria, mas tempo é o meu bem mais precioso. O velho ditado 'tempo é dinheiro' não pode ser mais verdadeiro no meu ramo. Eles conhecem o meu jeito e a maioria dos meus clientes é bastante pontual."

Como participante, controle a reunião

Manter a eficiência da reunião é mais difícil se for participante. Porém, há maneiras de poder ajudar a controlar a ação:

- peça uma pauta com antecedência e faça seu dever de casa
- chegue antes da hora marcada
- estabeleça limites de tempo
- encerre assuntos, quando necessário

- faça e responda perguntas
- ofereça-se para obter informações
- ouça, ouça, ouça
- atente para a linguagem corporal
- participe de reuniões regulares

Agindo assim, você será notada e respeitada como participante.

Peça uma pauta

Estimule o condutor da reunião a planejar antecipadamente, solicitando uma pauta antes da reunião. Leia a pauta e reflita sobre como contribuir com cada item. Se necessário, pesquise. Prepare-se para citar fontes, dar exemplos ou distribuir artigos que sustentem seus argumentos.

Chegue antes da hora marcada

Converse com os participantes antes da reunião. Fazer isso irá prepará-los para os assuntos a serem discutidos e para descobrir a melhor forma de apresentar suas idéias.

Estabeleça o tempo de duração da reunião

Não dá para dizer ao chefe quando terminar a reunião, mas é possível colocar um limite de tempo na mente dele. Quando chegar, diga ao líder que está esperando uma ligação importante a determinada hora e pergunte se a reunião terminará por volta desse horário. Isso mantém o líder no controle, mas faz com que ele (ou ela) saiba quanto tempo você tem.

Se uma reunião passar de uma hora, ligo para o líder posteriormente e expresso minha preocupação, o que dá bons resultados. Explico meu desejo de permanecer até o término da reunião e minhas limitações de horário. É possível que a próxima reunião dure uma hora? A resposta mais comum é: "Minha intenção era de que não passasse de uma hora. Sei como as pessoas são ocupadas. Vou tentar apresentar as informações dentro de uma hora na próxima vez. Obrigado por ligar".

Encerre assuntos

Se alguém começa a discorrer sem fim sobre um assunto interessante, às vezes é preciso encerrá-lo resumindo o que foi dito e afirmando: "Se esse assunto já foi examinado, talvez seja melhor passarmos para o próximo".

Outra maneira de encerrar um assunto é sugerir a criação de uma força-tarefa, que pode aprofundar o estudo da questão e fazer recomendações que permitirão aos participantes concluir o assunto rapidamente em uma próxima reunião.

Faça e responda perguntas

Dizem os especialistas que os últimos vinte minutos de uma reunião são os mais importantes. Para obter o máximo de uma reunião, faça e responda perguntas o tempo todo; dê início e mantenha a discussão. Alguém tem que começar. E são boas as probabilidades de que, quanto antes começar, mais cedo vai terminar.

Ofereça-se para obter informações

Nas reuniões em geral, os participantes decidem entrar em contato com alguém ou pesquisar. Não deixe que a reunião chegue a um impasse, na espera de alguém se oferecer para isso. Ofereça sua ajuda, mas apenas para *um* item a cada reunião.

Ouça, ouça, ouça

Com ouvidos atentos, não perderá o tempo do grupo com perguntas desnecessárias ou apresentando um assunto não adequado ao contexto. Além disso, poderá perceber quando alguém se desviar do assunto e habilmente trazer a discussão de volta aos trilhos. Outro benefício do ouvinte atento é poder pesar todos os lados da questão antes de tomar decisões que, dessa forma, serão melhores.

Atente para a linguagem corporal

Nesse capítulo aprenderemos mais sobre esse assunto. Quando participar de uma reunião, lembre-se de manter uma postura que projete uma atitude positiva e mostre interesse. Use o conhecimento da linguagem corporal para detectar a necessidade de esclarecimentos ou qualquer outra ação.

Participe de reuniões regulares

Participando regularmente das reuniões, não precisará pedir explicações ou esclarecimentos. Além disso, sua reputação como profissional responsável estará garantida.

Como Entender a Linguagem Corporal

Os consultores vivem nos dizendo que a má comunicação causa mais desperdício de tempo que qualquer outra coisa. "Em um diálogo normal, os componentes verbais compõem menos de 35% do significado social da situação, ao passo que os restantes 65% são compostos por mensagens não-verbais."[23]

A linguagem corporal é mais limitada que a verbal e consiste em postura, vestuário, expressões faciais, contato visual, tom de voz e movimento. Entender a comunicação não-verbal ou linguagem corporal economiza tempo porque evita os mal-entendidos. Por exemplo, quando uma pessoa nervosa diz "Não estou nervosa", mas está tão tensa que quebra um lápis, esse movimento mostra como ela realmente se sente. É importante reconhecer a incoerência entre o que uma pessoa diz e como parece ou se comporta. Da mesma maneira, para manter a credibilidade, é preciso que seja coerente no que diz e como diz. Isso é especialmente importante em uma reunião.

As seções seguintes mostram dicas para observar a sua linguagem corporal e a dos outros em uma reunião (ou em qualquer lugar).

Postura

O modo de sentar ou ficar de pé em uma reunião diz bastante. Inclinar-se em direção ao interlocutor e parecer relaxada mostra seu interesse no assunto. O tipo oposto de postura mostra que não gosta ou não concorda com o que está sendo dito ou a maneira como está sendo comunicado.

Vestuário

Roupas limpas, arrumadas e com coordenação de cores mostram que você é profissional e se leva a sério. Roupas amassadas, desleixadas e manchadas mostram ao interlocutor sua falta de interesse.

Expressão facial

Sorrir mostra interesse e respeito. Uma expressão preocupada ou impassível mostra falta de interesse no que o interlocutor está dizendo.

---

[23] MacCROSKEY, J. C.; LARSON, C. E.; KNAPP, M. L. *Introduction to Interpersonal Communication.* Englewood Cliffs: Prentice-Hall, 1971.

Contato visual

De todos os aspectos da comunicação não-verbal, acredito ser esse o mais importante. O contato visual mostra que está interessada e prestando atenção. Não olhar ou desviar o olhar do outro mostra que você não gosta dele ou do que ele está dizendo; a ausência de contato visual denota desinteresse. Uma vez me disseram que alguns líderes mundiais usam óculos escuros durante as negociações para que seus colegas não vejam suas pupilas. Pupilas grandes mostram que aprovaram ou gostaram da idéia; pupilas pequenas denotam o contrário. Não se perderia muito tempo se fosse proibido usar óculos escuros nas mesas de negociação mundiais.

Tom de voz

Um tom de voz calmo e suave denota neutralidade com relação ao assunto, mesmo que haja concordância ou discordância. O oposto é o tom sarcástico. O sarcasmo é raiva interior. Em vez de mostrar que está com raiva, por exemplo, você faz ironias com observações depreciadoras. Como as mulheres aprenderam a esconder a raiva, costumam ser sarcásticas.

Comunicação gestual

Usar as mãos para descrever um evento ou compartilhar idéias, além de tornar a informação mais interessante, estimula as opiniões alheias. Cruzar os braços denota que está escondendo algo do outro.

Esclareça as incoerências

Se, em uma reunião, a linguagem corporal de uma pessoa não condiz com o que está dizendo ou fazendo, peça esclarecimentos durante ou após a reunião. Uma técnica usada nos telefonemas de acompanhamento é pedir à pessoa que comente sobre o que achou da reunião ou das idéias apresentadas. O interlocutor geralmente parte daí e seus verdadeiros sentimentos tornam-se claros. Despende-se muito menos tempo no esclarecimento de discrepâncias do que para desfazer o dano causado pela má comunicação.

Identifique os Tipos de Reunião

Identifiquei três tipos básicos de reunião: de planejamento, de ação e sociais. Cada tipo tem seu lugar. É preciso saber por que foi convidada para a reunião e comportar-se adequadamente para maximizar os benefícios.

Reuniões de planejamento

Nessas reuniões, você compartilha idéias e exemplos de outros negócios que usaram essas idéias. Para maximizar os benefícios e economizar tempo, faça seu dever de casa. Prepare-se com antecedência solicitando a pauta e pensando como pode contribuir. Pesquise o que for necessário.

Reuniões para tomada de ação

Essa é a reunião onde se fazem as coisas. As averiguações foram concluídas e os passos para a ação, determinados. É hora de saber quais idéias vão funcionar e abandonar as que não vão. Tomar medidas realistas nesse momento economiza horas batendo na mesma tecla depois. Uma derivação desse tipo de reunião é a força-tarefa. Prepare-se para agir. O único propósito da força-tarefa é economizar o tempo do grupo.

Reuniões sociais

São ótimas para entrar em contato com velhos ou novos amigos. Encontrar várias pessoas em um mesmo lugar economiza tempo. Tire o máximo dessa oportunidade, entrando em contato com o maior número de pessoas possível. Use o crachá em seu benefício: em vez de escrever seu nome inteiro, escreva "Vapt-vupt" se você ganhou esse apelido por trabalhar rápido. Ou escreva "Carinhosa" se for enfermeira, ou "Magrela" se perdeu vinte quilos. É uma maneira excelente de começar a conversar com quem não conhece. Prometa conhecer três novas pessoas a cada reunião e sente-se ao lado de um desconhecido. É excelente para conhecer gente nova em uma hora. Seja otimista e circule!

Pontos Importantes a Lembrar

As reuniões podem se tornar um problema, especialmente quando você não as conduz, mas são essenciais e precisam ser controladas se quiser maximizar a eficácia e diminuir a frustração causada pelo mau uso do tempo. Se os participantes não chegarem dentro de dez minutos após o início da reunião, vá embora.

(cont.)

Pontos Importantes a Lembrar

A maioria das reuniões não deve ultrapassar os cinqüenta e cinco minutos. Economize tempo com as diretrizes a seguir.

- Prepare ou peça uma pauta.
- Chegue cedo.
- Comece na hora e estabeleça a duração.
- Dê início em quartos de hora.
- Faça e responda perguntas, dê fechamento, ofereça-se como voluntária e escute.
- Entenda a linguagem corporal e observe a postura, vestuário, expressão facial, contato visual, tom de voz e gesticulação. Peça esclarecimentos se notar discrepâncias entre palavras, comportamento e linguagem corporal.
- Identifique o tipo de reunião; planeje e aja de acordo.
- Tire o máximo de seus cinqüenta e cinco minutos!

19

O Fim... ou o Começo

Como você já deve ter percebido, conseguir mais em menos tempo significa decidir quem você é, em primeiro lugar:

- se você for uma Dona de Casa Tradicional, que precisa gastar muita energia em um emprego remunerado, não será feliz;
- se for uma Mulher em Transição, que passa muito tempo no trabalho, vai sentir tensão e culpa;
- se for uma Conquistadora, que se obriga a dar prioridade ao lar, vai se sentir frustrada e sobrecarregada.

Saiba quem você é de verdade e como quer empregar seu tempo. Eu descobri que a mulher que está infeliz com o que faz simplesmente não conquistará seus objetivos.

Aproveitando o Tempo ao Máximo

Espero que até aqui você tenha aprendido que o uso adequado e eficiente do tempo depende de seis conceitos importantes:

1. ter compromisso com a felicidade
2. descobrir a própria singularidade

3. manter uma visão geral do processo
4. entender que o tempo é relativo
5. manter o foco, mas ser flexível
6. respeitar os próprios sentimentos

Compromisso com a felicidade

Ao comprometer-se a ser feliz, você afirma seu direito à felicidade.

Acredito que a verdadeira felicidade seja um sentimento interno de calma e paz. É o comprometimento com esses sentimentos que lhe trará a felicidade.

O comprometimento é reflexo de seus desejos. Se quer passar mais tempo em casa, é seu compromisso com esse desejo que fará com que isso aconteça. Se deseja passar mais tempo com os amigos e a família, é seu comprometimento com essa atitude que tornará esse desejo realidade.

Cada vinte e quatro horas que você gasta trazem-na mais perto de seu verdadeiro eu e de seus objetivos profissionais, familiares e pessoais. Se ainda não mudou a ênfase do tempo em proporção a seu caráter verdadeiro (Dona de Casa Tradicional, Mulher em Transição e Conquistadora), sugiro que comece a fazê-lo imediatamente.

Um conselho: não tente fazer tudo de uma vez. Se você é uma Dona de Casa Tradicional que passa 60% do tempo trabalhando, 30% em casa e o restante em atividades pessoais, não faça mudanças da noite para o dia. Porém, ao assumir o compromisso de começar a mudar, chegará lá. Diminua o tempo de trabalho, pare de levar trabalho para casa, não faça hora extra, mude de emprego ou passe a trabalhar como temporária. Lembre-se: usar bem o tempo significa assumir o compromisso de ser feliz, vivendo de acordo com seus valores.

Descubra sua singularidade

Segredos de administração do tempo para a mulher que trabalha versa sobre a necessidade de se conscientizar da própria singularidade. Não há limite para quem você é e seus interesses e talentos especiais. Entretanto, não é possível ser tudo para todo o mundo ao mesmo tempo. Meu conselho é entrar em contato com sua própria singularidade, prioridades e atitudes motivacionais.

Organizando os pensamentos e atitudes em um dos três estilos de vida motivacionais (Tradicional, Transicional ou Conquistador), é possível fazer o tempo trabalhar *a seu favor*. Você é única. Não há duas mulheres iguais. É a sua própria singularidade que quero que você descubra.

Quero que perceba sua singularidade pensando em metas e *colocando-as no papel*. Quero que descubra o que a motiva e por quê. Você se motiva a trabalhar meio período ou é pressionada a isso devido a expectativas culturais ou exigências alheias? Gostaria de passar mais tempo trabalhando? Ou em atividades pessoais, como leitura, esportes, jardinagem ou costura? O que está fazendo agora e como *quer* passar o tempo?

Mantenha uma visão geral do processo

Divirta-se com o processo. Em vez de se entediar com a espera no supermercado ou na escolinha de futebol do filho, pense nela como tempo para ler uma revista ou um motivo para diminuir o ritmo e respirar. Ou aproveite para dar um abraço gostoso no seu filho e um sorriso de amor.

As decisões tomadas, a forma como utiliza o tempo e suas motivações ocultas são parte do processo. Sim, você tem obrigações; sim, sua vida exige mudanças, às vezes; sim, suas motivações e atitudes exibem seus sentimentos verdadeiros sobre o tempo e si mesma; e, sim, às vezes os dias serão mais difíceis que a média. Porém, tudo isso faz com que perceba a exata dimensão do tempo e das vinte e quatro horas do dia.

Reproduzo abaixo um excerto do livro de Leo Buscaglia[24], *Vivendo, Amando e Aprendendo*:

> *O ontem já foi, e não há nada que você possa fazer a respeito. Ele tem valor porque o fez chegar onde chegou. E apesar do que dizem, é um ótimo lugar para se ficar. Porém, não há nada que possa fazer sobre o ontem, ele não é mais* real. *E amanhã? Amanhã é bom para sonhar. É maravilhoso sonhar sobre o amanhã, mas ele também não é real. E se passar o tempo sonhando com o ontem e o amanhã, você vai perder o que está acontecendo com você e comigo* agora. *E essa é a* verdadeira *realidade que deve ser vivenciada.*[25]

---

[24] **N. da T.**: Felice Leonardo Buscaglia (1924-1998), professor e escritor ítalo-americano, autor de artigos para o *New York Times* sobre assuntos relacionados ao amor e o ser humano.

[25] BUSCAGLIA, L. *Living, Loving & Learning*. New York: Fawcett Book Group, 1985.

Gostaria que uma querida amiga, uma Conquistadora, pensasse seriamente nessas palavras. Ela vive no futuro, sempre em busca do próximo desafio. Trabalha até esgotar-se e parece se dedicar cada vez mais ao trabalho. Ela procura o desafio em vez de apreciar o processo. Está sempre se cobrando, sem aprender com cada passo. E só diminui o ritmo quando o corpo a obriga a tirar licença médica. Da última vez em que isso aconteceu, gastou uma fortuna em antibióticos.

Entenda que o tempo é relativo

Sei o quanto você é ocupada e que sofre exigências e pressões. Porém, é tempo de parar de sentir culpa e passar a assumir o controle. A única coisa que você tem é o tempo e você. Tudo é relativo. O tempo é relativo. O modo como você vê e gasta o tempo torna seu conceito negativo ou positivo. Sua atitude com relação ao tempo pode economizar ou desperdiçar esse bem valioso.

Essa é a razão pela qual minhas prioridades podem ser bastante diferentes das suas agora. Também explica por que elas mudam com as experiências e a passagem dos anos. É possível decidir quais as prioridades *nesse momento* e criar um plano de ação.

A única pessoa que você pode controlar é a si mesma. Dizem os terapeutas que somos nós que permitimos que os outros nos magoem, controlem, percam nosso tempo. Quando colocamos a responsabilidade de nossas ações diretamente sobre nossos ombros, torna-se mais difícil dizer: "Tenho que fazer isso porque não-sei-quem disse que sim." Ao contrário, é mais correto afirmar: "Tenho de fazer isso porque preciso ou quero."

De fato, é uma grande vitória pessoal saber que o que você faz, durante as vinte e quatro horas de cada um de seus dias de vida, a trará mais perto de seus objetivos e em consonância com seus valores.

Mantenha-se focada, mas flexível

Manter o foco nas metas e valores significa estar disposta a despender energia em sua conquista e ser capaz de aceitar permutas.

Acredito que, se você mantiver o foco nos seus desejos, são boas as chances de o subconsciente trabalhar para alcançá-los. O outro lado de se manter focada é permanecer flexível. Foco sem flexibilidade é igual a um elástico esticado ao máximo. O foco, por si só, restringe as escolhas e pode sobrecarregá-la além da capacidade humana de reagir.

Enquanto se esforça para manter-se focada, mas flexível, reflita sobre as seguintes idéias:

- Escolher seu estilo de vida pessoal é refletir sobre seus sentimentos íntimos – sua felicidade, medo, culpa, perda etc.
- Identificar onde concentrar o tempo é comprometer-se com a felicidade.
- Evitar a culpa é ter equilíbrio, não fazer malabarismos com o tempo nem com a vida.
- Desenvolver planos alternativos é ganhar auto-estima.
- Ter tempo para o amor é sentir e cultivar seu verdadeiro eu e aceitar suas vulnerabilidades.
- Negociar horários flexíveis é ter apreço por si mesma como ser humano valioso.
- Ter controle da agenda é assumir a responsabilidade pela sua vida.
- Passar tempo para economizar tempo é reconhecer seu próprio valor.
- Trabalhar em casa ou ter seu próprio negócio é aceitar seus pontos fortes e fracos.
- Organizar a mesa de trabalho é organizar os pensamentos.
- Tomar decisões, certas ou erradas, é um exercício de liberdade.
- Esclarecer questões é respeitar e confiar nos sentimentos e decisões.
- Controlar o uso do telefone é aceitá-lo como sócio.
- Delegar é confiar na capacidade de abrir mão do controle.
- Usar o tempo de espera é desfrutar o processo em direção às metas.
- Assumir um compromisso é concentrar-se em um ponto e despender a energia nas prioridades pessoais.
- Comunicar-se claramente é aceitar as diferenças entre as pessoas.

Respeite os próprios sentimentos

Confie em sua intuição e decisões. Só você pode tomar as decisões "certas" e fazer seus planos. Quero que escolha como quer passar o tempo... a vida. Você tem a opção de considerar o tempo como seu aliado ou inimigo. Somente através das escolhas é que terá liberdade: a liberdade de ser quem você quer ser e de viver a vida que deseja. Lute por sua liberdade. Só assim você poderá tornar sua vida e a dos que a cercam mais feliz.

É tempo de abarcar todos os sentidos na vida: visão, olfato, audição, paladar, tato e também sentimentos. *Agora* é hora de cultivar relacionamentos de qualidade.

O maior presente que você pode se dar é respeitar seus sentimentos e decisões. O maior presente que pode dar aos entes queridos é você. Você não quer esperar... não sabe quando seu relógio de vinte e quatro horas vai parar de bater. Faça do tempo seu aliado, para que seus sonhos e esperanças tornem-se realidade. Esses sonhos e esperanças, além de a fazerem mais feliz, vão tocar de forma positiva a vida das pessoas que a cercam.

Estou do seu lado. Já vi muitas mulheres mudarem literalmente de vida com o uso desse sistema. Minhas prioridades profissionais, familiares e pessoais estão sempre mudando, mas mantenho o foco nos conceitos que compartilhei nesse livro. Agora é sua vez. E lembre-se, a cada passo do caminho, embora não em pessoa, estarei em espírito, torcendo por você. A todas vocês, desejo tudo de bom!

Apêndice:
Seis Semanas para uma Vida mais Equilibrada, Plena e Feliz

"Não se mede a vida pelo número de respirações, mas pelos momentos em que perdemos o fôlego." – Rabino Abraham Twerski

As técnicas de administração de tempo assentam as fundações para uma vida mais equilibrada, tranqüila, alegre e produtiva. Quando tiver seu cronograma pronto, é preciso saber qual sua visão de mundo. É positiva ou negativa? Que tipo de emoções normalmente sente? Com quem? Quando? Você fica ansiosa durante muito tempo? Com medo? Calma? Frustrada? Nervosa? Assim que identificar suas habilidades temporais, valores, emoções, atitude e hábitos de saúde e boa forma, é possível criar um programa sob medida que a colocará em ação, não importa o ponto em que esteja no estilo de vida motivacional.

Haverá períodos em que vai sentir que suas metas não estão sendo atingidas. Em algum lugar do caminho, vai ter de se perguntar: Seu objetivo é encontrar a pessoa amada ou então tornar-se a mulher pela qual a pessoa amada vai se sentir atraída? Seu objetivo pode ser de sucesso quando, talvez, o que realmente deseja é sentir-se realizada? Deseja ter mais dinheiro em vez de mudar a forma como percebe o dinheiro e sua relação com ele? Ou você espera que uma situação termine de determinada forma quando talvez fosse melhor desejar paz de espírito, seja lá qual for o resultado?

Tempo, energia e saúde são os três bens mais valiosos. Quando não temos um deles, a vida parece sugar nossa energia e brilho com mais facilidade. Porém, para viver de maneira gratificante com realização e significado, precisamos estabelecer prioridades, "encontrar" mais tempo e ter uma série de opções para simplificar nossa vida corrida. Empregos, metas de renda, relacionamentos e outros aspectos importantes são resultados diretos da energia focada em um nível básico de saúde e bem-estar.

Este programa de seis semanas permitirá transformar sua vida em celebração de equilíbrio, saúde e abundância. Permitirá que faça escolhas mais sensatas e aproveite a vida com mais plenitude. Usei casos e histórias tiradas das sessões de treinamento pessoal com minhas clientes para ilustrar o tema de cada semana. O programa foi inspirado no trabalho que faço com clientes e também no *Programa Associar ou Sufocar*.

É o mesmo programa usado por duas leitoras para a elaboração de um artigo na revista americana *Prevention*. O editor pediu-me que ajudasse duas mulheres a encontrar uma brecha na agenda apertada para praticarem exercícios. Boa parte das idéias e exercícios sintetizam o que você leu até aqui. Eu lhe darei páginas ou tabelas que você poderá consultar ao aplicar o programa de seis semanas. Esse programa também cria "sistemas" para cada semana que irão se tornar hábitos naturais, assegurando que as novas opções e estilo de vida façam parte de suas atividades diárias.

O programa de seis semanas cobre as seguintes áreas:

Semana Um: Identificação de Valores

Semana Dois: Padrões Emocionais

Semana Três: Habilidades Temporais

Semana Quatro: Conscientização das Atitudes

Semana Cinco: Saúde e Boa Forma

Semana Seis: Saúde Financeira

Semana Um: Identificação de Valores

A Semana Um explora os valores espirituais. Quando se vive próximo e em coerência com os próprios valores, tem-se uma vida mais apaixonada.

Estou convencida de que a fidelidade aos próprios valores aumenta o impulso para realizar e alcançar objetivos. Seus valores estão fortemente ligados a seu espírito. E você está bem de espírito quando fala e age com coerência em relação ao que considera verdadeiramente. Há harmonia entre o que se é, o que se fala e como se age.

Você sabe que está vivendo na "zona dos valores" quando sente calma e paz no coração. Quando vive em consonância com seus princípios, você brilha, resplandece, tem energia.

Você entra em contato com seu sistema de valores através do que faz e diz. Quando você se sente culpada, geralmente é porque vai contra seus princípios ou o que considera certo, ético. Ou também porque mistura temporariamente as prioridades. Para mim, o único fator motivador são nossos valores. Quando as coisas são realmente importantes para nós, sabemos o que temos de fazer. A motivação verdadeira vem de dentro – aquele lugar especial em nossos corações que nos faz ser quem somos. Também acredito que viver de acordo com nossos valores, não apenas saber quais são, é o que nos traz felicidade e alegria verdadeiras.

Quão próxima está de viver de acordo com seus valores? Quando identificar verdadeiramente seus valores e decidir viver de acordo com eles, seu comportamento irá mudar. Viver de acordo com seus valores a tornará sua própria mestra.

Leia abaixo um lindo texto que caiu em minhas mãos, de autor desconhecido:

> Para entender o valor de UM ANO
> Pergunte a um estudante que repetiu no exame final.
> Para entender o valor de UM MÊS
> Pergunte à mãe que deu à luz um filho prematuro.
> Para entender o valor de UM DIA
> Pergunte ao operário diarista com dez filhos para alimentar.
> Para entender o valor de UMA HORA
> Pergunte ao casal que espera a cerimônia de casamento.
> Para entender o valor de UM MINUTO
> Pergunte a quem acaba de perder o trem.
> Para entender o valor de UM SEGUNDO
> Pergunte a quem sobreviveu a um acidente.
> Para entender o valor de UM MILISSEGUNDO
> Pergunte a quem ganhou uma medalha de prata nas Olimpíadas.

Há diversas maneiras para conseguir o "alto astral" de viver de acordo com os próprios princípios. A seguir, uma lista de itens, bastante útil, que uso com minhas clientes.

- O que mais deseja **Conquistar** em um dia, semana, mês, ano, em meia década, uma década, duas décadas, três décadas e em sua vida no âmbito profissional, doméstico e pessoal?
- O que mais gostaria de **Realizar** na sua vida profissional, doméstica e pessoal?
- O que gostaria de doar à **Comunidade**?
- Que tipo de **Criatividade** gostaria de trazer à sua vida?
- Quanta **Energia** e **Saúde** gostaria de ter diariamente?
- O que lhe traz mais **Satisfação** e **Paz de Espírito**?
- Por que tipo de **Experiências** mais anseia?
- Como gostaria de passar o tempo e interagir com sua **Família**?
- Como gostaria de se relacionar e desenvolver **Amizades**?
- Como se tornaria **Independente** para criar a própria vida?
- Como seria viver uma vida de **Integridade**?
- Onde adoraria **Morar**?
- Quanto **Dinheiro** quer? De quanto precisa?
- De quanto tempo **Pessoal** precisa para viver uma vida mais tranqüila e equilibrada?
- Sobre o que gostaria de ter mais **Responsabilidade**?
- O que a faz se sentir **Segura**?

Tabela de Atividades I

- Relacione dez valores importantes para você.
- Escolha os cinco mais importantes.
- Coloque-os em ação.

Veja a seguir a tabela de Sheila, Dona de Casa Tradicional:

Os dez valores mais importantes para mim

Família	Integridade	Segurança
Realização pessoal	Criatividade	Experiências
Amizade	Responsabilidade pessoal	Paz de espírito
Independência		

Os cinco mais

Família	Criatividade	Independência
Integridade	Realização pessoal	

Valores em Ação (como se já tivesse chegado lá)
Minha família em primeiro lugar. Vivo minha criatividade, lealdade e integridade a cada minuto e hora do dia. Escolho projetos onde posso usar minha criatividade e integridade ao escrever, fazer arte, administrar, tanto na família como em qualquer outro interesse pessoal.

Tabela de Atividades 2:

- Qual área da vida tem mais significado para você?
- Se pudesse viver de novo, mudaria alguma coisa?
- Qual a decisão mais importante que tenho de tomar nesse ano?
- Se pudesse dar apenas três conselhos aos seus filhos, quais seriam eles?

Veja o que Sheila respondeu:

1. Dar significado à vida

"A vida tem mais significado para mim quando estou interagindo com minhas filhas e quando estou trabalhando em minha empresa, em casa. Ajudo mais de quarenta mulheres a redirecionar sua vida. Fiquei surpresa com o número de mulheres interessadas nesse serviço. Vejo as conquistas e sei que estou indo ao encontro de meus objetivos."

(cont.)

2. *Viver de novo*

"Não faria nada muito diferente. Com certeza, teria prestado mais atenção a minhas filhas e teria começado a trabalhar no meu negócio bem antes. Gostaria de ter começado a trabalhar em casa lá pelos vinte anos. Bom, talvez não fosse bastante madura para ver as oportunidades."

3. *A decisão mais importante a tomar neste ano*

"Tento expandir o negócio ou continuo como estou? Agora, dou todas as aulas em casa. Se expandisse, teria de alugar um espaço. Claro, como minhas filhas estão no Ensino Médio, posso mudar meus horários para estar em casa quando elas voltam da escola."

4. *Dar aos filhos três conselhos*

1 – Seja verdadeiro consigo mesmo.
2 – Não se apresse em ir atrás dos outros.
3 – Lute sempre para aprender coisas novas.

Tabela de Atividades 3

Três desejos lhe foram concedidos. Como os usaria?
Sheila continua:

Três desejos

- Gostaria de expandir minha empresa.
- Gostaria de ver minhas filhas formadas.
- Gostaria de continuar a ser minha própria patroa.

Tabela de Atividades 4

Quais são suas duas prioridades em cada área?

Pessoal

- Ter mais tempo para mim – trinta minutos por dia.
- Ter mais férias, a começar nesse verão.

Família

- Dirigir melhor minha empresa para ter mais tempo para meu marido e filhas.
- Jantar em casa com a família inteira pelo menos quatro vezes por semana.

Espiritual

- Dar a minhas filhas o sentimento de Deus e de viver uma vida reta.
- Retribuir o que recebi fazendo trabalho voluntário.

Trabalho

- Levar a mais gente minha mensagem de viver com plenitude depois dos quarenta.
- Ter mais tempo para mim durante o ano: tirar um fim de semana de três dias mês sim mês não.

Divertimento

- Faz dez anos que não tiro férias com meu marido. Ir para a Europa diversas vezes nos próximos anos.
- Voltar a jogar golfe nessa primavera.

Boa forma

- Pretendo me inscrever no programa de *fitness* da academia segunda-feira que vem.
- Fazer uma caminhada de trinta minutos de segunda a sexta de manhã e à noite.

Saúde

- Pretendo cuidar melhor de mim. Vou emagrecer vinte quilos até o ano que vem.

(cont.)

- Vou fazer refeições saudáveis e não encomendar tanta comida pronta.

Dinheiro

- Pretendo economizar um X por mês, sendo 25% para investimentos.
- Vou diminuir dois cafés por semana.

Tempo

- Pretendo equilibrar melhor o tempo entre atividades profissionais ou pessoais tirando quarenta e cinco minutos por dia para mim e mini férias de três dias em meses alternados.
- Faço questão de ter mais tempo para mim ano que vem, programando isso na minha agenda agora.

Com base nesses exemplos, faça sua tabela de atividades.

Semana Dois: Padrões Emocionais

"Existem apenas duas maneira de viver a vida. Uma é como se nada fosse um milagre; a outra, como se tudo fosse um milagre." – Albert Einstein

A segunda semana aborda os padrões emocionais. Você acha que muita energia e saúde foram desperdiçadas por causa de certos padrões emocionais? Você se pega julgando os acontecimentos como bons, maus etc.? Você ri mais do que chora? Uma coisa é sentir-se triste ou magoada com o que as pessoas dizem ou fazem, mas é algo bem diferente permitir que essas palavras ou atos a deixem arrasada durante horas, dias ou anos. Vai acabar se colocando em uma prisão.

Você se sente ansiosa? Com medo? Uma vez ouvi dizer que nada na vida deve ser temido, apenas entendido. Você vê o dia seguinte como um novo dia, um recomeço? Você acha que tem mais um dia para viver uma vida significativa? Você mostra gratidão por acordar cada manhã ou acha que é apenas um outro dia e tem de ir trabalhar?

Você é emocionalmente carente? Nutre os sentimentos com comida? Todos nós temos uma comida preferida quando estamos tristes. Se você prefere sorvete, está à procura de alívio e conforto... ou pode estar grávida – brincadeirinha.

O segredo para entender os padrões emocionais é saber qual seu termostato emocional. Explico: o que a leva a ferver de raiva? Assim que souber em que nível está, é importante aprender a diminuir a raiva, a ansiedade e o medo a níveis que a permitam trabalhar essas emoções. Com certeza, o elemento chave para a qualidade de vida é o padrão mental e emocional que você vivencia e cria!

É importante identificar qual a carga de estresse diário. Quando sentir o estresse aumentar, precisa parar o que está fazendo, respirar três vezes e identificar a emoção: tristeza, raiva, frustração, irritação etc. Uma vez identificada, decida parar o ciclo de emoção e faça algo para diminuí-la. Se não prestar atenção a esses sentimentos e continuar a acumular ansiedade, frustração ou depressão, o seu corpo arcará com as conseqüências.

A neuropsicologia é o estudo de como as emoções e o diálogo interior interagem com nossos órgãos físicos internos e com o cérebro, o subconsciente, o comportamento verbal, as ações e atitudes. Essa interação é o que nos faz sentir bem ou doentes.

Quando sentir que está envolvida em uma situação de amargura ou com pessoas amargas, não saia – fuja! Evite ficar perto de situações ou pessoas que lhe façam mal.

Sabemos que a saúde mental tem impacto profundo sobre as doenças físicas, desde ataques cardíacos a asma, artrite e diabetes. Estima-se que 90% do que sabemos sobre o cérebro é produto dos últimos dez anos de estudo. Boa parte dessa abordagem interdisciplinar tem sido impulsionada de várias maneiras pela redução de custos. Foi demonstrado que um esforço coordenado no tratamento de problemas mentais e físicos reduz os custos de tratamento para indivíduos e empresas.

Tabela de Atividades I

1. O que você diz a si mesma quando as coisas vão bem?
2. O que diz a si mesma quando as coisas não saem como previsto ou como gostaria?
3. O que pensa quando as pessoas lhe agradecem?
4. Deixe um gravador ligado uns dois dias e deixe que saibam que está ligado – você ficará surpresa!

Veja as respostas de Sandy, Dona de Casa Tradicional:

1. Quando as coisas vão bem: "Já era hora."

Reformule a frase com uma afirmação mais positiva e "verdadeira":*"A vida vai maravilhosamente bem e adoro vive."*.

2. *Quando as coisas não saem como previsto:* "Tudo bem. Quando meu marido chega em casa, eu desconto tudo nele".

Reformule a frase com uma afirmação mais positiva e "verdadeira": *"Benzinho, tive um dia caótico hoje. Preciso de um pouco de apoio emocional agora"*.

3. *Quando as pessoas me agradecem:* "Fico constrangida. Durante muito tempo gaguejava, sem palavras. Agora digo simplesmente 'Não há de quê' e acabou".

Reformule a frase com uma afirmação positiva e "verdadeira": agradeça apenas com um "muito obrigada", aprecie o elogio e a energia positiva que traz.

Tabela de Atividades 2: Energia

Escreva dois cabeçalhos no alto da página: "Positiva" e "Negativa".

Faça uma lista de colegas de trabalho, familiares e amigos que vê e com quem conversa regularmente e verifique quanta energia recebem ou sugam de você. Dê notas de zero a dez, sendo dez a maior.

Amostra da Tabela de Energia

Quem	*Positiva*	*Negativa*	*Comentários*
Marido	4	6	Acabo sempre criticando meu marido. Virou um hábito.

(cont.)

Amostra da Tabela de Energia

Quem	*Positiva*	*Negativa*	*Comentários*
Carol (amiga)	8	1	Ela sempre me elogia, incentiva e temos muita afinidade. Sempre me levanta quando estou mal. Não sei o que seria de mim sem a Carol.
Cíntia (colega)	1	9	Ela sempre critica meu trabalho e compara meu estilo de vida com o dela. Não compro roupas nas lojas certas. Não vou ao cabeleireiro certo. Nas poucas vezes em que dei carona para ela, ficava indicando o caminho. "Não é esse o caminho que eu faço".

Tabela de Atividades 3

1. Com que freqüência expressa seus sentimentos a quem ama?
2. O que lhe traria mais felicidade nesse mundo?
3. Quantas horas dorme durante a semana? E nos finais de semana?

1. Expressar meus sentimentos

"Acho que os únicos sentimentos que expresso a meu marido são negativos. Ele é um cara muito legal. Mas quando as coisas vão mal, desconto nele." Três coisas que farei para mudar meus padrões emocionais: 1) contar até dez antes de dizer qualquer coisa para ele quando estou a ponto de explodir; 2) pedir a meu marido para me ajudar com a casa e lembrar de agradecer; e 3) prestar mais atenção e ter mais responsabilidade pelas palavras que saem da minha boca.

2. O que traz felicidade

"Acho que quero que as coisas dêem certo. Nunca mais quero enfrentar problemas. Nem que me critiquem. Isso me faria feliz."

(cont.)

3. Horas de sono

"Provavelmente durmo umas quatro horas por noite. Fico acordada até a uma da manhã. Tenho que ralar para manter a casa em ordem. E, claro, meu marido sempre fica me atrapalhando. Nos fins de semana, vou para cama mais cedo e no dia seguinte vou com minha filha fazer compras ou passear. Essa é a única maneira de dar sentido à minha vida."

SEMANA TRÊS: HABILIDADES TEMPORAIS

Quero que passe a terceira semana identificando onde gasta o tempo com a tabela diária da página 23. Preencha a tabela durante duas semanas – a cada trinta minutos – e trabalhe com os resultados na Semana Três. Veja a tabela diária de Jane, uma Conquistadora na casa dos quarenta e quatro anos e com filhos pequenos:

TABELA DIÁRIA DE HORÁRIOS

Quinta-feira, 30 de junho

06:00 acordei

06:30 tomei banho

07:00 aprontei as crianças para a escola

07:30 crianças

08:00 levei as crianças para a escola

08:30 limpei a casa

09:00 tomei café da manhã

09:30 chequei o *e-mail*

10:00 liguei para alguns clientes

(cont.)

Tabela Diária de Horários

Quinta-feira, 30 de junho

10:30 continuo nas ligações

11:00 João chega ao escritório

11:30 ainda com João

12:00 almocei

12:30 fui mostrar uma casa a clientes

13:00 fui para casa me trocar

13:30 liguei para o cliente sobre um contrato

14:00 conversei com clientes pelo telefone

14:30 folheei a revista de imóveis

15:00 peguei as crianças na escola

15:30 comprei um presente para a Shan

16:00 ajudei as crianças com a lição

16:30 fui ao supermercado

17:00 comecei a fazer o jantar

17:30 ainda fazendo o jantar

18:00 jantei com as crianças

18:30 mais lição de casa

19:00 assisti à TV

19:30 TV

20:00 aprontei as crianças para dormir

20:30 pus as crianças na cama

21:00 fui para cama – exausta

Sei que é trabalhoso, mas é importante conseguir ver onde gasta o tempo e quanto tempo tem se quiser usá-lo de maneira diferente. Vou dar exemplos de clientes com as quais usei essa abordagem. Depois quero que você responda a seguinte pergunta: o que faria se tivesse mais duas horas por semana? Mostro abaixo depoimentos de clientes e as maneiras pelas quais tornamos isso realidade.

Tabela de Atividades I: O dia ideal

Gostaria que descrevesse como seria seu dia ideal – descobri que não é muito difícil torná-lo realidade. Às vezes, basta se concentrar na criação desse dia para que os motores da mente passem a pensar em formas diferentes de consegui-lo.

O Dia Ideal

"Consegui conciliar o trabalho com a tarefa de levar três crianças para escola e o marido ao trabalho. O dia ideal para mim seria aquele em que tudo desse certo. Antes de ir para a cama, peço à minha filha para preparar os sanduíches para o dia seguinte, colocando todos no mesmo lugar."

"O que acontece é que sempre tem alguém gritando 'cadê meu sanduíche?' e então descubro que a Jan esqueceu de fazer. Meu marido vive me perguntando onde está alguma coisa. Normalmente, estou um farrapo quando saio de casa uma hora depois. Meu dia ideal seria aquele em que tudo dá certo."

Diga Adeus à Vida Corrida com Associar ou Sufocar®

Associar ou Sufocar: maneiras fáceis de associar vida e estilo de vida. No Capítulo 2, demos uma lista de várias opções e exemplos de Associar ou Sufocar. Lembre-se, é diferente de fazer várias coisas ao mesmo tempo sem prestar atenção a nenhuma delas.

Pense em Associar ou Sufocar quando estiver tentando descobrir como cozinhar e ficar com os filhos sem precisar correr com os preparativos. Ou, então, o que pode criar ou fazer para passar mais tempo de qualidade com os filhos, marido ou amigos; mais tempo para tocar piano, ler e as inúmeras outras coisas que desejamos fazer. Minha cliente, Jacqueline, Dona de Casa Tradicional, na casa dos quarenta, queria voltar a tocar piano. Agora pratica em intervalos de dez a quinze minutos duas vezes por dia para relaxar, sentir emoções diferentes com cada peça musical e afastar o pensamento da doença do marido. "Depois de umas três semanas praticando, quase consigo tocar sem errar muito", conta, orgulhosa. Além do mais, o marido gosta de ouvi-la tocar.

Jackie conseguiu Associar o seguinte:

- voltar a tocar piano
- tempo para relaxar
- uso dos "músculos cerebrais" para ler música
- esquecer a doença do marido

Mais algumas idéias para pensar em "Associar ou Sufocar"®

Eu adoro fazer pão e sempre quis fazer *challah* (trança doce) para os jantares de sexta-feira, mas, por achar que não tinha tempo para isso, nunca tentei. Uma sexta-feira, estava em Nova York, na casa de uma amiga. Ela sai para trabalhar às 8 da manhã e volta mais ou menos às 7 da noite, mas faz o pão toda sexta-feira. Começa a massa de manhã antes de sair para o trabalho e deixa crescer o dia inteiro, aproximadamente nove horas. Quando chega em casa à noite, ela sova a massa, faz a trança e deixa crescer mais vinte ou trinta minutos. Depois, leva para assar mais trinta e cinco minutos. Além do sabor fantástico, o aroma faz dos jantares de sexta-feira uma experiência totalmente nova. Então, pensei, se ela trabalha o dia inteiro e consegue fazer, eu também posso preparar a *challah* às sextas-feiras.

Comecei preparando a massa na sexta de manhã e deixo crescer até terminar o trabalho. Depois, sovo a massa, faço a trança e ponho para assar. Nem sei dizer o quanto eu adoro fazer isso. Em virtude do meu horário apertado, o jantar de sexta é tempo de curtir a família e os amigos. Penso no cardápio na noite anterior, compro o que preciso e não vejo a hora de começar a preparar o jantar e ter minha família reunida para compartilhar essa noite especial. Para não ter que lavar a louça no dia seguinte, contrato uma estudante para fazer esse serviço na própria sexta. Essa é uma idéia para Associar ou Sufocar.

Consigo Associar o seguinte:

- o prazer de cozinhar
- preparar o pão para os jantares de sexta
- não queria que o preparo do pão interferisse no meu dia de trabalho
- curtir a família e amigos durante o jantar
- relaxar e curtir o jantar sem me preocupar com a louça suja

- ajudar uma estudante universitária a ganhar um dinheiro extra
- festejar o *Sabbath* e relaxar

Carolina é uma Conquistadora e gerente geral de uma clínica médica. Ela sempre tem dor nas costas e o médico sugeriu que praticasse ioga. Agora ela vai à casa de uma amiga, põe a conversa em dia e depois começam a fazer ioga, ouvindo as instruções pelo gravador. Carolina afirma: "Depois de duas horas e meia de papo e ioga com minha amiga querida, estou emocionalmente recarregada e fisicamente relaxada. Odeio quando não dá, pois viajo bastante. Mas tento, se possível, deixar as segundas-feiras livres".

Carolina conseguiu Associar o seguinte:

- tempo para relaxar nas noites de segunda-feira
- curtir a companhia da amiga em quem pode confiar
- curtir os benefícios físicos da ioga

Tempo é energia

Vejo a administração do tempo como a administração da vida e da energia vital. Vamos ver cinco maneiras de ter mais tempo e energia na vida.

1. Telefones: deixe o correio de voz atender! Hoje em dia, os médicos fazem rodízio de horários nos hospitais para que todos os pacientes sejam atendidos. Se os médicos podem fazer isso, por que não você? Faça a pergunta: "Isso é realmente necessário?" Se a resposta for negativa, então desligue o telefone.
2. *E-mail*: a primeira coisa que você faz quando acorda é verificar a caixa de *e-mails*? Se for, você sairá mais rápido dos trilhos de que um trem desgovernado. Primeiro, faça o trabalho que planejou nas primeiras duas horas do dia e depois verifique os *e-mails*. Não deixe ligado o alarme de chegada de mensagens: você vai ficar louca. Pergunte-se: "É realmente necessário verificar a caixa de mensagens logo de manhã ou é um hábito?"
3. Dormir: a gente pode ter um carro novinho em folha, mas sem combustível ele não vai a lugar nenhum. O mesmo se aplica ao sono e à mulher. Sem combustível, nada feito. Descubra de quantas horas de sono precisa e calcule a hora em que precisa ir para cama. Isso mesmo, estou sugerindo que não ponha na máquina aquela trouxa de roupa nem termine a faxina, mas vá direto para a cama.

4. Comer: exatamente como o combustível e o carro. Se você não colocar um bom combustível no carro, ele não renderá bem. O mesmo se aplica a seus hábitos alimentares. O que coloca no seu organismo vai fazer a energia durar mais tempo ou lhe dará um rápido impulso e depois fará você diminuir o ritmo. Você precisa ter tempo para comer? Vou deixar essa pergunta para você responder.
5. Atitude: a forma como vê o mundo determina a própria atitude. A cada manhã, temos a opção de escolher como reagiremos a uma situação ou comentário ou como refletiremos sobre eles. Uma atitude positiva nos dá mais energia, ao passo que a negativa irá parti-la ao meio. Você decide.

Agora que temos mais tempo e energia diários, veremos diversas ferramentas que ajudarão a executar nossas tarefas.

A regra de dois

Descobri que, ao escolher duas tarefas e executá-las de pronto, ou pelo menos começar a executá-las, os níveis de estresse diminuem drasticamente e eu me aproximo mais das metas diárias. Usamos a Regra de Dois para decidir quais itens priorizar: *e-mails*, ligações, projetos etc. Assim que terminar, escolha mais dois e conclua-os. A pergunta que sempre me fazem é: "Ruth, quais escolho?" Minha resposta é: escolha aqueles que, se não tivesse tempo para fazer mais nada, pelo menos sentiria que fez algo. Quantas vezes durante o dia estamos superocupadas, mas nos sentimos estressadas ou que não fizemos nada de importante? Assim surgiu a Regra de Dois. Para meus clientes é uma ferramenta bastante importante de administração do tempo.

A sessão de planejamento de dez minutos

1. **Pense na Regra de Dois.** Quais as duas coisas nas quais precisa se concentrar?
2. **Identifique** os dois itens principais, sejam ligações ou *e-mails*. Talvez sejam projetos para começar ou continuar, duas idéias que quer discutir com o marido ou como se comunicar melhor ou agradecer os filhos por duas coisas que disseram ou fizeram... acho que deu para entender.
3. **Pare para pensar e planejar.** Qual a melhor maneira de fazer isso? Pergunte: do que preciso, se é que preciso, antes de continuar? Preciso fazer uma ou duas ligações? Descobrir uma fonte de informações? Pare, pense e faça.

4. **Diálogo interno positivo e visualização.** Os diálogos internos, em geral, causam ansiedade e estresse. Entretanto, os líderes e pessoas vitoriosas trabalham o diálogo interno positivo. Se você tiver dificuldade com isso, veja abaixo uma lista de frases que deve repetir diversas vezes por dia:

- "Tenho a informação ou sei onde encontrar a informação para começar ou terminar esse projeto." VISUALIZE ISSO ACONTECENDO.
- "Tenho o tempo necessário para trabalhar nesse projeto, fazer essas ligações, visitar clientes etc." Repito essa frase várias vezes ao dia. VISUALIZE.
- "Sei que sou a melhor profissional, com os melhores produtos/serviços para esse cliente." VISUALIZE.
- "Sou capacitada e confio no meu trabalho." VISUALIZE.
- "Faço a diferença ao oferecer esse produto/serviço." VISUALIZE.
- "Estou indo no caminho certo com esse projeto, pesquisa, proposta, palestra etc." VISUALIZE.

Tabela de Atividades 2

1. Que projeto(s) ou meta(s), se eu deixar inacabados, vou me arrepender nos próximos seis meses, um ano?
2. Quais os três objetivos mais importantes na vida? O que estou fazendo para alcançá-los?

1. Projetos inacabados

Sharon, Mulher em Transição, diz: "Sou colunista de um jornal e trabalho meio período. Meu projeto do coração é fazer um jornal comunitário. Há seis anos penso nisso, mas ainda não comecei. Se não conseguir pôr o projeto em andamento nos próximos seis meses ou um ano, vou ficar bastante decepcionada comigo mesma".

2. Três objetivos importantes

"Meu primeiro objetivo é fazer dos meus filhos adultos responsáveis. Procuro conversar com eles regularmente. Às vezes vou à escola e converso com os professores deles. Quando eles têm algum problema, procuro ajudá-los a resolvê-lo sozinhos."

(cont.)

"Meu segundo objetivo é mudar para a praia. Sempre sonhei com isso. No momento, não estou fazendo nada para realizar esse sonho."

"Meu terceiro objetivo é fazer um jornalzinho. Prometo começar esse projeto ainda este ano."

Ações que farei AGORA para alcançar esses objetivos

Objetivo 1: fazer dos meus filhos adultos responsáveis

1. Passar mais tempo conversando e brincando com eles cinco noites por semana.
2. Estar aberta e disponível para conversar com eles e ouvir suas histórias.
3. Marcar o jantar para as 6 da tarde com toda a família reunida e ajudando a pôr a mesa.

Objetivo 2: Mudar para a praia

1. Conversar com um corretor de imóveis da região.
2. Conversar com um consultor financeiro sobre opções financeiras disponívei.
3. Começar a coletar informações sobre a área e visualizar a família morando lá.

Objetivo 3: Começar um jornal semanal

1. Criar a pauta editorial para um ano.
2. Começar a entrevistar pessoas interessantes da comunidade.
3. Ligar para empresas para conseguir anúncios.

Tabela de Atividades 3

Como seria o dia perfeito para você?

"Na verdade, é o dia em que tenho tempo para fazer o que quero. Não quero que o editor do jornal fique me dando serviços que demorem uma eternidade para terminar. Não quero que meus filhos compliquem tanto as coisas que eu tenha que passar horas resolvendo os problemas. Quero passar o dia fazendo o que quero."

O que posso fazer AGORA

1. Programar "meu tempo" e notificar a família com antecedência
2. Ajudar as crianças a colocar a lição de casa em um lugar determinado
3. Começar a caminhar de manhã para ajudar a clarear a mente

Semana Quatro: Conscientização das Atitudes

"A maior revolução de nossa geração é a descoberta de que os seres humanos, ao mudar a atitude interna da mente, podem mudar os aspectos externos da vida." – William James, psicólogo da universidade americana de Harvard.

Você está determinada e feliz com seu estilo de vida atual? Trabalhei com diversas Conquistadoras que decidiram, após anos de trabalho, se tornar Donas de Casa Tradicionais. Também trabalhei com Donas de Casa Tradicionais que decidiram, por qualquer razão, se tornar Conquistadoras ou Mulheres em Transição. Ótimo! Não há certo ou errado, bom ou mau – assim é a vida. Entretanto, para promover as mudanças desejadas, é preciso ter um pouco de planejamento.

Anteriormente, você identificou seu dia ideal. Agora, gostaria que escrevesse como seria seu eu ideal. Lembre-se de incluir seus valores e princípios, seu jeito de lidar com as emoções, a atitude, estilo de vida, boa forma, sentimentos, aparência, e tudo o mais que quiser.

Tabela de Atividades 1: O eu ideal

A Conquistadora Tammy diz:

"Meu eu ideal é alguém que esteja sempre sorrindo e dizendo 'tudo bem' quando surgem obstáculos. Ando sempre bem-vestida e crio meus filhos sem grandes problemas. Tenho bastante tempo para fazer tudo o que quero. Por dentro, eu me amo; por fora, estou sempre tentando melhorar o dia de todos."

A coisa mais fácil e rápida de se mudar na vida é nosso pensamento. Não há necessidade de voltar à escola, de ter treinamento, ter aulas ou esperar os filhos crescerem ou qualquer outra coisa. O primeiro passo é simplesmente decidir entre pensar positivo e ver o copo meio cheio ou encher seus pensamentos de negatividade e ver o copo meio vazio. A responsabilidade é sua – não é de seus pais, marido, chefe, mas sua! Primeiro, é preciso fazer a opção e depois entender que ela tem conseqüências e que essas a ajudarão a viver com mais alegria.

O conhecido produtor e roteirista de TV americano, Norman Lear, que criou sucessos como *Os Jeffersons* e *Tudo em Família*, entre outros, deu uma entrevista quando completou oitenta anos. Nela, dizia que acordava todos os dias com esperança. "Começo o dia dizendo: 'Mais um dia. O que você vai fazer com ele?'"

Há cada vez mais pesquisas demonstrando que as impressões deixadas na mente em geral acontecem. Parece haver uma lei psicológica que diz que, se desejamos conseguir algo ou nos tornar alguém, precisamos gravar isso na mente, através da repetição de frases.

Acredito que boa parte de nossa atitude seja de gratidão. A que somos gratas? Em geral, temos muito mais a agradecer do que pensamos. Abaixo, transcrevo parte de um texto que escrevi para uma revista sobre pais e filhos:

Sou muito grata por:

- Ir ao mercado, porque sei que tenho entes queridos a alimentar e posso fazer isso.
- Ouvir meu pai pegar o telefone quando ligo, porque sei que ele ainda está vivo.
- Ficar sabendo da quermesse na escola pelos meus filhos, porque sei que estão na escola.
- Ajudar a poupar para a faculdade dos meus filhos, porque eles decidiram cursá-la.
- Lavar e secar os cabelos, porque os tenho.
- Lavar um monte de louça depois do jantar, porque sei que tenho amigos e uma família com quem compartilhar as refeições.
- Espirrar quando estou perto de gatos, porque sei que meu sistema imunológico está funcionando.
- Fazer minhas caminhadas diárias, porque tenho liberdade e saúde para fazê-las.
- Ouvir a risada de uma criança, porque sei o quanto elas são preciosas.

A melhor maneira de estar grata é dizer "obrigada" e dar valor a tudo o que se tem.

Tabela de Atividades 2

No fundo, o que você precisa fazer para tornar sua vida mais feliz e equilibrada?

"Acho que preciso passar mais tempo cultivando e cuidando de minhas próprias necessidades. Estou sempre tão ocupada, pensando nos outros, que deixo minhas necessidades em segundo plano. Além disso, preciso dizer não com mais freqüência."

Tabela de Atividades 3

Qual é sua atitude predominante no trabalho, em casa e pessoalmente? Você costuma ver o copo meio cheio ou meio vazio?

"Costumo ver o copo meio vazio na vida profissional, doméstica e pessoal. Nunca percebi que via a vida assim até fazer essa tarefa. Puxa, como me abriu os olhos. Antes, eu diria sem pestanejar que via o copo meio cheio."

Semana Cinco: Saúde e Boa Forma

As pesquisas mostram cada vez mais a forte ligação entre mente, corpo e espírito. De fato, a literatura médica comprova que o estresse crônico e suas conseqüências, como raiva, depressão, compulsão alimentar etc., estão ligados a altos níveis de gordura corporal e a uma variedade de doenças potencialmente sérias. Essa ligação tem a ver com o cortisol, conhecido como o hormônio da "não-confiança" que, em níveis mais altos, costuma acumular gordura na zona dos "sentimentos", no abdômen. Essa gordura é responsável pelo pneuzinho em volta da cintura. O Dr. Redford B. Williams, professor de psiquiatria do Duke University Medical Center dos EUA, diz: "O estresse realmente parece fazer com que o corpo redistribua a gordura, tirando de outras áreas, como coxas, para a barriga". Outra pesquisa confirma essa afirmação e acrescenta que os hormônios da adrenalina e do sexo também contribuem com essa camada de gordura.

Bastam vinte e um dias para se criar um hábito. Para começar a se alimentar saudavelmente ou praticar mais exercícios, pegue a agenda e marque um x nos próximos vinte e um dias. Esse "x" simboliza vinte e um dias contínuos para implementar um novo hábito. Se esquecer ou parar, seja boazinha consigo mesma e comece tudo de novo. Como se diz: "Quem não arrisca, não petisca".

Eis algumas regras básicas de saúde para decorar:

1. Coma nove tipos de frutas, legumes e verduras por dia.
2. Coma proteínas em cada refeição para maior resistência.
3. Leia as embalagens dos alimentos e fique longe de óleos hidrogenados ou parcialmente hidrogenados (margarina, por exemplo), xarope de milho com altas taxas de frutose, comida rápida, açúcar.
4. Prefira alimentos orgânicos: laticínios, frutas, verduras e legumes contêm menos produtos químicos tóxicos para sobrecarregar o fígado.

Descobri que as clientes que começam a se alimentar corretamente têm mais probabilidade de praticar atividades físicas e vice-versa. As clientes que mantêm uma programação regular de exercícios geralmente escolhem alimentos mais saudáveis.

Tabela de Atividades I

Como integrar exercício e alimentação saudável em sua programação diária?

1. Você pode levar o almoço de casa?
2. Pode estacionar o carro mais longe ou subir as escadas?
3. Pode caminhar vinte minutos antes do trabalho, na hora do almoço ou depois do jantar?
4. Pode beber duas a quatro xícaras de chá verde diariamente no trabalho?
5. Pode tomar vitaminas antes de ir trabalhar ou deixar na mesa para tomar durante o dia?
6. Pode tirar cinco minutos de manhã para ficar centrada e respirar profundamente?
7. Pode fazer três respirações profundas logo de manhã quando sai da cama e se alongar por dois minutos?
8. Pode fazer qualquer tipo de exercício durante vinte minutos por dia?

O que posso fazer?

Pegue as perguntas anteriores e reformule-as assim:

1. "Levo o almoço de casa."
2. "Estaciono o carro mais longe e subo as escadas."
3. "Caminho vinte minutos antes do trabalho, durante o horário do almoço ou depois do jantar."
4. "Bebo três ou quatro xícaras de chá verde por dia no trabalho."
5. "Tomo multivitamínicos antes de sair para trabalhar."
6. "Tiro cinco minutos para mim de manhã para ficar centrada e focada."
7. "Faço três respirações longas e alongo durante alguns minutos."
8. "Ando rapidamente durante vinte minutos à noite."

Lembre-se: o subconsciente não sabe o que é real até que você o diga.

Tabela de Atividades 2

Uma maneira maravilhosa de entrar em forma ou ter uma atitude prazerosa, mantendo um estilo de vida saudável, é lembrar do que gostava de fazer quando criança. "Gostava de jogar basquete com meu irmão e vizinhos", diz Joana, Mulher em Transição.

Quais as atividades físicas que gostava de fazer quando criança? E no colégio? E na faculdade?

Tabela de Atividades 3

Como seria essa nova mulher saudável e em forma (diga como se já fosse verdade)?

"Peso 58 quilos e meu manequim é 38. Corro pelo menos 1,5 km e nado trinta minutos por dia. Estou bem para a minha idade."

Semana Seis: Saúde Financeira

Parabéns! Você conseguiu chegar até a sexta semana. Vamos agora dar uma olhada, talvez pela primeira vez, na saúde de suas finanças. As mulheres em geral passam mais tempo vendo televisão do que se informando sobre dinheiro ou como fazê-lo multiplicar.

É importante perceber que o dinheiro tem várias faces. Por exemplo, notas, moedas, ações, *commodities*, fundos. Estamos falando de tempo, energia e saúde.

A razão principal pela qual minhas clientes e as mulheres em geral não dormem bem é porque ficam nervosas ou ansiosas quanto a dinheiro. Tanto faz se você for solteira ou casada. O sono não vem fácil quando fica pensando como esticar o dinheiro para durar o mês ou proteger o dinheiro que ganhou. Uma das melhores maneiras de interromper o ciclo de ansiedade é partir para ação, um passo por vez. O que mantém o ciclo de ansiedade é pensar *versus* agir. Veja o que pode fazer pela sua saúde financeira:

1. Primeiro você

Procure aplicar seu dinheiro em fundos de previdência privada que permitem investimento com dedução do imposto de renda. Assim, você diminuirá a carga tributária e o dinheiro investido ou poupado renderá frutos.

2. Faça caridade

Quando era pequena, pensava que quem fazia caridade merecia ser rico. Nem imaginava como isso é verdadeiro. Ao doar, a lei da abundância entra em ação, e quanto mais se doa, mais se recebe. Isso vale para qualquer tipo de generosidade: de coração, atitude, amor, dinheiro, voluntariado etc.

3. Ganhe dinheiro dormindo

Em geral, a mulher aumenta a renda ao abrir um negócio "paralelo" ou "adicional" como, por exemplo, comprando imóveis, abrindo uma empresa *on-line* etc. Esses tipos de negócios aumentam a renda.

4. Invista em juros compostos

Proponha-se a economizar um valor "x" de dinheiro e invista em CDI, CDB, poupança ou qualquer outro tipo de investimento que renda juros diários.

5. Veja as vitrines das revistas

Uma boa maneira de ficar por dentro da moda é pelas revistas; assim, você fica a salvo das "compras por impulso", como costumo dizer.

6. Pague à vista

Caso não queira ficar cheia de dívidas no fim do mês, pague à vista tudo o que não for absolutamente necessário. Se compro porque "quero" e não porque "preciso", pago à vista. Quando vemos quanto dinheiro gastamos em um item e como nosso suado dinheirinho sai da carteira, pensamos duas vezes antes de comprar.

7. Devolva duas compras

Tenho clientes que adoram comprar, mas se arrependem logo depois. Se elas não ficam arrependidas, os companheiros delas ficam. Minha sugestão é: quando for comprar roupas, sapatos etc., devolva dois itens. Funciona!

8. Quando me casei, meu marido e eu começamos a fazer várias "poupanças", mesmo sem ter muito dinheiro na época. Era divertido pegar uma parte dos míseros proventos e colocá-la em envelopes diferentes escritos Férias, Imposto, Para Mim. Sacávamos direto do contracheque, sem falhar uma única vez. Quando não tínhamos dinheiro na conta para sair de férias, usávamos o dinheiro do envelope e decidíamos aonde podíamos ir com aquela quantia. Era divertido.

9. Descartar para comprar

Quando for comprar um novo par de sapatos ou uma blusa nova, descarte alguma peça e doe a quem precisa ou a uma instituição. É divertido e útil.

10. Compre acessórios para dar um toque

Muitas roupas precisam apenas de um toque para modernizar o *look* ou trazer cor ao rosto. Por exemplo, um broche em um xale ou paletó dá um toque interessante (xales jogados sobre um pretinho básico mais um broche ficam muito interessantes). O mesmo pode ser feito com jóias na forma de colares, brincos, pulseiras.

11. Tenha uma alimentação saudável

Os alimentos saudáveis, integrais ou crus são, em geral, menos caros do que os preparados e embalados. Uma maçã fresca é mais barata em termos financeiros e calóricos do que um pedaço de torta de maçã, por exemplo.

Tabela de Atividades 1: Plano de poupança

Veja se pode economizar $1 por dia. Se a resposta for positiva, veja se pode economizar $2, e assim por diante até atingir o valor que está disposta a poupar diariamente.

Jessica tem vinte e poucos anos e é uma Mulher em Transição. Trabalha em uma empresa de crédito e ela e o namorado querem comprar uma casa. Ela disse que não sabia como iria funcionar, mas, depois que viu o quanto gastava por dia, conseguiu poupar $60 por semana levando o almoço de casa, bebendo café no escritório em vez de tomar no café da esquina e comprando menos roupas no fim de semana. Jessica diz: "Não acredito que fui capaz de aumentar minha poupança para $60 por semana. Meu namorado está super feliz."

Tabela de Atividades 2: Pague à vista 25% das compras

Tente pagar à vista uma em cada quatro compras que fizer. No início, parece estranho se está acostumada a usar cartão de crédito, mas depois de um tempo vai perceber o quanto está gastando. Jacqueline, que é meio Dona de Casa, meio Conquistadora, depois que começou a fazer isso, disse: "Não acredito quantas coisas deixo de comprar quando pago à vista: tudo parece muito mais caro quando se paga à vista do que com cartão de crédito".

Resumindo

Como acontece com os presentes, metade da diversão está em desembrulhar o pacote. Espero que tenha tempo de desembrulhar com vagar todos os presentes que recebe diariamente. Assim, vai identificar as pessoas mais importantes na sua vida e todas as metas significativas que a levarão adiante. A beleza do dia de hoje é que ele significa um novo começo. Se não fizer as mudanças que quer hoje, tudo bem, porque Graças a Deus existe o amanhã. Não há garantias quanto ao número de horas, dias ou anos que nos restam; porém, temos a garantia desse momento. Você precisa se dar permissão e amor para se tratar bem e reconhecer que ainda precisa mudar ou fazer as coisas de maneira diferente.

Que sua vida seja abençoada com um ritmo mais calmo e menos frenético, relacionamentos de qualidade onde tenha tempo de se aproximar e reaproximar, mente e corpo saudáveis, livres do estresse e dos hormônios perigosos que acompanham o estresse prolongado, e um comportamento que seja coerente com seus valores que, por sua vez, trazem energia e motivam a alma.

Que consiga alcançar seu potencial em todas as áreas da vida, com menos estresse e mais integração entre mente e espírito, em harmonia com suas qualidades únicas e eu autêntico. E o mais importante: que encontre paz e alegria no presente.

Transcrevo abaixo um texto que escrevi e de que gosto muito. Foi inspirado no poema *As crianças aprendem o que vivem,* de Dorothy Law Nolte.

Dádivas de amor

O amor é a Linguagem Universal da Paz Interior, Saúde e Gratidão. Nossos corações são reflexo de tudo o que amamos.

Quando se vive com Amor, vive-se uma vida plena de Dádivas.

Quando se vive com Paixão, vive-se uma vida plena de Sentimento.

Quando se vive com Compreensão, vive-se uma vida com Significado.

Quando se vive com Gratidão, vive-se uma vida plena de Graças.

Quando se vive com Verdade, vive-se uma vida com Paz Interior.

Quando se vive com Auto-Estima, vive-se uma vida que Inspira.

Quando se vive com Alma, vive-se uma vida plena de Inspiração e Sonhos.

Que a sua Vida seja plena de Dádivas de Amor!